MAINE DE BIRAN

メーヌ・ド・ビラン研究

［自我の哲学と形而上学］

佐藤国郎
SATO KUNIROU

悠書館
YU-SHO-KAN

目次

序

第1章　ビラン哲学の成立

第5章　ビラン最後の思索
――『新人間学試論』『現実存在の観念についての覚え書』――

序

論文執筆の意図

メーヌ・ド・ビランがフランス語文化圏の哲学の中で忘れてはならない位置を占めていることは、死後間もなくから今世紀に至るまで、数回にわたり著作集が出版され、またベルグソン、ラシュリエ、あるいはメルロ＝ポンティ、ミッシェル・アンリといった後の時代の哲学者により研究され、言及されているといった事実により明確に示されている。

その一方で、著作集の入手の困難な時期が長く続き、外国語への翻訳がほとんどないことなどから、他の哲学者がビランについて発言した言葉が多く聞かれ、ビラン自身の言葉に耳を傾けることはあまり行われていなかったと思われる。このような事情を考慮して、本論文では、著作と日記により何よりもビランに語ってもらい、そこから自ずと浮かび上がる思索の歩みを跡付け、その特徴を明らかにすることを目的とする。

ビランの思索の歩みは、自我の哲学として確立され、その後形而上学という性格を持ちつつ展開するという性格を持つ。したがって、第1章では、ビラン哲学の要の石となる経験の重視と生得観念の批判という立場、および人間の能力を能動的と受動的に区別する手法がどのように獲得されたのかを検証する。そして、ビランが、自我とは意志を核心とし、意志はその相関項として身体を必要とする、すなわち自我は意志と身体との相関関係に他ならないという考えを確立したことを確認する。

第2章では、まず、意志が働きかける力である限り、このような力は原因という観念に基礎を提供し、因果関係の原理を導くという主張を聞く。次に、この原理の適用により、経験に与えられる現象から、経験には与えられないものの、現象の原因としてその実在性を疑うことのできない実体を論じようとする姿勢を見出し、自我の哲学から実体の形而上学への移行の過程を明らかにする。この章を受けて、第3章で、ビランが形而上学に対する立場をアプリオリな立場とアポステリオリな立場に識別しつつ、前者の批判を通して、形而上学は後者により始めて可能となると表明していることを明らかにする。

第4章で、ビランの形而上学が伝統的存在論とどのような関係をもつのかを検討するとともに、これにより、大きな影響を受けたライプニッツとの相違点を確認する。最後の章では、後期ビランを扱うのであるが、この時期のビランに関しては多くの議論があるため、先行研究を紹介しつつ、ビランが宗教的体験を扱うのに立会う。そして、自我の哲学と形而上学がどのような関係にあり、その意味、その問題点はどこにあるのかを探る。

本論文は以上の順序で進むのであるが、その意図は、すでに述べたように、ビランの言葉で思索の歩みを語ってもらい、それにより《自我の哲学》と《形而上学》という視点から、ビラン哲学の全体を見通そうという試みである。

まえがき（生涯と著作）

生涯

パリからはるか南西、ドルドーニュ川の流域に位置するペリゴール地方。この風光明媚な料理と吟遊詩人の国は、また大きな鼻をした剣豪であり哲学者のシラノ・ド・ベルジュラックの故郷でもある。メーヌ・ド・ビラン(François-Pierre Gontier de Biran)はこの地の中心都市の一つであるベルジュラックに一七六六年に生まれた。そして、今日ビラン哲学(Biranisme)と呼ばれる思索の歩みを遺した人物の経歴は一九歳から始まる。

この年ビランはパリに出て、近衛隊に加わる。しかし、革命が起こったことにより生地に戻り、両親から領地と城館を受け継ぎ、ロベスピエールの失脚までここにとどまることになる。そして、一七九五年、二九歳の時にジロンド県の行政官になったのを皮切りに、一八〇五年にはドルドーニュの県会議員、翌年にはベルジュラックの副知事となる。このような哲学者というより行政官としての経歴はその後も続き、一八〇九年に立法院議員、一八一六年以降は国務評定官となり、一八二四年にパリで死去する。

その経歴が示しているように、職業は行政官あるいは政治家であり、その意味で専門の哲学者ではなく、いわば日曜哲学者である。この外的な世俗的生活と内省的生活との懸隔は、常にわだかまりとして心の底にあったと思われる。一八一七年に書かれた日記[1]には次のような言葉がある。「私には意識あるいは内的思惟の奥底にひきこもるよう準備することしか残されていないようだ。そこから、私は有機的または知的能力の働きの中で起こる事柄を観察できるであろう」(p.97) また、「真の知性、真の活動は、ただ単に外的事物の世界との関係においてだけではなく、とりわけ最初に、感性と想像力の現象の内的世界との関係における内的観察、自ら自分自身を観察するという可能性の中にしかない」(p.98) と主張している。

生来の内省的傾向に加え、ビランが生きた時代はきわめて騒がしい、恐らくフランスの歴史の中で最も動揺した時期であった。真の活動を内的観察に求める姿勢は、このような時代背景により一層強められたと思われる。しかしこのことにより、私たちには多くの著作と日記が残されたのである。

ここでビランの著作目録の概観に移るのであるが、その前にいくつかの注意点を書き留めて置きたい。まず、専門の哲学者ではなかったことから、主要な著作はヨーロッパのいくつかの国々の学士院などが開催したコンクールに応募するために書かれている。したがって、それらの一つ一つは完成されているとしても、その一方で、長い時間をかけて一つの体系を作り上げるという性格を欠いているため、著作間で同一内容の繰り返しや重複が多く、年代順に思索の発展をたどるのに困難な場合にしばしば出会うことになる。それに加えて、生前に出版されたのは三つの論文[2]に過ぎず、大部分の論文は死後草稿に基づいて編纂されたという、文献編纂上の問題がある。

この点について、アンリ・グイエは研究書[3]の中で、「一つの学説を明らかに示すのに二つの仕方がある。

観念の一つの体系または一つの精神の歴史として紹介する。あるいは、原理であり目的である原初の直感から出発して、その学説をもう一度考えるか、哲学者の後にしたがってその哲学を探求しつつ、学説を再発見するのである」(p.5) と説明した後に、「メーヌ・ド・ビランほどこの二番目のあつかいに適した形而上学者はいない」(ibid.) と述べている。

それ故に、ビラン哲学の年代記が書かれるのはもとより不可能であり、著作目録はあくまで学説を再発見するための補助手段である。また、著作とならんで日記が重要な意味を持つのであるが、日記には著作以上に原初の直感が書かれているとしても、それはやはりもう一度考えるための出発点にすぎない。

これに加えて、ビランが同時代の哲学者の中で、やや特異な位置を占めていることにも注意が必要である。グイエはこの点について、「その哲学は引き続く創造である。なぜなら、それは発見の断続であるからである。ビランは自分自身を形而上学のクリストフ・コロンブであると考えていた。ところで、未知の世界の道程はどのような地図の上にも前もって遺されることはできない」(p.8) と述べる。ビランがどのような新大陸を発見したかについては、本文で詳しく案内するとして、その研究には特徴的ないくつかの注意が必要であることを確認して置きたい。

【注】

1 Maine de Biran, Journal, II, éd., Baconnière, 1955

2 この三つは、Influence de l'habitude sur la faculté de penser, Examen des leçons de philosophie de M. Laromiguière, Exposition de la doctrine philosophique de Leibniz である。

3　Henri Gouhier, Les conversions de Maine de Biran, J. Vrin, 1948
4　その後一九八二年に、SLATKINE というスイスのジュネーブにある出版社から復刻され、現在は入手可能となった。

著作

ビランの著作集は大きく分けて三つの時期に編纂され出版されている。第一の時期は、著者の死後一七年を経て一八四一年に、ヴィクトル・クザンにより編纂され、これを仮にクザン版と名づける。第二の時期は、一九二〇年から一九四九年にかけてであり、ピエール・ティスランによる編纂で、これをティスラン版と呼ぶ。このティスラン版は、クザン版がわずか四巻からなるきわめて不十分な著作集であったのに対して、一四巻にわたり、完成度が高かったため長く決定版とされ、多くの研究がこの版に基づいておこなわれた。しかし、その後入手困難[4]が続いたため、一九九三年からフランソワ・アズヴィ、ベルナール・バエルチを中心とした新たな編纂による著作集の出版が開始され、一三巻をもって二〇〇一年に完結する。これが第三の時期である。日記はグイエの編纂により一九五四年から一九五七年にわたり三巻にまとめられ、出版されている。

本論文では、アズヴィ・バエルチ版を底本として、必要に応じてティッスラン版を参照する。したがって、ここではこの最も新しい版をビランの著作集として紹介する。全一三巻の内容は次のようになっている。

I Ecrits de jeuness

II Influence de l'habitude sur la faculté de penser.

III Mémoire sur la décomposition de la pensée.

IV De l'aperception immdiate

V Discours à la Société médicale de Bergerac.

VI Rapports du physique et du moral de l'homme.

VII Essai sur les fondements de la psychologie et sur ses rapports avec l'étude de la nature.

VIII Rapports des sciences naturelles avec la psychologie et autres écrits sur la psychologie.

IX Nouvelles considerations sur les rapports du physique et du moral de l'homme.Ecrits sur la physiologie

X-1 Dernière philosophie: moral et religion.

X-2 Dernière philosophie: existence et anthropologie.

XI-1 Commentaires et marginalia XVII me siècle.

XI-2 Commentaires et marginalia XVIII me siècle.

XI-3. Commentaires et marginalia XIX me siècle.

XII L'homme public.

XIII-1 Correspondance philosophique avec Ampre.

XIII-2 Correspondance philosophique(1766-1804).
XIII-3 Correspondance philosophique(1805-1824).

これらの著作の中で、特に重要であり、その意味で主著と言うことができるのは、ビラン初期の思索の記録となる、Influence de l'habitude sur la faculté de penser(『習慣論』)であり、ビラン哲学が確立され、発展したと言われる中期を示す、Mémoire sur la décomposition de la pensée（『思惟の分解』）、Essai sur les fondements de la psychologie et sur ses rapports avec l'étude de la nature（『心理学の基礎と心理学と自然研究との関係についての試論』）、Rapports des sciences naturelles avec la psychologie（『自然諸科学と心理学との関係』）である。そして、後期の証言となるのが一〇巻の二に収められているNouveaux essais d'anthropologie（『新人間学試論』）と、Note sur l'idée d'existence（『実存の観念についての覚書』）である。

本論文では、これらに日記を加えて基礎文献としつつ、ビラン研究を進めていく。それ以外の著作は必要に応じて参照するに留める。これは、すでに述べたように、それぞれが主著の内容と重複しているためである。

緒言

著作目録を概観して、初めに気づかされるのは、ビラン自身はその著作に哲学という、あるいはそれに類するような表題を使っていないという点である。それに代わって使われているのは、心理学と人間学という言葉である。

ところで、ビランが心理学と言う時、念頭に置かれているのは、今日一般に理解されている意味での心理学ではない。フランス本国でBiranismeと呼ばれるのは、ビラン心理学ではなく、ビラン哲学に他ならない。

では、何故にこの言葉が選ばれたのか。謎解きを第一の主著である『習慣論』に求めてみると、冒頭で次のような発言に出会う。「混沌から引き出された形而上学が現実の科学、そして一人の偉大な人間（ダランベール）が言ったように、魂に関する一種の経験的自然学になって以来、この科学の進歩がもたらすことのできたあらゆる問題は、私たちの思惟の中で把握され、私たち自身についておこなうことのできる観察の権限に属する事実の上でのみ展開する。」(p.30)

ここで、ダランベールの〝魂に関する一種の経験的自然学〟(une sorte de physique expérimentale de l'âme) という表現が引用されるのであるが、この表現を一言で言い表すことのできるのが心理学という用語であったと思われる。続いて、次のように言われる。「観察者である形而上学者たちの注意を引いたに違いない最初の対象は、開かれている多様な路を歩む行動している人間の悟性である。」(ibid.)

この文が明らかにしているように、ビランが『習慣論』で考察しようとしたのは、〝行動している人間の悟性〟(l'entendement humain en action)であり、〝瞑想している人間の悟性〟(l'entendement humain en méditation)ではない。これに関連して、この著作の銘碑として、「運動と運動の反復でないならば、何が魂のあらゆる働きであろう」という言葉がシャルル・ボネの『心理学』から採られている。したがって、まさにボネの影響の下、ビランには、行動あるいは運動という意味合いを表現することのできる用語が心理学であり、哲学という用語は瞑想的、思弁的(méditatif,speculatif)という語感を持つと思われたのであろう。

また、心理学は魂のあらゆる働きを同等に論じるのであり、たとえばそこに認識能力と意志能力を区別して、後者に優位性を認めるといった手順は必要ない。この点について、アンリ・グイエは「心理学的事実は一つの全体の断片なのではなく、そのそれぞれが特殊な現われの一つを通して見られた精神全体である」(p.130)と述べている。

では、この用語を使いつつ、具体的にどのような学が構想されていたのであろう。『習慣論』の修正版の結論部で、このように言われる。「生理学(physiologie)を観念学(idéologie)に移し入れる。あるいは、今後これら二つの科学を統一するに違いない紐帯を、より一層緊密に結び付ける。」(p.282)

ここで生理学と観念学が言及されるのであるが、この二つについては、引用文のすぐ前で、「習慣の影響を身体的事柄(le physique)と精神的事柄(le moral)、生命の働きと知性の働き、運動と感覚の器官の機能と思惟の多様な様式が基づいている機能との中で比較する」(ibid.) と言われている。

この発言に見られるように、ビランの言う生理学は、身体・生命・運動と感覚の器官に関わり、観念学は精神・知性・思惟に関わる。それ故に、心理学は両者の結合を試みるという意味で、身体と思惟という二つの側面を備えている人間の学なのである。そして、後に『思惟の分解』で取り上げられることになるデカルトを念頭に浮かべつつ、ビランが哲学を主に思惟に関わる学であると考えていたであろうことは十分に想像することができる。

ところで、心理学が身体の学、あるいは精神の学に限られるのではなく、いわば心身の合一である人間の学であるとするならば、ビランがその思索の初期と中期で使ったこの言葉が、後期には人間学(anthropologie)という言葉に代わるのは、思索の発展を示す当然の結果であると言える。したがって、ビランの著作は必ずしも体系的には書かれていないとしても、思索は常に一つの方向へと向かっているのであり、この思索の発展を跡付けることが研究の一つの課題である。

さて、ビランがおこなった表題の選択は、その研究を始めるにあたって、二つの課題を示唆する。一つは、ビランの思索は初期にはコンディヤック学派に属していると言われつつも、いわゆるビラン哲学(Biranisme)の形成以降は特定の学派に与することなく、独自の歩みを進めたことによる。その思索は特に同時代に支配的であったデカルトの哲学に対して常に批判者の立場に立つ。またこのことは、決してデカルトに限られず、たとえばロック、ヒューム、またライプニッツ、カントに対しても同様である。しかし、その思索はまったく無から創造されたのではないことから、問題は、ビラン自身がこれらの人々から何を学び、何を批判し、そして学んだ事柄をどのようにまとめ上げていったかの解明である。一言では、ビランの折衷主義(L'éclectisme)あるいは調停的立場といわれる思索の特徴を理解することである。

もう一つは、同時代の哲学者たちの間で、生涯とともに思索がきわめて特殊な性格を持つと思われるビランが、自分自身を〝形而上学のクリストフ・コロンブ〟と考えていることである。コロンブスという名前が、〝誰も今までに例がない〟というその独特な立場の自覚を表現するために使われたのは至極当然であるとして、注目するべきは、《形而上学》という言葉である。

ここで、著作の表題という話題に戻ると、実際には二つの表題が使われているのであるが、ビラン自身はこの心理学と人間学を総称して、形而上学であると考えていたと思われる。つまり、ビランには、体系の出発点と基礎は心理学であり、到達目標は人間学であるとして、このような体系そのものは形而上学に他ならないという確信があったのである。

心理学は、先に述べたように、心身の合一である人間の学であるが、この学の扱う領域は、私たちの直接的な経験に与えられる事柄が中心となる。それに対して、人間学は主に私たちの経験を超えた事柄の探求をおこなう。それ故に、ビランの体系とは、経験から出発して、経験を超えた事柄をこの経験に基づいて論証しようとする試みであり、このような思索の歩みはまさに形而上学なのである。

では、何故に、自らを大航海時代の冒険者に喩えるのであろう。ビランの同時代である近代の哲学が、すぐれてそれに先立つ時代の哲学、形而上学の批判であったことを思い起こしたい。ビランはまさにこのような同時代の哲学の批判者であるが故に、新たな形而上学を求めることがその時困難であった旧大陸を離れて、新大陸を探しにいったのである。

したがって、ビランはデカルトの批判者であるとともに、いやむしろそれ以上にカントの批判者であると言える。したがって、研究の第二の課題は、心理学という表題の下に開始された思索が、その展開の中でどのようにして形而上学の性格と実質を備え、人間学として結実していくかを見届けることである。

第二の課題は実は第一の課題と密接に関連している。新たな形而上学と言っても、ここでもまったく無から創造されるのではない。新大陸に移り住むのは旧大陸の人々である。ビランの調停的立場はまた、同時代とそれに先立つ時代という二つの哲学の関係に及ぶ。同時代の哲学の間、そして時代を異にする哲学の間、この二つの側面の調停を主導動機として展開する思索。それが心理学から形而上学へと変貌し、人間学という名称で完成をめざす。これが Biranisme（ビラン哲学）なのである。

第1章　ビラン哲学の成立

はじめに

メーヌ・ド・ビランが残した文献の中で最も古く、一七九二年に書かれたと考えられている『至高の存在の実存についての議論』(Discussion sur l'existence de l'être suprême)[1]の中で、ビランは「恐らく、私たちは神の本性について、もっともらしい何らかの観念を決して持っていないと非難されるであろう。しかし、神の本性が何であるかを探す前に、神が存在することを証明しなければならないであろう[2]」と、また「神に関する私の無知は、人間にとり有用であり、必要でさえあり、組織と社会の維持に不可欠な倫理的善があらゆる理性的存在には義務であることを知るのを妨げない[3]」と述べる。

思索の開始にあたって、関心は神と倫理に向かい、神についてはその無知を自覚し、倫理に関してはその意義を確信していると思われる。その一方で、「私は知っている。善を行った時には、私自身とともにより良いのであり、徳を大切にするためにはこれで十分である[4]」と主張する。

ここで、〝私自身とともに(avec moi- même)〟という言葉に注目してみる。明らかに、後に探求の中心となる自我の萌芽が現れ、《自我は一人の他人》という発想もうかがわれる。ビランの関心は自我にもあったのである。

ところで、一七九四頃に書かれたと推定されている『J.-J. ルソーが〈サヴォァアの助任司祭の意識についての信仰告白〉の中で述べたことを読んでの考察』(Réflexions nées en lisant ce que dit J.-J. Rousseau dans la Profession du Vicaire Savoyard sur la conscience[5]、以下『ルソー考』と略す）では、「人間がその同類と保っている関係についての研究は（もしそれがよく出来ているのであれば）、理性に義務を果たすための十分な動機を与え、昂ぶった想像力や信じやすい精神だけが受け入れることのできる生得的にして不可解で、空想的な原理に頼る必要はない[6]」と、また「哲学の最も輝かしい用途は、これらの誤りをなくし、倫理をそれを覆う闇から引き出し、人間に何がその義務であるかを教え、義務を、しばしば人間に義務に対する反感を抱かせる忌むべき形ではなく、誰もが憧れる幸福の唯一の道であるような真の関係の下で示すことである[7]」と述べる。

神、倫理、自我に関心が向かうとして、これらの問題はどのように扱われるのか。ここでビランが思い描いていた思索の姿が朧げながら浮かんでくる。〝人間がその同類と保っている関係〟を研究するという、経験に基づく、実証的な学[8]であり、《生得的な原理》をしりぞける。

加えて、もう一つの特徴が同時期に書かれた『自然を動かす一般的力についての考察』(Réflexions sur les forces générales qui animent la nature)、『宇宙を最初の動力意志なしに説明できるか』(Peut-on expliquer l'univers sans une première volonté motrice?)、『電気に関する経験についての覚書』(Note sur une expérience d'électricité) という三つの文献により示される。

これらは自然科学を主題とし、この時期にはまた数学の研究に多くの時間が費やされたことが知られている[9]。したがって、一方では神といった形而上学的問題、幸福といった倫理的問題に関心を向けつつも、他方では自然科学と数学を学んでいたのである。

このようにして学問的素養を身につけていたビランに、哲学の島への船出を誘う一つの機会が訪れる。一七九七年と一七九八年にわたってフランス学士院が：観念の形成に対する記号の影響は何であるかを決定するという課題でコンクールを開催したのである。この機会に『記号の影響についての論文に役立つべき覚書』(Notes qui doivent servir pour un mémoire sur l'influence des signes)と『記号の影響についての覚書』(Notes sur l'influence des signes)という二つの文章が書かれることになる。

前の文章では、ビランはまず「数学はその精密であることをただ使用する記号の正確さに負っているだけではなく、とりわけ考察する対象の単純な性質に負っている[10]」と述べ、続いて「ロックは私たちの倫理的観念の記号の曖昧さに二つの主な理由を挙げている[11]」として、「倫理的観念はとても複雑なので、それを構成している単純な観念は、使用する人々の精神の中で同じ数とは決してなり得ない[12]」、「私たちの複合観念（倫理の）の範型が存在せず、この範型の非在が、この種の観念の形成では、精神の自由と放縦に加担している[13]」と述べる。

ここでは数学の記号が精密であるのに対して、倫理的観念の記号は曖昧であることが指摘され、また同時に、使われる記号の精密さがその学の精密さに大きく関わるという考えが示される。そして、数学の記号を手本にするという発想とともに、「代数はコンディヤック[14]に私たちの観念の記号に対する主な雛形をもたらす[15]」という主張がなされる。

その一方で、「抽象的観念の形成での精神の最初の歩みは、私たちの有機的組織、あるいはそれにより感覚が私たちの魂に達する諸器官の分離の結果であると思われる。しかし、これら最初の抽象的観念は逃れやすく、それが導き出されてきた現実の対象から切り離され、もはや現実の存在を持たない」と述べられる。

ビランは明らかに、観念の起源は感覚にあると、また単純な観念が要素となり、それらが合成されてより複雑な観念が形成されると考えている。そして、「どのようにして私たちは理性によるこの存在、この逃れやすい抽象を固定するのであろう。それに記号を纏わせる必要がある。この時から、抽象は実在性を獲得し、悟性はそれを自由に扱う。それを意のままに呼び出し、その仕事に自然の作品に対するのと同じ実在性を与える[16]」と述べる。

記号は観念を固定する、つまり観念に実在性を与え、これにより悟性は観念を自由に扱うことができると考えられ、この意味で、記号の持つ利点、その有用性に注意が向けられる。しかし、ビランは同時に「自分自身を正確に、統一的に表現するためには、それぞれの組み合わされた語の中に入り込む主要な観念を少なくとも精神に保持して置かなければならない[17]」と述べ、組み合わされた語により成立する日常言語には曖昧さが含まれていることに留意する。そして、理由として、「想像力は活動しないままでいる、また何かを常に表象しないでいることはけっしてないであろう[18]」として、想像力の働きを挙げるとともに、「代数的言語の日常言語に対する優位を保証するのはこの点である[19]」としつつ、想像力の働きから自由な数学的記号の精密さを再び主張する。

後の文章では、たとえば、「人間の自然の能力は抽象し、存在をそれらの間で比較し、それを近接させる力を含んでいる。その知覚に関して絶え間なく、また当然のこととして行うこの近接、比較が人間を他の動物から区別し、理性的存在として性格づける。人間がその言語を作り、連続してその知覚の対象の間に発見した関係を表象する抽象的用語を形成したのは、その本性に基づくこの性格、この力にしたがってである[20]」と述べる。このように、人間の能力に抽象に加えて比較 (comparaison) と近接 (rapprochement) を枚挙している点を除けば、基本的には記号について、前の文章での見解を踏襲する。

発展は、「観念に対する記号の主要な影響は、思惟の分析を容易にし、思惟をそのあらゆる要素に分解するとともに、自分自身にはより明晰に、他の人々にはより可感的にすることである。しかし、記号は私たちの観念を決して生じさせない[21]」という発言に表れる。

ビランは観念が先にあり、次に記号があるという基本的立場に立ち、記号は観念を固定し、表現するための道具であるとの考えを明確にする。それ故に、記号なくしても思惟することができ、「私たちの精神が受け入れることのできるあらゆる観念は、悟性の中に、この人為的助けなしに現実に存在している。観念の種子は観念を豊かにし、発展させることになる記号に先立って存在する[22]」のである。そして、この《観念の種子》とは感覚に他ならない。

また、記号に先立つ悟性の働きという発想は、「反省あるいは悟性の意志的働きは、制度である記号がなければ起こり得ないという学説[23]、私はこの学説が論証されたと見なすことはできない。また、人々が与えている証明は説得的であるとは思えない[24]」という主張を導く。

ここでは、観念や悟性、思惟という意味の広い言葉に代わり、反省、悟性の意志的働きというより具体的な用語が使われる。そして、すでに言われた、感覚が観念の種子であるという考えとともに、観念は感覚に始まり、悟性の意志的働きにより形成され、少なくともこの観念の生成過程には制度である記号、言語はその不可欠の条件とはならないという想定が示される。

続いて、「倫理は幾何学のように厳密な論証を受け入れるのであろうか[25]」という問いが発せられる。思惟と言語はいうなれば身体と衣装の関係であり、後者は記号である限り数学を手本にその精密さを獲得するとして、はたしてこのことは前者にまで及ぶのであろうか。

この問いに倫理を例として答えようとするに、ビランは「ロック、コンディヤック、そしてその後にしたがう他の形而上学者たちは肯定的に答える。しかし、どのような意味で[26]」と述べ、まず自分自身は異なる意見であることを予告する。そして、肯定的に答える人々は「そのあらゆる要素が確定された複合的記号という手段により推論する時には、誤りようがない」と考え、このような手段は「代数学者がその発生と変わることのない関係を認識している記号を使って計算する[27]」のと同じであると見なしていると主張する。

すでに、記号は思惟の分析に役立ちつつも、観念を生じさせないと考えられていたのであるが、倫理が問題となる時、記号はあくまで手段であるにすぎない点が強調される。たとえば、「倫理は抽象的科学ではあり得ない。対象としているのは、ただ精神を説得することではなく、とりわけ私たちの心情に語りかけることである。その真理は推論の中よりもむしろ感情の中にある。人間の能力の認識はその手段であり、能力を幸福または個人の最大の完全に導く技術が目的である[28]」と言われる。

この時期、ビランは一方では倫理と形而上学、他方では自然科学と数学に関心を向けていた。記号という問題は、恐らくこの二つの方向への関心に架橋する機会であったと思われる。そして、この機会に示されたのは、一方を過大に評価する、あるいは一方に他方を還元するというのではなく、それぞれに固有の役割を認めつつ、同時にそれぞれの領域の違いを主張するという姿勢である。「先達たちに反して、私は計算に還元され、幾何学の仕方で扱われた倫理以上に無意味で役に立たない事柄を何も知らないであろう」(29)と述べつつ、「私は倫理を、その仕方では、経験的な自然学と多くの関連を持ち、幾何学とはまったく関連がないと見なしている。経験と観察がモラリストを自然学者と同じように導くべきである」(30)と主張する。

この文脈では、経験と観察に対して、論証と推論が対置され、それぞれに基礎を置く学の領域の区分が主張され、「倫理学、形而上学、そして実際の、現実に存在する対象を持つあらゆる科学は、観察と経験という人間に関する他と相容れない領域に入り込む」(31)と言われる。

コンディヤック(32)が代表者と考えられていると思われるが、ビランは「私たちの時代の哲学者たちはすべてをその規則、その計算、そのいわゆる分析にしたがわせようとする」(33)と主張し、幾何学を範型としてすべての学を考える哲学の傾向を批判する。「哲学者たちは絶対的に異なる性質の対象を同じ仕方、同じ方法で扱うこと、それは悟性あるいは可感的存在の能力の拡がりと多様性を十分に理解しないことであり、これらの能力の一つの部分を、他の部分を働かせないままにしておくために乱用することである点に気がつかない」(34)と述べている。

結論として、観念と記号との関係という課題には、「思惟の分解に役立つあらゆる事柄は、この思惟の要素という記号である」[35]として、記号は思惟あるいは観念の要素であり、この意味で思惟の分解の道具であると答える。そして、「一連のこれらの記号の集まりや体系は、それらが互いに持っている決められた関係、または一方から他方への移行の連続する秩序にしたがって考察される時、言語を形成する」[36]と述べ、言語は記号の体系化に他ならないと主張する。

その一方で、最も精密な記号の体系であると考えられる数学（代数と幾何）は、人間に関わる学（倫理・形而上学）との関係で、その言語の手本とはなり得ても、観念は記号に依存しながらも記号とは異なるが故に、その内実の手本とはなり得ないことを主張する。

この点については、「代数はすべての拡がりと言葉の正確さにおいて、一つの言語である」[37]と述べつつ、「この言語が多くの利点を享受し、非常に大きな卓越性を持つのは、ただその記号が非決定であり、精神はその値や特定の意味に顧慮する必要がないからである。精神は記号が他の記号と結びつく仕方のみ検証し、その関係しか考慮しない」[38]と断言する。

一七九八年に書かれたこれら二つの文章は、ビランがコンクールに参加することを見合わせたため、長く公刊されることがなかった[39]。しかし、哲学の船出に当たって、同時代の哲学者の影響を受けながらもそれを批判するという基本姿勢、また考察の対象となる学の影響関係とともに、それぞれの学の固有の領域を確定し、一つの学に他を還元するのではなく、その両立を試みようとする立場は明確に示されている。[40]

また、記号に関して、すでに確固とした考えを持っていたことをうかがわせている。例として、「記号なくしては、精神はそれが働いていることを知らず、感じることなく働く。精神は反対にその思惟を制度である記号の助けで分解する時には、それが行っていることを意識する。記号はしたがって悟性に対しては、触覚が感情に対するのと同じである[41]」と述べる。

このようにして思索が進められつつあった時期、また一つの機会が訪れる。この機会に書かれた一つのまとまった形となる最初の論文が『思惟する能力に対する習慣の影響についての論』(Mémoire sur l'influence de l'habitude sur la faculté de penser、以後『習慣論』と呼ぶ)である。しかし、若きビランにもう少しの光を当てるため、この論文の検討に入る前に、ここでビランとルソーについて考察してみる。

ビランとルソー

一般に、先に言及した自然科学に関する論考と記号についての論文の以前に書かれたビランの文献は二つのまとまりに分けられる[42]。一つは一七九二年と一七九三年に書かれた形而上学的主題についての論考で、『至高の存在の実存についての議論』、『無神論についての考察』、『妹ヴィクトワールの死の床の傍らでの死についての省察』(Méditation sur la mort près du lit funebre de sa sœur Victoire)、『人間に関して』(De l'homme)がある。もう一つは一七九四年と一七九五年に属する文献で、ここでは「関心は今や形而上学よりも倫理にあり、その中心は幸福という問題[43]」であり、『ロベスピエールの言説について』(Sur un discours de Robespierre)、『あらゆる私たちの観念は感官に由来すると言えるか』(Est-on bien fondé à dire que toutes nos idées viennent des sens?)、『ルソー考』、『賢者の肖像』(Portrait du sage)、

『キケロの法に関する第一の書についての覚書』(Notes sur le premier livre des lois de Cicéron) がある。ところで、ここで論題となるルソーについての考察がビランの倫理、特に幸福への関心のもとに書かれたことは、前の節で言及した。そして、その時生得的な原理が退けられる点を指摘したのであるが、問題はここに始まる。

ビランはまず「モラリストが幸福の道と徳の道を分離する限り、人間たちは常に第二を求めるためには、第一を放棄するであろう。あらゆる人間たちの感情はいつも利益、安楽の現実的欲求にしたがう[44]」と主張する。これらの言葉は、ビランが人間を何よりも利益を優先する動物であると考え、その本性は現実的欲求に向かうと考えていることを示している。「利益と欲求にしたがうことは、人間たちを決して離れず、すべての可感的存在に共通で、自然から直接に由来する唯一の事柄[45]」なのである。

それゆえに、幸福と徳は切り離せない、あるいは《徳は幸福の門》であるとするのでなければ、徳を求めることは一つの義務となり、そのために幸福の追求を犠牲にすることとなる。このことから、ルソーに対して、「私たちはルソーが人間の本性の研究より以上に、その心情から汲み取ったことを理解している。もし、ルソーが人間の本性をより良く知っていたならば、一つの原理と見なしているこの誤り、人間は本質的に善である、を公言しなかったであろう[46]」と述べる。

ルソーは「現実に存在するとは、私たちにとり感じることであり、私たちの感受性は議論の余地なく知性に先立つ。そして、私たちは観念の前に感情を持っていた[47]」と述べつつ、確かに「私たちの存在の原因が何であれ、この原因は、私たちに本性にふさわしい感情を与えることで、私たちの保存の準備をしてきた。少なくともこの感情が生得的であることは否定し得ない(48)」と述べ、生得的な原理を主張する。また、「この感情は、個人に関しては自尊心、苦痛の恐れ、死の恐怖、安楽の欲求である。しかし、疑うことができないように、人間がその本性により社会的である、または少なくともそうなるように作られているのであれば、そのことは、人間という種に関する別の生得的感情による以外にはありえない(49)」として、再び生得的原理を主張している。

ルソーにしたがえば、人間には二つの生得的感情がある。一つは自己保存の感情、一つは社会性という感情である。ここで、この自己保存の感情とビランが言及している人間の利益と欲求にしたがう本性とを比較してみると、ルソーとビランはともに《安楽の欲求》をその一つの例としているように、またビラン自身が〝自然から直接に由来する〟と言い、生得的であると見なしていたとも考えられるので、基本的には違いがないと言える。問題となるのは社会性という感情であろう。

ビランは「それぞれの人間はその弱さに強いられて同類に近づくので、社会にはその私欲しかもたらすことができなかった。人間は結合による新しい利点の享受を求め、結合した人々の活動に寄与することは夢想だにしなかった(50)」と述べている。ルソーにより生得的と考えられた社会性という感情は、ビランにとっては〝人間の弱さに強いられて〟生じたにすぎないのであり、このことの例証として、「戦争と、社会とともに始まり、社会がある限り続く不和という考え(51)」を挙げる。

したがって、倫理は人間とその同類との関係の問題であるなら、倫理の基礎を生得的であると想定された人間の社会性という感情に求めることは不可能である。むしろ、私たちが自分自身の行為についておこなう善悪の判断に求めるべきである。なぜなら、「私たちの行為の倫理性はどのような生得的原理にも基づかない。そうではなく、啓蒙の果実であり、推論から生まれる秩序と関係という観念に基づく[52]」からである。

ビランの関心がこの時期倫理、とりわけ幸福にあったとして、その倫理は結局のところ個人が後天的に獲得する知的能力に依存するのであれば、思索の方向は自然と定まる。ルソーが社会の哲学とも言える方向に向かうのに対して、ビランが向かうのは個人の哲学、より正確には自我の哲学である。素朴に感情という形で人間の社会性を信じるルソーと、そのような社会性を疑い、あくまで個人の理性の働きに期待するビラン。ここには二人の哲学者の資質の違いと同時に、一八世紀から一九世紀への時代の移り変わりが反映されているとも考えられる。

さて、ルソーについての考察から時を隔てて一八一八年、日記には「私が個人的意識（あらゆる哲学の基礎）から、また合理的と呼ぶことのできるもう一つの別の意識から区別する倫理的意識について、私は反省した[53]」と記され、また「倫理的意識は自分の有機体と同じ有機体により出現し、印象と情動、そして自分と同様の能動的、知的働きにより示される他の魂に向かう[54]」と記される。

一七九四年のビランは、倫理的意識は個人的意識に他ならないと考え、また善悪の判断をおこない、秩序と関係を推論する合理的意識により始めて成立すると主張していた。しかし、二四年の後には、倫理的意識は個人的意識を基礎とするにしても、個人的意識とは異なると考えられるに至る。合理的意識については、「合理的意識により、魂は実在、神である絶対的真理に向かい、事物をあるがままに、自分自身を自分自身として理解し、自分自身をそのままに判断するために、感性の法則の外に、また上に身を置く[55]」と述べられる。

ビランは若き日には、明らかに倫理的意識を軽視していた。特に、ルソーが感情として表れる倫理性を主張することに対して強く反論していた。しかし、その五年後に死を迎える時期、あらためて「J.-J. ルソーは倫理的意識についての詩を作った。私はその理論を作りたい[56]」という言葉を記すことになる。

では、この〝倫理的意識についての詩（la poésie de la conscience morale）〟あるいは《感覚的倫理（morale sensitive）》[57]という言葉で表現されるルソーの考え、ビランに霊感を与え続けた考えとは。

『エミール』の中の〈サヴォアの助任司祭の信仰告白〉（profession de foi du vicaire savoyard）を紐解くと、まず「私は長い省察により、私の存在の原因と私の義務の規則について、不確かさ、曖昧さ、矛盾しかもたらさない[58]」と言われる。ここに現れる省察、存在の原因、義務といった言葉が若きビランの琴線に触れたことは確かであるとして、後半の不確かさ、曖昧さ、矛盾という言葉が生涯にわたるビランの情調を表現することになる点は重要である。

一八一八年の日記には「私はジャン・ジャック・ルソーの告白の一項目を考えている。それは私を捉えている感情に大変似通っている[59]」と書かれるのであるが、それに先立って、たとえば「私はあらゆる取り巻く事柄の動く玩具である自分自身に対してどのような支配権も持たない。私はすべての印象に向かうにまかせている[60]」と記されている。

続いて、ルソーは「内的光に問いただそう。内的光は哲学者たち以上に私を惑わせない[61]」と述べ、「私は現実に存在する。また私はそれによって作用を受ける感官を持っている。これが私を驚かせ、同意を強いる最初の真理である[62]」と主張する。

ビランが船出の時から常に保ち続けた基本姿勢は、同時代の哲学の批判的摂取であり、個人の具体的経験についての反省がその方法であったこと、そして観念は感覚に始まるという確信とともに、コンディヤック学派に属していたことを考えると、まさに「若きビランはルソーを通じて自分自身を探求し、自分自身を発見する[63]」のである。

しかし、恐らくビランにとり最も心強い導きとなったのは、「私は単に感覚し、受動的である存在ではなく、能動的で知的存在である[64]」、「私は自分の腕を動かそうとし、また動かすのであるが、この運動は私の意志以外の他の直接的原因を持たない[65]」、そして「この感情（原因としての意志）はあらゆる明証より確固とし、私の内でこの感情を破壊しようとする推論は、私が現実には存在していないと私に証明しようとするのと同じくらいに虚しい[66]」といった発言であろう。

後に詳論するように、ビランにとっては、①人間の持つ能力を受動的と能動的に区別する[67]②自我の核心を意志であるとする③原因としての意志を範型として因果関係を理解する、これらはその思索の発展の主導動機であった。同時代の哲学から学びつつも、「メーヌ・ド・ビランが留保なしに最も近い哲学者たちの考えを受け入れるのは稀である[68]」と言われるように、批判的態度が基本である。しかし、「メーヌ・ド・ビランが、ある機会に、留保なしにルソーの考え方を受け入れることができたと証明する文献の一つ、それは『エミール』[69]」なのである。つまり、この著作に「メーヌ・ド・ビランはルソーの教育論は悟性に関する自らに固有の分析ととても良く一致することを認めた(70)」のである。

ところで、ルソーは教義(dogme)あるいは信仰箇条(article de foi)という表現を使って、原理(principe)となる考えを三つ述べている。一つは「一つの意志が宇宙を動かし、自然に精気を与えている(71)」、もう一つは「もし動かされる物質が一つの意志を示すのであれば、ある法則にしたがって動かされる物質は一つの知性を示す(72)」、そして「人間はその行為において自由であり、このように、非物質的実体により生命を与えられている。(73)」

これらの言葉で神が語られる時、印象深いのは、ルソーが神を創造主であるとともに、とりわけ第一動者であると見なしていることで、一言では、神とは原因としての神である。この点は「欲して、でき得るこの存在、それ自身で能動的なこの存在、結局それが何であれ、宇宙を動かし、あらゆる事物を秩序づけるこの存在、私はそれを神と呼ぶ(74)」と言われていることからも明らかである。

ビランはまたこの原因としての神という考えを踏襲し、自らの形而上学的思索の原動力とする。そのルソー論が書かれた時期、主な関心は倫理にあったことはすでに言及したが、やはりルソーから形而上学的霊感をも得ていたのである。

ただ、ビランの場合、その思索は常に個人の具体的経験から始まる。倫理にしても、宗教あるいは形而上学にしても、あくまで個人の具体的経験の記述、分析の対象の一つとして問題となる。「ルソーの哲学は倫理的要請に応え、メーヌ・ド・ビランの哲学は《実存的》要請を持つ(75)」のである。このことは、ビラン哲学が、感覚に始まる経験を出発点として、経験に基づきながら、経験を超えた事柄を探求しようとする体系であることを示唆する。それゆえに、「ルソーの弁神論はその倫理的、政治的哲学の下準備であり、ビランの弁神論は《実存的》哲学の最後の事柄であろう[76]」と言うことができる。

このように、ビランがルソーから得たのは霊感であり、決してその学派に属したのではない。この点はコンディヤックとの関係と大きく異なる。その初期にコンディヤック学派に属したビランは、袂を分かった後、再びコンディヤックから影響を受けることはなく、むしろ批判者であり続けた。ルソー学派の一員ではなかったが、あるいはなかったがゆえに、ルソーの影響はビランの生涯にわたることになる。

しかし、ここで確認しなければならないのは、両者の決定的な立場の違いである。ビランは一八一八年の日記に、「私たちは純粋に自発的であるような固有の意味での倫理的感情はないと言うことができる。なぜなら、それにより私たちが美、善、完全を愛するこの感情は、魂の中に、印象や映像のように感受性や想像力にそれ自身で訴えるのではないこの美、この善を知覚し、識別し、選択させた知的作業の後にしか生まれないからである[77]」と記す。

ビランは一七九四年のルソーについての考察で、ルソーが倫理を生得的であると見なされた人間の社会性という感情に基礎付けることを批判していた。この立場は二四年を隔ててもまったく変わらない。総じて、生得的、あるいはアプリオリという考えに極めて批判的な姿勢は生涯貫かれ、この点で両者は明確に異なる立場に立つことになる。ビランの〝ジャン・ジャック・ルソーは倫理的意識についての詩を作った。私はその理論を作りたい〟という発言は、ルソーが生得的な感情という曖昧な原理に基づけた倫理を、私は経験という明証に基づけるという意図の表明であろう。

生得的原理の想定、ビランがルソーを斥ける第一の理由はここにある。けれども、理由は一つに限られない。むしろより大きな理由が他ならぬルソー自身から継承し発展させた方法、人間の能力を受動的と能動的に区別するという視点によりもたらされることになる。

先に引用した日記の箇所のすぐ前には、「確かに人間の倫理性には自発的な事柄がある。つまり私たちの可感的能力または本能と、これらに精気を与え、崇高という性格を刻印することのできる能動的で倫理的な能力との協働がある。それにもかかわらず、区画線は残る。そして、真の倫理性は常に、私たちに依存しない、あるいは間接的等の仕方でしか依存しない感情や情動を、私たちに依存する行為により規制することに存する(78)」と書かれている。

ビランの立場では、人間の能力を受動的と能動的に区別するならば、倫理性は後者によって、とりわけ後者が前者を支配する時に成立する。また、能動的とは、その能力の行使が私たちに依存していることであり、それに加えて「私たちが知的および倫理的本性の完成に向かう能力は、精神の法則にしかしたがわない(79)。」

ルソーの『告白』から「感官と器官により常に変容させられ、私たちは自分自身で意識的に知覚することなく、観念と感情の中に、そして概念の中にまでこの変容の結果を持ち込む(80)」という言葉を引用しているように、ビラン自身、具体的経験の場では、受動的能力は能動的能力に対して多くの影響を与えると考え、感情という受動的能力から倫理へ向かう、あるいは感情に倫理を基礎付けるという発想に理解を示していると思われる。

しかし、「理性がひとたび真であると考え、発見した事柄は常に変わることがないであろう[81]」と述べているように、ビランの立場では、倫理が普遍的な妥当性を持ち得るためにはやはり理性による基礎付けが必要となる。このことについては、「哲学での最も大きな過ちは、私たちの光である理性と精神の他の能力を混同することである。つまり、あらゆる能力は誤りを逃れられないということから、理性による確実な事柄は何もないと結論づけることである。あるいは、下位の能力と結合した理性はこれらの能力にその権威を貸し付けることから、感覚、記憶、想像力のようなそれぞれの下位の能力に、この理性自身の権威を帰属させることである（ゆゆしき二重の誤り）[82]」と主張する。

ここで言われる〝ゆゆしき二重の誤り〟はまさにルソーの《感覚的倫理》にあてはまる。たとえばルソーは、「人間は悪の創り主をもはや探さない。この創り主、それは人間自身である。人間が為し、そして苦しむ悪以外に悪は決して現実に存在しない。それぞれの悪は人間から到来する。一般的な悪は無秩序の中にしかあり得ない。そして、私は世界という体系の中にまったく矛盾することのない秩序を見る。特殊な悪は苦しんでいる存在の感情の中にしかない。また、この感情は人間が自然から受け取ったのではなく、自分自身に与えたのである[83]」と述べている。

これらの言葉は必ずしも〝理性による確実な事柄〟を否定するのではないにしても、少なくとも、誤りは人間にあり、自然に誤りはないという確信のもとで、人間の《理性の権威》への疑いを表明していることは明らかである。そして、ルソーは「意識の行為は判断ではなく、感情に属している。あらゆる私たちの観念は外部から到来するにしても、それらを評価する感情は私たちの内部にある。また、私たちと、私たちが尊重したり避けたりする事物との間の適合と不適合を知る(connaître)のはただ感情による[84]」と主張する。

この主張は、一つにはルソーの生得的原理の表明であるが、ここで再確認できるのは、生得的と見なされるのは観念ではなく、感情であるということである。もう一つは、あえてconnaîtreという用語が使われているように、判断と認識を感情に基礎付けることの表明である。ルソーの立場では、生得的なのは感情であるから、その当然の帰結として、判断と認識は感情に基づくと考えられるに至る。

ビランのルソー批判の要点が感情を生得的と考えることにあるとして、ルソー自身の論理の展開に呼応するように、もう一つの批判が〝下位の能力に理性の権威を帰属させる〞ことに対しておこなわれる。やはり一八一八年の日記で、ビランは「最も大きな誤りは、真の倫理的原理、義務を利益(intérêt)に引き戻すことである[85]」と述べつつ、人間は「もし、常に精神を持つことを強いられないとしても、理性、意識(conscium)そして自己意識(compos)を持つことを強いられる[86]」と記す。

ビランは、精神という広い意味の言葉に対立させて、理性、意識、自己意識という言葉を使うのであるが、このことでルソーとの立場の違いをより明確にしている。ルソーにとっては、先の引用文で示されたように、意識とは感情に他ならない。それに対して、ビランでは、理性とは意識であり、また意識とは自己意識なのである。わざわざ後の二つをラテン語で表記したのは、この点の強調であろう。

したがって、判断と認識は理性、端的に言えば自己意識に基づくのであり、倫理も当然に自己意識にその基礎を置く。ビランは〝倫理的原理、義務を利益に引き戻す〞という批判をおこなうのであるが、この intérêt は、利益という意味で「重要である (il importe)」[87] という語源を持つとともに、関心という意味では、もともと「何らかの事物に関する好奇心という感情 (sentiment de curiosité à l'égard de quelque chose)」[88] を指し示した。

この批判がルソーを念頭においていることは明らかで、ルソーは本来理性が受け持つべき役割を感情に与える。ビランは知的状態と倫理的状態は同一である (L'état intellectuel et l'état moral sont identiques) と考えるのであるが、ルソーはこの表現を使うならば、感情的状態と倫理的状態は同一である (L'état sentimental et l'état moral sont identiques) と見なしている。

ビランはルソーから霊感を得たのであり、決して影響を受けたのではない。そして、生得的原理をめぐる考えの違いが両者の思索に決定的に相容れない性格を刻印することになる。時代は移りつつあり、ルソーは一八世紀を生きた人であり、ビランは一八世紀から一九世紀への転換期を生きる人である。

初めての著作

(a) 二つのコンクール

一七九九年にフランス学士院は：思惟する能力に対する習慣の影響という課題でコンクールを開催する。前におこなわれたコンクールでは参加を見合わせたビランは、この時自分自身にとり初めてのまとまった論文[89]を書き学士院に提出する。しかし、賞は誰にも与えられず、コンクールは一八〇一年に再び同じ課題でおこなわれることになる。この機会にビランはあらたに書き直した論文を提出し、賞を獲得する。この論文は一八〇二年にビラン自身により出版されることになるが、後に時間を隔ててヴィクトル・クザンとピエール・ティスランの二人により公刊され[90]、今日一般にビランの『習慣論』と呼ばれている。

このように、実際には習慣について二つの論文があることになり[91]、この点に注目するなら、二つの論文を比較、検討する作業が求められると思われる。しかし、この作業は先行研究に譲り[92]、ここでは主としてビラン哲学の形成に関わるいくつかの基本的な考えを確認することを目的とする。したがって、特に必要な場合を除いて一八〇二年の版を底本[93]とし、この版によりつつ論考をおこなう。

(b) 提出された課題

一八〇二年の論文の冒頭には、つぎのような提出された課題が掲げられている：思惟する能力に対する習慣の影響が何であるかを決定する。あるいは、他の用語では、私たちの知的能力のそれぞれに対して同じ作用の頻繁な反復が生み出す結果を理解させる[94]。

この課題に対して、ビランは習慣を受動的と能動的に区別することで答えようとする[95]。そしてこの区別に基づいて論文が構成される。第一節は〈受動的習慣について〉という表題で、ここでは感覚、知覚そして想像力に関わる習慣の影響が論じられる。つぎに第二節では、〈能動的習慣あるいは意志的で分節化された記号の使用に基づく作用の反復について〉という表題のもとで、記憶に対する習慣の影響と、どのようにして言語使用の習慣が私たちの判断を基礎づけるか、そして習慣が推論の作用と方法に対して与える影響が考察される。

（c）受動的習慣

感　覚

感覚に対する習慣の影響では、「あらゆる印象は、それがどのような性質であれ、ある期間持続し、またはしばしば繰り返される時には、しだいに弱まっていく」(p.163) と言われる。ビランは「印象を受け取る能力は、生きている有機化された存在において現れるあらゆる能力の中で最初にして、最も一般的である」(pp.132-133) とし、「私は印象により、一つの対象の一つの生命ある部分への働きかけの結果を理解する。この対象は外的であれ内的であれ、印象の何らかの原因である。この言葉 (impression) は私にとり、通常の語義での感覚 (sensation) という言葉と同じ一般的価値を持つであろう」(p.132,note) と述べる。

このように、感覚と印象を区別しないで[96]、印象に対する習慣の影響から、「繰り返された感覚が弱まるという現象は、感覚そのものと同じに簡明である」(p.164)、「持続する感覚について私たちが述べたすべてのことは、同様に繰り返された感覚にあてはまる」(p.167) と主張する。結論として、感覚は習慣により弱められるということが言われる。

つづいてビランの関心は、どのような印象が最も反復による変化を受けるかに向かう。この点に関しては、「私たちの感覚は、むしろ、そしてより完全に、それに固有の器官の受動性に比例して変化し、消えていくというのは事実である」(p.169)と言われる。ここで注意が必要なのは、受動性という言葉である。

受動性が言及される時、問題となるのは、私たちの五感である触覚、嗅覚、味覚、聴覚、視覚の中でどの器官が本来の性質として受動的であるか、あるいは能動的であるかではない。それぞれの器官が受動的な状態にあるか否かである。そして、「習慣は私たちの印象をその受動性という理由で変質させるにすぎない。運動性の介在はこの結果を変化させるに十分である」(p.171)と言われるように、受動性は運動性の介在の程度によって測られる。

ここで、習慣と、習慣の法則にしたがうことのない別の結果を生じる運動性という二つが対比されるのであるが、ビランは明らかに習慣を受動性に、運動性を能動性に結びつけている。したがって、『習慣論』では、影響を蒙ることになる思惟する能力の本来の性質に基づいて、習慣は受動的と能動的に区別されつつも、習慣それ自身は本来私たちの五官の受動的状態に関わるという了解が背景となっている。[97]

知　覚

知覚に対する習慣の影響を考察するに際して、「はじめにどのようにして、知覚するという能力はそれを持続的に反復して働かせることで、拡大し、完全になるのかを理解しよう」(p.176)と言われる。そして、繰り返される印象がより知覚能力に適合することの原因としてつぎの三つを挙げる。①印象により最初に引き起こされた感覚的効果の弱まり②知覚能力を働かせる運動、つまり知覚能力の能動性の基礎となる運動がだんだんと容易になる③知覚能力のそれぞれが持つ働きの連合とそれにより受け取られる印象の連合。

ところで、ビランは知覚に関わる習慣を受動的習慣として分類するのであるが、知覚が受動的なのはあくまでその印象を受け取るという側面においてである。ここで、知覚能力を働かせる運動はすぐれて能動的[98]であるということを見落としてはならない。

このことを確認した上で、「すべての私たちの運動と意志的作用が持つ容易さ、正確さ、極度の速さは習慣のおかげである」(p.175)という発言に注目してみる。ビランはすでに〝感覚は習慣により弱められる〟と述べ、習慣の影響は〝感覚器官の受動性に対応している〟と主張していた。これらの言葉は、習慣が私たちの思惟能力に与える影響は、思惟する能力の持つ受動性と能動性に基づいて大きく異なるという考えを明らかにしている。

ここでは、この考えをより発展させて、思惟する能力が受動的である場合には、感覚は習慣により弱められるように、習慣はいわば負の方向に働き[99]、能動的である場合には、知覚は反復されることでより判明になるように、正の方向に働くことが主張される。ビランは「知覚するという機能を働かせる時、そこでの判断や作用は私たちに今やどれほど簡単に思われることか」(p.202)と述べている。

想像力

想像力と習慣との関係を扱うに先立ち、ここまでの分析による成果がつぎのように確認される。「驚き、賞賛、恐れといった多様な情動は、新しくて奇妙であり、長い間隔をおいて私たちが遭遇する対象によって以外は決して呼び覚まされない。あらゆる感情は（知覚は変化しないままなのに）、同じ対象の親密さにより、あるいは想像力がそのような対象を予見し、前もって思い浮かべることに慣れているのに応じて、結局判断がより確実に、より簡単に、より速くなるのにしたがって消えていく。」(p.203) そして、「すべての感覚に生じる結果が逃げ去り、段階的に変化するのは、私たちの運動性の産物の増大する速さと容易さの法則と同様に、変化しない、一般的である習慣の法則であると思われる。」(ibid.)

このような基本的理解を踏まえつつ、想像力に対する習慣の影響には一つの例外ともいえる事柄があることが述べられる。「習慣はこの場合には、想像力を枯れさせるどころか、反対に、活動の同じ動機をより重要にし、想像力を同じ方向に執拗に固定し、それを服従させ続ける首枷をはめる。」(p.207) ここで言われる習慣の影響を硬直化と呼ぶならば、受動的習慣には思惟能力に対する三つの種類の影響を考えることができる。①感覚あるいは印象の弱まり②知覚の容易さ、正確さ、速さの増大③想像力の硬直化。

(d) 能動的習慣

能動的習慣は、意志的で分節化された記号の使用に基づく作業の反復、とも言われる。したがって、はじめに記号についての一般的言及が必要となる。ビランは記号を二つに分類してつぎのように述べる。一つは、「その本性により、最初から可感的印象と結合したあらゆる意志的運動により構成される。」(p.116) 他は、「習慣により同じ束、同じ系に結びついたすべてのなんらかの印象により形成される。」(ibid.) そして、前者は記憶の基礎であり、後者は想像力の動機となると考える。また、前者は私たちが自由に使用できるのに対して、後者は「個人に外的な対象であり、その意志に外的な原因」(ibid.) であることで、自由に使用することはできないと主張する。

この分類にしたがえば、能動的習慣とは記憶に関する習慣であると言える。ビランは能動的習慣を考察するため、基礎となる記号の性格により、記憶を三つに区別する。①記号が「まったく観念を欠く、あるいはあらゆる表象の結果から切り離されている。」(p.225) この場合、「分離がどのような原因によるにせよ、想起は運動の単純な反復でしかない。」(ibid.) このような想起は機械的記憶 (mémoire mécanique) と呼ばれる。②記号が「情動的な変化、一つの感情、あるいはまた何らかの空想的心象、あいまいで不確かな概念を表現する。」(ibid.) この時には、想起は感覚的記憶 (mémoire sensitive) に属す。③記号の想起に「直接に、十分に画定された観念の現れがともなうか後に続く。」(ibid.) このような場合には、想起は表象的記憶 (mémoire représentative) である。

機械的記憶

機械的記憶に対する習慣の影響は容易に理解できる。第一に、想起の反復により容易さ、正確さ、速さが獲得される。しかし、「容易さは自動作用 (automatisme) に退行し、あらゆる注意の努力を追い出してしまう。思惟は衰え、その力はうしなわれる。」(p.231)

感覚的記憶

ところで、機械的記憶と感覚的記憶とはその定義はともあれ、実際にどのように区別されるのか。

「まったく観念を欠いている一つの言葉の想起から、観念ではないけれども一つの音、単純な動き以上の何かである未知の事柄をともなう別の言葉への移行では、違いはしばしば感じられないに違いない。」(p.232) このように、ビラン自身がこれらの記憶の区別は把握し難いことを認める。そこで、後者への習慣の影響を観察してみる。

習慣は、「はじめに表象的であった用語の資格を変更するのに寄与する。つまり、それらを感じられないままに通用させ、習慣という同じ力により固有の意味を比喩的意味に、可感的事柄を抽象的事柄に、模倣される内容を恣意的内容へと移していく。」(p.237) そして、ビランはこのような事態の具体例として、「哲学者たちの体系的なものの見方」(ibid.)、「詩人たちの魅惑的な幻想」(ibid.) を挙げる。

一言では、習慣により機械的記憶は自動作用に変化するのに対して、感覚的記憶は抽象化の方向へと向かうと考えられている。「常にあいまいで不確定な表現の数を増やしていく比喩の反復される穏当でない使用は、感覚的記憶の習慣を強化し、そのような習慣を支配的にするであろう。」(p.238) したがって、感覚器官に対してその刺激となる事柄の反復が影響を与えるように、思惟に対して感覚的記憶の習慣は、「思惟は刺激を与える習慣的な動機に拘泥し、それを要求し、やむことなく呼び求め、もはやそれなくしては立ち行かない、またその囲いから出ることができない」(ibid.) という影響を与える。

ビランはここで気質 (tempérament) という言葉を使って、つぎのように述べている。機械的記憶の習慣が生み出すのは、「運動力が感覚的な力を支配し、吸収してしまうような気質」(ibid.) であり、感覚的記憶の習慣が生み出すのは、「感性が運動に対して支配的となる気質」(ibid.) である。

表象的記憶

ここではまず、「記憶あるいは記号の想起、記憶あるいは形と姿の表象、ここにおそらく分析の最後で、私たちが人間の知性と呼ぶ事柄のあらゆる働き、そのすべての現実的で確実な産物が帰着するに至る」(p.239)と言われる。

記憶が記号の想起とみなされていることはすでに明言され、この考えに基づいて、想起される記号の持つ性格により記憶は三つの種類に区分された。したがってここで問題となるのは、特に表象的と呼ばれる記号とは具体的に何を示しているのかであり、また〝形と姿の表象〟という言葉の正確な内容である。

ビランはつぎのように述べている。「記号はそれが結びつく観念によってのみ表象的価値を持ち得る。観念は（この言葉をその固有にして直接の意味で把握するならば）知覚の映像か複写でしかあり得ない。そして、実際の知覚は形、姿、音についてだけである。それ以外はすべて影のように逃れ去る。」(p.239)

ところで、知覚には二つの側面、受動的側面と能動的側面があることは指摘されていた。たとえば、音の知覚には聞く(écouter)と聴く(entendre)という二つがある。ビランがここで知覚と言う時、特にその能動的側面が取り上げられているのは明らかである。また、「私たちの知覚、観念そして記号は同じ源に発し、能動的印象という同じクラスに属している」(ibid.)と言われる。

表象は知覚の能動的側面に基づくがゆえにすぐれて能動的な働きであり、同時に同じ理由から、表象は形と姿に向かうと考えられている。表象的記号とは能動的記号であり、表象的記憶は最も能動的な記憶である。そして、「言葉が観念を描く時、また観念が事実を描く時、これら三つの要素は同じ束に結ばれ、思惟において互いに支えあう」(pp.252-253) のである。

では、このように理解された表象的記憶に習慣はどのように関わるのか。「表象的記憶を繰り返しおこなうことは、思惟の一定の傾向に対して、一般に感覚器官と運動器官の一定の傾向に対して、働かない部分を残さず、また決して過度にならないそれらの力の穏当(modéré でちょうどつりあいのとれた (proportionnel) 使用がもたらすのと同じ効果を生じるに違いない。」(p.254)

ここで〝穏当な〟、あるいは〝つりあいのとれた〟と言われているように、感覚器官であれ運動器官であれ、その過不足なくかたよりのない使用が最も望ましい結果を生み出すと考えられている。したがって、習慣の内では、表象的記憶の習慣が思惟に最も好ましい影響を与えると見なされている。ビランは機械的記憶と感覚的記憶を論じる場合、気質という例を挙げるのであるが、前者の習慣は闘士型気質、つまり「より高尚な機能（知性）を犠牲にすることでその力の肉体的作用を拡大していく」(p.231) ことに、また後者の習慣は夢想家型気質、「空想に打ち興じ、啓発された理性のあらゆる産物をかれらの本性に異質な要素であるとして頑なに拒絶する」(p.238) ことに帰着すると主張する。これに対して、表象的記憶の習慣は「いうなれば思惟の穏健な気質を形成する」(p.254) と言われる。

（e）判断と推論に対する習慣の影響

判　断

『習慣論』の最後の課題である判断と推論を扱う時、ビランは述べる。「あらゆる時を同じくする印象、すべてのいつもいっしょに反復される運動は、非常に緊密に結合し、一つの結びつきを作るので、もはや切り離されず、絶えず互いを呼び求め、互いに置き換えられ、しばしば思惟のまなざしに対しては混同される。」(p.255) このような結びつきの法則、つまりは習慣の力は当然私たちの言語使用にも同じような影響を与える。この点については、「このようにして、たとえば鉄という音節は、反省をおこなわない人にとっては、堅さやくすんだ色、そしてこの言葉がその集合を言い表す他の特性と同様にこの金属に内属するように思われる」(pp.255-256) と言われる。

この基本的理解を踏まえつつ、判断は機械的判断と反省された判断に区別されて論じられる。そして、「機械的判断の反復では、なんらの証拠もなしに常に信じてきたという追憶が明証の代わりになる。反省された判断の反復では、ひとたびこの明証を知覚したことがあるという追憶がこの明証についての直接的感情に置き換わる」(p.261) と主張される。ここで機械的判断とは、証拠に基づくことなくおこなわれる判断であり、反省的判断は知覚された明証にしたがう判断である。いずれにしても、判断は反復されることでそれを基礎づける明証よりも、むしろそのような判断を反復したという事実、追憶にその基礎を置くようになる。

ビランが判断は言語使用に基づくと考える以上、判断の習慣は言語使用の習慣にしたがう。そして、言語使用の習慣とはつぎのような結果をもたらす。「言葉の介在は判断の言表に一つの支えを与える。また、二つの偶然の事実を結ぶ繋辞はそれらに反復されることで固定した現実存在という性格と必然的結合という性格を伝える。この時、現実の世界は創造の世界の前で消え失せ、個人はまさに見たことや触れたこと以上に言ったことを信じ、理解して、止むことなく繰り返す。」(p.258)

したがって、本来知覚された明証にしたがう判断である反省的判断は、反復されることで強固になるだけではなく、その性質を変える。「もし、明証の知覚が反省的判断を構成するのであれば、追憶を知覚に置き換える習慣は反省的判断を想起についての判断に変える」(p.261) のである。

推　論

最初に推論の定義がおこなわれる。「記号をその秩序において、また前もってそれに割り当てられた正確な価値とともに呼び戻す、ここにあらゆる推論の操作がある。」(p.265) 判断と同様に推論も言語使用をその基礎としていると考えられていることは明らかである。では、これら両者はどのように異なるのか。この点については、「判断は操作そのものではない。判断と操作とは、器官の向かう方角が知覚と、努力がその産物とは異なるのと同様に、異なっている」(ibid.) と述べられる。

ビランは推論とは記号を呼び戻す操作そのものであり、判断はその結果であると見なす。言葉を換えるなら、推論は意志的運動に他ならない。したがって、推論への習慣の影響は意志的運動に準じて考察される。「同じ操作を何回か繰り返すことで、記憶の働きは強固になり、速まる。記号の単なる呼び戻しはもはや課業ではない。記号は接近し、それ自身で一種の同質的な側面において現れる。それらの隔たりは埋められる。」(p.266)

けれども、反復により推論に慣れ親しむ時、私たちは推論の過程を非常に速く経過するため、推論の操作それ自身を意識しなくなる。「推論の形式において、通常の聞き慣れた言説でのように、多くの省略が認められるのはこれによる。」(p.267)

概して、ビランは私たちの知的能力の能動的側面に対する習慣の影響を積極的に評価する。その一方で、受動的側面には習慣の否定的影響を見ようとする。推論が記憶や呼び戻しに基づく意志的運動と考えられている以上、そこに肯定的影響が強調されるのは当然といえる。

しかし、受動的と能動的という知的能力の二分法に対応する習慣の悪しき影響と良き影響、このような図式ですべてが説明されるとはとうてい思われない。たとえば、反復される推論は最終的には機械的になり、その起源にあった意志的運動という性格はうしなわれる。そしてこの時、推論に誤りが生じたとしても訂正することは不可能になる。

ただ、ビラン自身がこの問題を十分に念頭に置いていた。そのことは、穏当なあるいはつりあいのとれたという言葉により、習慣の良き影響の現れる範囲を限定し、どのような知的能力であれ、その過度の反復は思惟に一種の惰性(inertie)をもたらすと考えていたことからも明らかである。ここで一つ確認できるのは、ビランは『習慣論』で、習慣により私たちの知的能力に現れる現象を分類して理解するために、分類にあてはまらない現象や現象の変化があることを認めつつ、説明のため一つの図式を試みに適用したということである。(100)

(f) 結語

ビランは論考の最後の部分で観念学に言及して述べている。観念学は「思惟の外的形式、あるいは思惟が身にまとっている記号をつらぬいて、思惟のより内的で、より深遠な変容にまで達する。これらに関する記号はただ、私たちの有機体が持つ法則の認識、私たちの存在の身体的事柄 (le physique) と精神的事柄 (le moral)[101] とのあいだにある緊密な結合についての研究やその感情から引き出される。」(p.282)

この引用文そのものはきわめて漠然とした言葉が使われていて理解しにくい。けれども、これまでビランが述べてきたこと、むしろおこなってきたことを参照すればその意図は明瞭になると思われる。ここで言われる〝思惟のより内的で、より深遠な変容〞とは習慣によりもたらされる影響であろう。そして、これらに関する記号はまさに『習慣論』に他ならない。

したがって、『習慣論』執筆に際してのビラン本来の意図[102]は、〝私たちの存在の身体的事柄と精神的事柄とのあいだにある緊密な結合についての研究〞であったと言える。しかしながら、『習慣論』では記述の重心は前者に傾き、後者の研究は十分とは言い難い。それ故に、〝両者の緊密な結合〞は今後の研究課題として残されたのであり、この課題は精神的事柄の探求をまって始めて着手されることになる[103]。

ビラン哲学の誕生

(a)『習慣論』から『思惟の分解』へ

一八〇二年にフランスの学士院はコンクールの課題として、今度はつぎのような問題を提出する：どのように私たちは思惟する能力を分解するべきかを決定し、また思惟する能力に認めるべき要素となる能力は何かを決定する。

この課題がビランの関心を引いたことは、「一八〇二年の課題はあたかも、一八〇一年の問題をあらたな努力をはらって再び取り上げるという誘いである[104]」と言われるように、『習慣論』が習慣を受動的と能動的に区別するという手法で、習慣によりもたらされる思惟する能力の変容を分析した試みであった点からも十分にうかがえる。

ところで、ビランはこの年『観念学と数学との関係についての論』(Mémoire sur les rapports de l'ideologie et des mathématiques) という小論を書いている。ここではまず、「一六世紀、とりわけ一七世紀には、数学と自然学で最も偉大にして最も美しい革命がおこなわれた。そして、常に支配的であるスコラ学は、その帳によって、私たちの認識の基盤と私たちの観念の簡明にして現実の発生を覆い続けている[105]」と述べられる。つぎに、「観念学の対象はまったく内的であり、単純さの外観の下で、無限に複雑である。対象を研究し、認識することを学ぶためには、それを抽象し、分割し、それぞれの部分により把握することが必要である。しかしここでは、どれほど抽象は捕らえること、強いておこなうことが困難であろう[106]」と言われる。

ビランが数学および自然学に高い信頼を置き、観念学の問題点を指摘しつつ、この学に前者の方法を移し入れる必要性を考えていることは明らかである。この点で『習慣論』と同じ発想で書かれていると言えるのであるが、また観念学に対して、〝抽象し、分割し〟それぞれの部分により把握するという方法が提案されている。ただ、このような方法は提案されるにとどまり、実際には試みられてはいない。したがって、一八〇二年のコンクールは計画を実行に移す絶好の機会であった。だが、この年ビランは参加を見送り、また入賞に値する論文がなかったため、一八〇四年に再度同じ課題が提出され、この機会に論文を提出したビランは一八〇五年になって賞を授かることになる。この論文が『思惟の分解』[107]である。

さて、グイエは「メーヌ・ド・ビランは一八〇三年一〇月二六日と一八〇四年四月二五日の間にビラン的(biranien)になった」[108]と述べ、四月二五日の日記から、ビランの「ノートに目をやると、私の考え、私の感情の内に起こった全体にわたる革命をはっきりと確信する」[109]という言葉を引用する。

その一方で、アズヴィは「『習慣論』はまさしく哲学の本であり、生理学者たちのまったくの剽窃ではないであろう。『思惟の分解』をもって固有の意味でのビラン哲学の始まりとするならば、『習慣論』は確かに前ビラン的(pré-biranien)である。しかし、メーヌ・ド・ビランが一人の完全に他からは独立した著者として自らを現すという意味では同様にビラン的であろう」[110]と述べるとともに、「一八〇四年にビラン哲学は誕生した」[111]と断言している。

グイエは暗示的、アズヴィは明言という違いがあるにしても、二人の研究者はともに『習慣論』は前ビラン的であり[112]、『思惟の分解』によりビラン哲学が成立したと主張する。したがって、『思惟の分解』を読み解く場合にやはり課題となるのは、ビラン哲学の成立とはどのような具体的内容を持つのか、また確立されたビラン哲学の基礎となる考えとは何かを理解することである。

なお、『思惟の分解』には『習慣論』と異なり二つの版があるのではない。ただ、一八〇六年に実際には実現しなかった出版の計画に際して、ビランは原稿のいくつかの部分、とくに前半部に手を加えていて、それが今日改定版(113)として知られている。それ故に、ここでは現行版を定本とし、必要に応じて改訂版を参照するという手順をとる。

(b) 諸学説の批判

コンディヤック

ビランは最初に、仮説的分解の方法について、という表題で、コンディヤックを論じる。そしてつぎのように述べる。「コンディヤックははじめて、その体系では思惟する能力と同一視される、感じるという能力の分解という問題を提言した。けれども、私には思われるのであるが、その観点と使われている方法には、何らの現実の分解もありえないと疑うことができる。」(p.53)

ここで、〝思惟する能力と感じるという能力が同一視されている〟という点については、コンディヤック自身が「人間をその現実存在の最初の時期に考察してみよう。その魂はまず異なった感覚を体験する。たとえば、光、色、苦痛、快楽、運動、休息である。これらが人間の最初の思惟である(114)」と主張している。したがって、問題となるのは〝何らの現実の分解もありえない〟という発言である。このことについては、「『感覚論 (Traité des sensations)』の著者は諸能力の一つのクラス、あるいはむしろただ受容する力に関わる諸様式の一つのクラスしか承認しえなかった」(p.59) と言われる。

これらの言葉を理解するために、『感覚論』を参照すると、コンディヤックはつぎのように述べている。「嗅覚に限定された彫像[115]には感じる二つの方法がある。そしてこの二つの方法が異なるのは、一方は現にある感覚に関係し、他方はもはやないけれどもその印象がまだ続いている感覚に関係しているということだけである[116]」。また、「彫像は一つの感覚を想起する時には能動的である。なぜなら、彫像はそれ自身の内にそのような感覚を呼び戻す原因、つまり記憶を持っているからである。そして、一つの感覚を体験する時には受動的である。なぜなら、その感覚を生じる原因は彫像の外、すなわちその器官に働きかける香りを発する物体の中にあるからである[117]」と述べる。

ここでの主張をビランの言葉で言い換えてみる。感じる二つの方法の内、現にある感覚に関係するのは知覚であり、もはやない感覚に関係するのは記憶である。けれども、コンディヤックの立場では、この二つの方法はその対象が異なるにすぎず、ともに感じるという能力であり、この意味で同じ性質である。

ところで、コンディヤックはその一方で、感覚の想起を能動的であり、感覚の体験を受動的であるとし、このような区別は感覚を生じさせる原因が彫像の内にあるか、外にあるかによると考える。したがって、この区別にしたがえば、se souvenir d'une sensation と éprouver une sensation[118] は本来その性質を異にする働きである。けれども、コンディヤックは先に見たように、これら両者をともに sentir une sensation であると見なす。

この点について、ビランは述べている。「複雑な様式や観念の分解は決して問題とされない。そうではなく、感じるという能力、あるいはむしろ感覚一般が問題なのである。つまり、この感覚が常に自分自身に対しては同一のままでありながら、自らの姿を変えつつ取るいくつかの性格を枚挙することが問題なのである。」(p.54)

コンディヤックは感じるという能力に、それがあらゆる能力の起源であるという理由から、特別の地位を与えることで、それ以外の能力すべてはこの能力の変容であると考える。それに対して、ビランはすでに『習慣論』で、思惟する能力をその働きにしたがって受動的と能動的に区別し、この区別に基づいて習慣の影響を分析した[119]。コンディヤックは受動的と能動的という区別に関しては、感覚を生じる原因が主体の内にあるか、外にあるかがその指標となるというきわめて重要と思われる考えを示している。けれども、このような考えを十分に発展させることなく、いわば受動的な感覚論に終始したのである。

ロック

ロックについては、反省され、内的観察に基づく方法の指示、という表題で検討がおこなわれる。そしてここでは、はじめにつぎのように言われる。「形而上学は原理、あるいはすべての秩序に属する私たちの観念と作用の始まりに関する学でなければならない。この始まりを欠く時には、途上で偉大にして重要な真理を発見し得たとしても、確固とした基盤を欠くが故に、それらの真理を相互に結びつけることができないであろう。そして、作られた建物には持続や強固さはあり得ない。」(p.60)

この発言は、ビランの問題意識、『思惟の分解』が目的としている事柄を明示していると思われる。求められているのは〝私たちの観念と作用の始まりに関する学〟である。そして、このようにその問題意識を明確にした後、ロックについてつぎのように述べる。「ロックはとてもよく、意志の働きについての内的感情と知性の作用を、外的な感性の直接的で強いられた様式から区別することで、私には思われるのであるが、私たちの能力の現実の分析をおこないつつあった。」(p.61)

ところで、ロックは『人間悟性論』[120]の、観念について、という部分の最初の章、観念一般とその起源について、という箇所で、「外的な感覚の対象、または私たち自身により知覚され、反省された私たちの心の内的作用に関して用いられた観察は、私たちの悟性にすべての思惟することの素材を提供するのである。これら二つは、知識の泉であり、ここから私たちが持つ、あるいは普通に持つことのできるあらゆる観念が湧き出るのである」(p.109)と述べる。また、「感覚の対象である外的で物質的な事柄と、反省の対象である内的な私たち自身の心の作用は、私には、すべての観念がそこから始まるただ一つの起源である」(p.110)と主張する。

さて、ビランのロックに対する言及は必ずしも正確であるとは言えない。たとえば、ロックは内的な心の作用を、「知覚、思惟すること、疑うこと、信じること、推論、知ること、意志すること」(ibid.)と述べ、意志の働きはあくまで心の作用の一つであるとして、意志の働きに特別の地位を与えてはいない。それに加えて、「外的対象は心に可感的性質の観念を備えつける(furnish)」[121](ibid.)と言っているように、外的対象の私たちの心に対する強制的な力を強調することはしていない。

ビランはその手法である受動的と能動的という区別を、ロックの感覚と反省との区別に適用するべく、感覚には受動的性格を強調する一方で、心の作用の内では特に意志の働きを際立たせようとする。このようないわばビラン的な観点からロックを読むならば、当然つぎのような批判が出てくる。「私たちが理解しているのは、ロックはとてもよく私たちの諸能力についての科学の基礎を考えていたということである。けれども、とりわけそれらの使用とそれらの対象の科学に専心したため、一方の能力に相応しい方法を放棄し、他方の能力により適合した方法を追い求めた。」(p.62)

ここで一方の能力と言われるのは反省という能力であり、他方の能力と言われるのは感覚を受容する能力である。そして、前者に相応しい方法とは、内的感官[122]を働かせる方法であり、その意味で主観的方法である。後者に適合した方法は外的な事実[123]を集め、分類する方法で、客観的方法である。ビランの念頭には、私たちの思惟する能力そのものに関する科学は、能動的である反省という能力に関わるのであり、受動的な感覚に関わるのは、思惟する能力の使用とその対象の科学に他ならないという考えがあったと思われる。

したがって、この考えに基づくならば、ロックは何よりも反省を究めるべきであり、感覚の探求はそのための準備段階にすぎなかったのである。コンディヤックと比較して、少なくともロックは、私たちの認識の起源の一つとして反省を認めた点で評価に値する。けれども、反省の論考を十分におこなわなかった。

このことに関連して、ビランはつぎのように述べる。「この哲学者は人間の能力を悟性と意志に分かつ古き区分に対する先入観から、運動あるいは働きかけの力であると上手に定義された後者に、あらゆる能動性を移し入れることで、この能力の外部で理解された悟性に対しては、純粋に受動的な働きを帰属させることしかできなかった。」(p.63) これらの言葉が示しているように、ビランのロック批判は一つの論点に絞られる。つまり、ロックの考える反省、翻っては悟性、そして認識能力には能動性が欠如しているということである。

そして、もし反省に能動性が認められないならば、反省と感覚は、内的な感官であるか外的な感官であるかの違いだけで、ともに受動的あるいは受容的な能力として、そこに質的差異を持たなくなる。結果として、反省という考えを持ちつつも、ロックはコンディヤックと同じ水準、《受動的感覚論》の水準にとどまることになる。「ロック自身が反省の領分を確定し、その起源を承認しなかったために、反省の完全な破壊を準備する。」(p.62)

では、ビラン言うところの能動性とは、特に認識能力の能動性とは何を意味するのか。これに関しては、「反省がそれに属している内的感官の働きは、その唯一の動機を思惟の原理である純粋な自発性の内に持つと見なされる」(p.63) と述べられる。ここで自発性という言葉が使われているが、言葉を換えれば、内的感官の働きはその働きの原因を自分自身に認めるということである。この考えは、実はコンディヤックがすでに述べていた考えであり、[124] ただコンディヤックと異なるのは、「内的感官の働きは完全に出来上がって外的感官からやって来る印象や観念には決して直接に適用されない」(ibid.) という点が確認されたことである。そして、この確認は他ならぬロックから学んだ考えである。

ビランによるロック理解は、①コンディヤックを経由している、またこれと関連して、②能動性と受動性との区別という図式を強いて適用している。この点で、一つの立場からの解釈にすぎない。表題である、反省され、内的観察に基づく方法の指示、が示しているように、ビランがロックに求めたのは《方法の指示》であり、指示された方法を実際に用いるのはビラン自身である。また、この作業そのものがビラン哲学の形成でもある。けれども、この作業に先立ってつぎにデカルト、ライプニッツ、カントが検討される。

三人の哲学者への言及

ビランの考えでは、ロックは反省という能力を発見しながらも、そこに能動性を認めることがなかった[125]。これに関連して、「この英国の哲学者は経験による学説 (la doctrine de l'expérience) により取り替えようと望んだ抽象的にして神秘的な学説に、その根底で取り組むことを決してしなかった」(p.64) と述べる。ここで、〝経験による学説〟という言葉と、「ロックはしかしながら、受け取られた印象と、またその有機体での直接の結果と不可分に、いつも結びつくような感じる存在についての意識的知覚を考えていた。しかし、観念という語が関係するこの意識的知覚は、その起源においてあるべきように (comme elle doit l'être dans son origine) 把握された反省そのものでないとしたら、何なのであろう」(ibid.) という発言に注目してみる。ビランは反省という能力を〝その起源においてあるべきように〟把握すると述べるのであるが、この《起源》とは経験であると考えることができる。

三人の哲学者への言及は、反省から出発しつつも、まったく抽象的になっている体系、という表題でおこなわれる。そして、この表題が議論の方向を示唆している。はじめに、つぎのように問題が提起される。「思惟に関わる能力とロックが考えているような観念との間に、私たちは潜在性(virtualite)や形式(forme)という固有の資格のもとで、いくつかの介在物を仮定することができないであろうか。この潜在性や形式は、その起源を感覚に置くことも、反省に置くこともないのにかかわらず、その固有の意識的知覚や認識の外で具現化された思惟の実体的主体からは切り離されない。」(p.65)

私たちの思惟する能力が受動的であるなら、外的対象から受け取った感覚からどのようにして観念が形成されるのかを説明するのはきわめて困難となる。仮に反省という考えを援用するにしても、この能力が能動性を欠くならば、反省の働きは感覚を受容する働きと何ら変わらない。

ロックはまさにこのような事態に陥ったとして、どこに解決の糸口を求めるのか。ビランはここで、介在物の仮定ということに言及する。思惟する能力はそれ自身の能動性により観念を形成するのではなく、思惟する能力と観念とを媒介する介在物により観念を形成するのである。そして、この介在物の仮定には二つの仕方があり、二つの異なる観点があることが指摘される。

この二つの観点とは、一つは「ただ能力や潜在的力だけではなく、自発的産物、つまり外界とのあらゆる交渉からは独立に魂に注入された、現実的で実証的な観念を認める」(pp.65-66) 観点であり、他は「観念をすぐに形成するために、外官という器官によりもたらされる素材を待つ潜在性または形式のみを、現実に存在する能力とともに承認する」(p.66) 観点である。

ここで、一方ではデカルトが、他方ではライプニッツが念頭に置かれることになるが、ビランは「彼らはまったく同様に、ロックが認めたような反省から、また現実に自分自身を意識的に知覚し、あるいは主体自身に内在し、可感的印象から独立したいくつかの形式のもとで対象を知覚する唯一の主体の現実存在から出発する」としつつも、「これらの形式または潜在性を現にある、そして人格を構成する意識的知覚から抽象して現実化する」(ibid.) と批判する。また、ロックに関して、「ロック自身がある意味で、魂の諸能力をその働きとその顕勢態についての反省の外で現実化している[126]」(ibid.) とする。

したがって、デカルトとライプニッツの観点は、「現実に存在する事柄の秩序と可能的な事柄の秩序を混同し、後者に前者に対する優先権を与えることで、これら二つの秩序の本来的な従属関係を転倒する傾向にある」(ibid.) と考えられ、同時に、ロックはその学説では両者と多くの相違点があるのにもかかわらず、ともに一つの共通点を持っているとされる。

ビランは介在物の仮定という問題提起では、介在物そのものよりもむしろ、このような介在物が〝意識的知覚から抽象〟されて、あるいは〝その働きとその顕勢態についての反省の外で〟現実化されていることを問題にしている。なぜなら、このようにして現実化される時、介在物はどのようにして魂に備わるのかが理解されなくなるからである。「困難はこの観念の形式的、または主観的部分を考える仕方の中にある。つまり、それは単に思惟する存在に注ぎ込まれたのか、あるいは思惟する存在に固有にして本質的な活動により産み出されたのかを知ることである。」(p.66)

そして、ここで言われる困難という視点から、デカルトの体系を検討すると、「デカルトの体系では、思惟（あらゆる知覚、客観的素材の外で現実化された）は、魂の本質、この実体の中で本源的に考えられるすべてを形成しつつ、そこでは、現実的、実証的である観念として、単に潜勢態または形式としてではなく存在しなければならない。この生得的観念は時間の中で、可感的印象、映像、素材となる形質とともに結合、構成されるのであるが、魂はそれらを、何らの魂に固有の有効な力、ましてや外的対象の働きかけが産出に与り得ることなく、その現実存在を受け取るのと同様に受け取る」(p.66) という事態となる。

その一方で、ライプニッツの体系では、「実際、魂の中には、潜勢態または傾向以外には何も前もって存在しない。しかし、このような原理、またはその本性により能動的な力は、対象の印象にその固有の資質に由来する要素を結合させることで、唯一この協働において、そこでは私たちが素材と形式を区別できるような完全な観念を実現する」(ibid.) のである。

このように、デカルトとライプニッツを批判的に検討することで、ビランは現実に存在する事柄 (les existants) の優先権を確保し、あくまで意識的知覚を手がかりにするという自分自身の立場を確認しつつ、今度はカントを取り上げる。

まず始めに、「カントの体系は前の二人の中間に位置するに至る。デカルトからは、主観にいくつかの形式が単に受動的に内在し、主観の内に形式はどのような種類の産出的活動もなしに自然に備わっていると見なされるという考えを借りる。しかし、ライプニッツとともに、これらの形式はその実在性や現象的な価値を、対象によりもたらされる素材との結合の中でしか獲得しないことを認める」(p.67) と述べる。

このカント解釈はきわめて一般的であり、その意味で問題はないと思われる。問題となるのはつぎのような見解である。「この観点の中には、デカルトの観点の中と同様に、力および知性に関わる能動的能力が決してない。悟性は感性と同じに、いくつかの形式あるいは受動的様式に還元される。これらの様式は言語記号の中で、範疇という名前の下で実体化されるのであるが、言うなれば思惟する主体やこれらの様式を実際に働かせる現実の能力や潜勢力の外で研究され、分類される。」(ibid.)

ところで、カントは『純粋理性批判』[127]の中で構想力について述べている。「構想力は対象が現実に存在していなくても、これを直観的に表象する能力である」(p.148)。また、「悟性の総合は、悟性そのものだけを考察する時には、悟性が感性を欠いてもなお、自発的な作用として意識する作用の統一に他ならない」(p.150)として、「悟性は構想力の超越論的総合という名前の下で、このようにして受動的な主観に働きかける」(ibid.)と主張する。

少なくとも、カントの構想力に関して、何らかの知見を持っていたら[128]、ビランのカント理解は大きく変わっていたと思われる。けれども、ビランは実際には不十分な読みに基づいて、自分自身の考えを恣意的に開陳したにすぎない。好意的に考えたとしても、カントという名前を使って、その哲学の原理とも言える思惟能力の能動性という考えを主張しただけである。

このように、カントに関する限り、ビランの主張に対しては大きな留保が必要となるのであるが、ともあれその発言に耳を傾けてみる。「実際、時間と空間は私たちの感性に内在する形式であり、この形式によって感性はあらゆる現象を身にまとうと言うのは、意識的知覚という行為は同じように感性のすべての受動的で直接的な印象に内在すると言うことである。」(p.70)

この発言は、「主体が自らを意識的に知覚することができる、または自分自身に対して現実に存在することができるのは時間においてだけである」(p.64)という一つの確信に基づく。そして、この確信はその裏面とも言える、「主体は自己と自己ではない事柄を区別する、すなわち感覚について何らかの観念を持つことを、空間の外部でおこなうことはできない」(ibid.)という考えをともなっている。

ビランの立場では、時間と空間はあくまで実在の形式であり、感性的直観の形式ではない。言葉を換えれば、時間があってはじめて主体があり、空間があってはじめて主体以外の存在がある。したがって、意識的知覚とは、いわば時間という地の中で主体が図として浮かび上がる行為であり、この意味ですぐれて能動的な行為である。それに対して、感性といい直観といい、これらは外界の実在により引き起こされるのであるから、空間に関わる受動的な行為である。時間と空間を感性的直観の形式とするのは、意識的知覚と感性、直観との間にある本性的な違いをないがしろにするのに他ならない。ここから当然、「私たちはとりわけカントとコンディヤックの間にある親近さを理解する」(p.71)と主張されることになる。

それに対して、カントは統覚について、「直観のあらゆる多様性は、つぎの事柄と一つの必然的関係を持っている。つまり、このような多様性が与えられる主観における《私は思惟する》である。けれども、この表象は自発性の作用である。したがって、私たちはこれを感性に属すると見なすことはできない。私はこの表象を経験的統覚から区別するために、純粋統覚あるいは根源的統覚と名づける」(p.136)と述べる。そして、「統覚の超越論的統一は、それによりあらゆる直観に与えられた多様性が客観という概念の中で結合される」(p.141)としつつ、経験的統覚については、「意識の主観的統一である」(ibid.)とした上で、「内的感官の規定であり、内的感官により直観のそれぞれの多様性はこのような一つの統一に対して与えられる」(ibid.) と述べる。

ここで明らかなように、ビランのカント批判は、経験的統覚に向けられているのであり、純粋統覚については何も言われていない。カントが統覚に二つの種類を区別していることさえ言及されていない。このことは、先に述べた文献理解の不足を示すとともに、実はビラン哲学の一つの特徴を示していると思われる。

つまり、ビラン哲学は常に経験の水準で議論がおこなわれるのであり、そこに《超越論的》という考えを受け入れる余地はない。aperception はあくまで経験であり、経験を可能にする根拠である Apperzeption ではない。カントが経験と経験の条件、あるいは経験の根拠といういわば縦の座標を中心として思索をしているとするならば、ビランは経験という横の座標に基づいて、この座標で測ることのできる事柄だけを問題にしているのである。

さて、その妥当性はともあれ、ロック批判の発展として、デカルト・ライプニッツ・カントという三人が言及された後、つぎのように言われる。「絶対的に受動的である様式が努力感と結びつく、あるいは努力感と何らかの仕方で合致する時には、私たちは、その結果である混合した感情は素材と形式を含むと言うことができる。そして、そこに現実的で、ある種化学的な分解の対象を発見すると言うことができる。」(p.72)

これらの言葉が示しているように、ビランは素材と形式という考えを、これまで検討してきた哲学者たちから批判的に継承しようとする。ここで批判的というのは、素材と形式をそれらの働きの内部で (au dedans de leur opération)、つまり〝ある種化学的な (en quelque sorte chimique) 分解[129]〟によって理解しようとする姿勢である。

すでに、素材については、「私は純粋な情動 (affection pure) と呼ぶであろう」(p.71) と言われ、形式は「自我という意識的力から発する行為」(ibid.) と言われていた。そして、「主体の中にすべて基礎を置く様式 (あるいは完全な感覚) がある。しかし、それは生得観念でも、純粋な形式でもない。なぜなら、そこには実際、形式がそれから切り離されることがない素材があるからである」(ibid.) と主張されていた。

ここで、ビランの方法が明確になる。素材と形式をあらかじめ想定し、この図式を経験にあてはめるのではない。まず具体的経験、他ならぬ〝主体の中にすべて基礎を置く様式〟があることを確認し、つぎにこのような様式を分解していくのである。では、言うところの様式とは何か。「それは意志が作り出す行為、あるいは私たちが努力と名づける比類のない様式である。」(ibid.)

ところで、またつぎのように言われる。「努力は分かち得ないように素材と形式を結合する。」(p.74, note) したがって、思惟の分解はこの努力を明確に把握するための作業である。そして、把握されるべきは、経験に与えられるがままの努力、努力の具体相である。このことに関連して、「ただ努力から出発する時には、私たちは、どのような分解もなしに、個人的観念の単なる意識により、自分自身の自我の現実存在と能力についての純粋に反省的な感情を持つであろう」(p.72) と言われる。

ビランとカントという話題に戻るならば、おそらくこれらの言葉が両者の問題関心の違いを端的に示しているると思われる。ここで言われる努力を思惟の能動性、思惟の自発性と考えるならば、前者はこのような能力が実際に働くありさまをできる限り忠実に記述しようとしているのであり、この意味で能力そのものが問題となることはない。その働く条件、状況に加えて、働きにより生み出される事柄が問われることになる。それに対して後者は、まさに能力そのものを問題にする。したがって、能力そのものに関わる事柄以外はすべて偶然的として考察の外に置かれる。

すでに言及したように、ビランによるカント理解は不十分であり、その批判は必ずしも的確であるとは言えない。その理由の一つとして、このような問題関心の違いが挙げられる。この点を確認するために、つぎの発言を検討してみる。「もし私たちが運動力 (force motrice) の作用から出発するならば、すべてそれではなく、また直接にそれに由来しないことがらを捨象する時、その実際の働きにおいてだけ自分自身に対して現実に存在する能力に関して、純粋に反省された観念を形成することになる。そして、この能力は自我である。自我の外には、潜在性は決してなく、あるいは知解し得る形式は決してない。」(p.75)

この発言で注目するべきは、運動力という言葉である。ここでの文脈ではやや唐突と思われるのであるが、ビラン自身は運動力を〝実際の働きにおいてだけ自分自身に対して現実に存在する能力〟と呼び、また、この能力を自我であるとしている。つまり、自我は単なる認識主観ではない。自我は認識すると同時に運動、あるいは行動する。したがって、努力は一方では思惟の能動性であるが、他方では行為の能動性である。言葉を換えれば、努力という考えは、自我の認識に関わる側面と行為に関わる側面を媒介する。

ビランとカントの違いは決定的であると思われる。カントが出発点とするのは、やはり Ich denke（我思う）であり、問題となるのはあくまで認識主観である。それに対して、ビランの出発点はJe veux（我望む）であり、この場合は、その行為の一つとして認識をおこなう主体が問題となるのである。

ところでまた、「意識の最初の事実[130]は絶対として把握されることはできない。この事実は一つの実体と何らかの受動的様式との、または能動的原因とその産物との必然的関係のもとで考察される」(ibid.)と述べられている。ここで実体と言われるのは、ビラン自身が欄外の注で、「実体は下にある基体(substratum)としてではなく、他が変化する時にも変わらないで存続する事柄として把握される」(p.75. note)と述べているように、自我を特徴づける能動的能力である努力と考えられる[131]。そして、すでに見たように、努力はその実際の働きの条件をともなってはじめて現実に存在すると言われていた。

したがって、哲学の出発点を自我に置くという立場はビランのみならず、コンディヤックからカントに至るまで共通であるとして、この自我の把握が大きく異なっている。ビランの場合、自我は、努力とそれに相関する項との相関関係として理解される。自我は絶対的に、それ自身として現れるのではなく、いわば自我にあらざる事柄を通じてはじめてその姿を示すのである。

ビランの『習慣論』から『思惟の分解』へと進んだ思索は、ここで一つの区切りを迎える。《意識の最初の事実》の発見、つまり新たな自我の把握はここまでの思索の到達点であり、またビラン哲学の出発点である。ビラン哲学は『思惟の分解』により誕生を画したと言われるのは、まさにこの発見を意味するのに他ならない。ただ、思索の過程で当然、さまざまな哲学説の批判が必要であったのであり、その批判が必ずしも妥当であるとは言い難い点は指摘されなければならない。

学説の展開

（a）意　志

ビランの哲学はすでに述べたように、その問題意識にしたがって他の哲学説を読み解き、それとの違いを際立たせつつ自説を展開するという形で進んでいく。自我は意志を核心とするという立場に至った後、次に考察は、従来哲学説の中で意志という言葉により何が考えられていたのかの吟味に向かう。

まず、「デカルトの体系では、思惟の主体、あるいは抽象の内で、無条件そして絶対的な仕方で措定された自我は、それが受け取る印象や、それが対象に関連づける変容についてと同様に、自分自身に帰せられる運動や行動に関しても、現実の動因 (agent) として考えられることはできない」(pp.102-103) と言われる。

この言及で、自我が受け取る印象や変容の動因ではないことは当然であるとして、自分自身の運動や行動に関して、デカルトの体系は、自我が動因であることをはたして受け入れないのであろうか。たとえば、『情念論』[32]では、私たちの意志には二つの種類があるとして、「一方は魂の行動であり、神を愛そうとする、あるいは一般的に決して物質的ではない何らかの対象に私たちの思惟を適用しようとする時のように、魂そのものの内で完結する。他方は、散歩をするという意志があると、足が動き、歩くことが続いて起こる時のように、私たちの身体の内で完結する行動である」(p.80) と述べられる。

これらの言葉で示される意志の二つの種類の中で、前者はともあれ後者は、ビランの言う運動力に他ならない。したがって、少なくともこの限りでは、先の言及は妥当性を欠いている。けれども、デカルトは『形而上学的省察』[133]ではつぎのように述べている。「思惟という名前によって、私は、私たちがその直接の認識者であるほどに私たちの内にあるあらゆる事柄を理解する。したがって、意志、悟性、想像力そして感官のすべての働きは思惟である。」(p.285) そして、「たとえば、意志的運動はまさに実際は、その意志を原理とする。しかし、運動自身はそれにもかかわらず思惟ではない。」(ibid.)

ところで、ビランは、意志はそれ自身としては把握されず、必ず相関項をともなう相関関係として理解されると考えていた。意志はそれにより生じる運動との関係ではじめて意志として現れる。この考えは、デカルトの、意志そのものを認識できるとしつつ、それにより生み出される運動は意志とは別であるとする意見とは相容れない。この点では、デカルトが自我を〝現実の動因として〟理解しなかったという主張は妥当であると言える。デカルトでは、「私たちに非常に明確に、私たちが固有の力により生み出す事柄と、私たちが外的働きにより蒙る事柄を区別させる内官の証言は、体系的観点とは両立し得ないとして、遠ざけられなければならなかった」(p.103) のである。

さて、デカルト本来の立場では、「もし、私が思惟するのであれば、外的世界が現実に存在することなくても、私は現実に存在する[134]」という言葉が的確に示しているように、最も明証なのは自己意識であり、思惟についての確証はそれ自身で十全であり、身体を含めた思惟以外の事柄、あるいは外界についての確証からは独立している。ビランの言うように、意志はその産物である運動との相関関係に他ならないとするならば、この意味での意志をデカルトの体系に求めることはもとより不可能である。

したがって、ビランの立場では、当然ながらつぎのように結論づけられる。「仮に、私たちが何らかの種類の能動性を思惟する主体に帰属させるにしても、それは、思惟する主体がそれ自身の内に運動や行為の何らかの有効的で生産的な力を持つことではなく、[135] ただ至高の動者 (moteur suprême) の介在を決定的にする好みという考え、欲求という感情により、ある行為をおこなうように仕向けられることだけである。」(p.103)

意志に関してデカルトを吟味する時、ビランの主張にはやはり妥当とは言い難い点が含まれる。ただ、このことを考慮したとしても、デカルト哲学の基本的立場からする帰趨は十分に見きわめられている。つまり、意志が運動や行為の有効的で生産的な力でないとすれば、結果として至高の動者の介在を想定することになる。そして、この至高の動者はあくまで想定される事柄として、内官の証言とは相容れないのである。

つぎに、ロックが言及され、「ロックの学説では、コンディヤックはこの点ではデカルトに接近するために、そこからまったく遠ざかるのであるが、意志は本質的に働きかけるのであり、現実に運動する力であり、魂がそれに基づく運動をおこなう時に開陳する独自の能力である」(p.104)と言われる。

ロック自身は意志については、「少なくとも明白であると思われるのは、私たちは自分自身の内に、その心のいくつかの働き、そしてその体の動きを始めたり慎んだり、続けたり止めたりする力を発見する」(p.222)と述べている。また、「この力を、何らかの個々の行動を導いたり、それを慎んだりすることで、現実に行使することを、私たちは意志作用あるいは意志することと呼ぶ」(ibid.) と述べる。

したがって、ここではビランはロックの考えをありのままに伝え、《ビラン的偏向》は見られない。このことはまた、両者の考えが意志を力と見なすことで一致していることを示している。では、何が問題となるのか。「ロックはこの運動するという能力あるいは力量を、思惟する、または感官や悟性によりいろいろな観念を受容する能力に対立させる。ここから、また魂の能力を悟性と意志とに分かつことが生じる。」(ibid.)

すでに見たように、ビランの自我は認識することをその一つの働きとする行為する自我である。この立場では、魂の能力を悟性と意志に区別する必要はない。この点に関して、ロックは「心のこれらの力、つまり知覚するという力と好みを示すという力は、日常的には他の名前で呼ばれる。そして、通常の話し方では、悟性と意志は心の二つの能力である」(ibid.) と述べている。また、「これは十分に適切な言葉である。もし、すべての言葉がそうあるべきように使われるならば。つまり、悟性作用と意志作用という行為をおこなう魂の中にあるいくつかの現実の存在を意味するとの仮定により(私がそうであったと疑っているように)、人々の考えに混乱を引き起こさないように使われるならば」(ibid.) と述べる。

ここで明らかなのは、ロックは確かに悟性と意志を区別しているけれども、この区別は魂の働きの区別であり、決して異なる二つの存在を仮定するような実体的区別ではないことである。そして、ビランの立場が、悟性と意志の実体的区別を退け、両者の働きの違いを主張するのであるなら、この二人の哲学者には見解の相違はない。それに加えて、ロックが「意志は完全に欲求とは識別される」(p.232) としていることを、ビランは「これ以上に反省された事実に一致する事柄はないと思われる」(p.105) として評価しているのである。

では、あらためて何が問題となるのか。「私は言うのであるが、ロックにはただ意志する (vouloir) と可能である (pouvoir) の条件、およびそれらの本来の境界にまで遡ることが欠けていた。両者の現実的な存在を非常に良く承認していたのではあるが」(ibid.) と述べられる。そして、「もしロックが、この二つの起源を探究し、外官が働く時のそれらの適用を理解し、また私たちの最初の観念の形成を理解したならば、私たちが彼の前にも、依然として後にもしてきたように、この最初の観念について、一般的な受動性を憶測することはなかったであろう。またその時には、恐らく悟性と意志とのたいへん人を惑わす分割のための余地はなかったであろう」(ibid.) と主張される。[136]

ここで〝外官の働き〟と〝私たちの最初の観念の形〟という表現をロックの言葉に置き換えるならば、感覚と反省になると思われる。したがって、ビランの主張の要点は、ロックの体系では、反省という能力に受動性が憶測されているということにある。反省を本来能動的であるとする立場では、この能力に受動性を仮定するならば、その特性を見失うこととなり、他の能力との識別が不可能になる。その一方で、このような仮定は悟性の持つ能動的側面を看過することになり、ともに起源を同じくする悟性と意志を不必要に分かつという事態に陥る。ビランは、私たちのあらゆる観念の源泉が感覚と反省にあるという考えに同意を惜しまない。けれども、前者はともあれ、後者に受動性を認めることには異論を唱える。また、悟性と意志をその働きの違いにより区別するとしても、この区別が悟性に能動性を認めないことに基づくのであれば、反論をおこなうのである。

このことに関連して、つぎのように言われている。「私たちはどのようにしても、感官（この語をあらゆるその拡がりで把握する時）の現実的で何らかの働きに先立つ何かを考えることはできない。しかし、この働きに本質的に異なる二つの様式があるならば、同様に二つの能力の秩序、またその感官からの派生に割り当てることのできる二つの秩序がなければならない。」(p.130)

これらの言葉は二人の哲学者の共通点と相違点を端的に示していると思われる。ビランはロックとともに、私たちの認識は感官の働きによりはじまるとする。けれども、この感官の働きを外官と内官に分け、それぞれに受動的と能動的という性格を見出す。(137) そして、この段階、とりわけ内官に能動性を強調する段階で二人の違いは決定的になる。

ところで、内官あるいは反省という働きに能動性を看過した場合、明らかにどのような事態が付随するのか。この問題については、「反省を含めたあらゆる能力は、感官という通路を経て生じる。このことは、コンディヤックが『感覚論』の概要の部分で観察していることである。そこでコンディヤックは、ロックが魂に生得的能力を認めたとして非難しているのであるが、私はこの意見にまったく賛成している」(p.130, note) と言われる。

引用文が主張しているように、感覚と反省は感官に由来するとして、もしこの二つの能力がともに受動的であるなら、これらの間に区別を設けることは不可能になる。仮にロックが考えたように、感覚は外的で可感的な対象に向かい、反省は私たちの心の働きに向かうとしても、では何故に起源を同じくする能力が異なる働きをおこない、二つの能力として分化するのか。結局、このことの説明のためには、二つの能力に質的な違いを仮定する必要がある。そして、起源をいわば等閑に付しつつ、一つの能力を生得的であると見なすことになる。

ビランによるロックへの言及では、デカルトに関する場合と同様の手法が使われている。つまり、その体系に隠されている問題点を探り、そこからする帰趨を見きわめるという手法である。ここではその帰趨は、一方で生得観念を否定しながらも、他方で生得的な能力を仮定するという事態である。

(b) 意識的知覚から反省への移行

ビランによるロックの批判が結局のところ、反省に能動性を看過したことに向けられるとして、ビラン自身は反省をどのように理解していたのか。このことを明らかにする必要がある。

この課題に対しては、つぎのような発言が手がかりとなる。「今使われている仮説では（ここではコンディヤックにならって、嗅覚の行使に限られた個人が想定されている）、すべての感じられた香りから分離された、吸気という努力のただ一つの様式の中に、個人的な意識的知覚がある。つまり、《私》（je）という言葉と、《私は現実に存在する》（j'existe）と同義である《私は働きかける》（j'agis）という動詞に対する基礎がある。私は現実に存在していることを自ら意識的に知覚しているのである。」(p.154)

まず、ビランの考えでは、努力とともに（また努力によってのみ）意識的知覚が生じ、この意識的知覚が私であること、私性（egoïté）の基礎となる。ただここでは、私はあくまで働きかける私である。そして、働きかけることは現実に存在することである。したがって、j'agis donc j'existe[138]というのが基本となる定式であり、言葉を換えれば dans le seul mode d'effort, je m'aperçois existant である。

このことを確認したうえで反省についての言及を検討してみる。「個人が唯一その能力に帰するような何らかの様式が、この努力も、意識において同時に支配的である行為自身からその結果を区別するような何らかの様式が、この努力や行為にしたがう、あるいはともなう時に、私たちは、一方では運動の中で、他方では可感的なその産物の中で二重化されるこの意識的知覚を、反省と呼ぶであろう。」(ibid.)

ここで、〝個人が唯一その能力に帰するような何らかの様式〟(un mode quelconque que l'individu attribue uniquement à sa puissance) と言われているのが、他ならない能動性であるとするならば、ビランが反省をどのように理解しているのかは明瞭に推察できる。まず、努力あるいは行為があり、これらには意識的知覚がともなう。そして、ここに個人の能動性が加わることで意識的知覚は二重化される。この二重化された意識的知覚 (aperception redoublée) が反省と呼ばれる働きである。

ところで、意識的知覚そのものが本来能動的働きである。したがって、ビランの考える反省は、本来能動的な行為にもう一つの能動性を重ねることである。この点は、使われている言葉からも示唆されている。réfléchir や refléter ではなく、あえて redoubler を使っている。反省すなわち能動性とも言い得るほど、ここでは能動性が強調されているのである。

反省についてのきわめて特徴的な定義、言葉を換えれば自分自身の体系に忠実な解釈が提示された後、注意という働きが述べられる。「行為についての固有な感情は、感覚の中で支配的な(様式的または客観的に）可感的である結果に関する感情のもとで、つまり外的原因（既知または未知の）から来る感覚の情動的要素のもとで隠されるか曖昧にされる。このような感覚を、行動はその意志の外部で開始することはなく、常に、本質的にこの感情と一致し、またその影響の外で自分自身は持続することさえできる。私たちは感覚を限定し、変形する力に注意という名を与えるであろう。この時、この力はもはや変形された結果においてしか自分自身を自覚しない。」(ibid.)

これらの言葉が明らかにしているように、注意というのは、感覚に対する主体の側からする働きかけである。そして、感覚は外的原因の結果であり、受動的であるとするなら、注意は受動性に重ねられた能動性であると言える。反省が能動性の二重化 (redoubler) であるなら、注意は受動性を能動性で被う (doubler) という働きである。この違いについて、「注意は完全な受動性を排除する。なぜなら、情動的様式はそれ自身では変形する力を持たないからである。けれども、受動的性格は常に、多少とも結果として、私たちが注意と名づける力や能力の働きの中に入り込む。それに対して、反省はとりわけて、また比類なく能動的である」(pp.154-155) と述べている。

（c）記憶と想像力

ビランはすでに『習慣論』で、想像力に関わる習慣を受動的習慣、記憶に関わる習慣を能動的習慣とし、それぞれの習慣が及ぼす影響を記述することで、これら二つの能力への言及をおこなっていた。ここでは、確立された出発点からあらためて両者が問題とされる。つまり、自我という観点から言及がおこなわれる。

まず、つぎのように言われる。「感覚と知性を備えた現実存在の様式は、連続する、あるいはその環が常に再び結びつくような同じ鎖の中で、それらの間で結合している。最初の状態はほとんど常にそれと可能な限り異なることのない他の状態を導く。一つの能力の先立つ働きは、その起源において同質の一連の産物を生じさせる。」(p.155) これらの言葉はやや遠まわしではあるが、個人 (individu) の持つ時間の流れの中での同一性と行為における同一性の確認である。したがって、ビランの問題意識は、記憶と想像力をこの同一性との関わりで検討することにある。

ここで問題となるのが感覚と追憶 (souvenir) との区別である。この点については、「印象[139]を追憶から区別する、または的確に区別していると信じている私たちにとっては、追憶というこの後者の名前を、その原因が今現前しているような感覚に対して与える余地は決してないであろう」(p.156) と述べられる。

感覚と追憶はその原因が現にあるか、それともすでにないかにより区別されるのであるが、ビランが個人の同一性をこの追憶と結び付けて考えようとしているのは確かである。そして、論を進めて「受動的様式に関しては、それらを感覚と追憶という二つのクラスに分離するどのような理由も絶対にないであろう。何故なら、私たちにとって現実に存在しない原因の現前と不在が何を生じるのであろう」(ibid.) と述べる。

ところで、私たちの行為であれ、思惟する能力の働きであれ、それらを受動的と能動的とに分かつのは、その原因が私たちの内部にあるか、それとも外部にあるかということであった。ここで《外部にある》という事態を別の言葉で表現するならば、《明確に知られ得ない》、《その現実存在を確証できない》となる。翻っては、ビランの言うように〝私たちにとって現実に存在しない〟となる。

したがって、能動性が介在しない限り、すべてが印象あるいは感覚であり、これらの間に区別をおこなうとすれば、時間の経過に対応して、現にある感覚と過ぎ去った感覚が考えられるにすぎない。この点について、ビランは「私たちは経験による証拠を持っている。最も鮮烈な情動も個人の感情、あるいは個人的感情が基礎を置く行為から切り離される時には、私たちの継続する現実存在に起こらなかったのと同じであり、私たちはこのような情動が新しいのか古いのかを直接に知ることは決してできない」(p.158) と述べている。

個人の同一性と追憶が深く関わるとして、この追憶そのものは個人の行為により可能となる、ビランの考えをこのように踏まえたうえで、つぎのような発言を検討してみる。「私たちは一つの努力、または一つの完全におこなわれた行為を繰り返す運動中枢により保存され、再びおこなわれる能動的決定を記憶または呼び戻し (rappel) と呼ぶであろう。感覚器官および残存する共感的反応、または過ぎ去った印象の音調に再び帰ろうとする共感的反応に関わる中枢の中に保存された決定を想像力と呼ぶであろう。」(ibid.)

ここでは、『習慣論』を特徴づけていた生理学的説明が再び姿を現し、『思惟の分解』で目指している心理学的説明は見られない。しかし、確認できるのは、記憶と追憶、呼び戻しという三つの言葉は同じ働きを示し、記憶がそれらの代表であるということである。そして、ビランは記憶を運動中枢と関連させ、(140) 想像力を感覚器官と関連させることで、前者に能動的性格を、後者に受動的性格を際立たせようとする。

このようにして、記憶と想像力に対して、その思索の開始以来の手法である受動性と能動性の区別が適用され、学説が展開されていく。そして、つぎのように述べられる。「(記憶と想像力)の違いの基礎は、ただ、努力を繰り返し、変容を蒙る存在が、すでに一つの行為をおこなった同じ力として自分自身を承認するか、またはある仕方で変容を受けた同じ感じる力として自分自身を承認するかということにある。」(p.157)

やはり、〝一つの行為をおこなった(a exécuté)〟と〝ある仕方で変容を受けた(a été modifiée)〟という能動態と受動態の区別が使われるのであるが、ここで特徴的なのは、自我は記憶により構成されるというより、むしろ自我が記憶を基礎づけると考えられていることである。

原文ではse reconnaitre(自分自身を承認する)という言葉が使われ、斜字体で強調されているのであるが、この《re》に注目すると、ともあれ初めにあるのは自分自身で、この自分自身が記憶という働きにより、自分自身《se》を再び《re》認識《connaitre》するのである。もとより、ビランは自我の核心を努力に置くのであるから、その構成要素を他に求める必要はない。記憶が問題になるとすれば、それは自我の時間的な同一性との関わりをおいて他にはない。

このことについて、つぎのように述べられる。「記憶あるいはあらゆる能動的様式の呼び戻しは、本質的に、第二の決意をはじめの決意から唯一区別する想起(réminiscence)を含んでいる。そして、この想起はそれ自身で、有機的抵抗に対する力の最初の拡がりに内在し、常に同じ原理により、また同じ条件などにしたがって連続する人格(自我についての意識的知覚または感情)でしかない。」(p.158)

これらの言葉が示しているように、自我の時間的な同一性も実は記憶を必要としない。努力は有機的抵抗との相関関係において現れるのであり、この有機的抵抗は身体に他ならないとすれば、少なくとも魂が身体から抜け出て他の身体に入り込むという事態が生じない限り、自我の同一性は保障されているのである。

その一方で、「私たちは感性 (sensibilité) の純粋な情動に内在する想起は決してないと断言することができる」(ibid.) と主張している。ここで感性や情動と言われるのであるが、ビランはこれらの言葉で、私たちの能力の最も受動的な働きを考えている。そして、このような働きからは想起は生じない。

この確認の後、「感覚は常に意志的行為にともなわれる。そして、この意志的行為についての固有の意識は可感的結果の中で無限に曖昧になり得るのかもしれないが、決意は何らかの程度で存続する」(ibid.) と述べられる。

ビランは最も受動的な感性に対して、感覚は〝常に意志的行為にともなわれる〟と考え、記憶と想像力を論じる時、感性ではなく感覚から論を起こす[141]という立場を示す。自我に出発点を置くという場合、ここで考えられている自我とは、経験に与えられるがままの具体的自我である。まったく受動的な感性というのが、私たちの持つ様々な能力を抽象することにより取り出された一つの要素であるならば、意志的行為をともなう感覚は自我の具体相である。ここからつぎのように言われる。「自我の感情あるいは人格的要素は、最初の感覚に含まれているのであるが、同じ法則にしたがって実行される行為の更新において自分自身を再発見する。」(ibid.)

ビランによる記憶と想像力の区別は思惟の分解の結果であり、実際の思惟はこの両者の融合である。自我が感じて、意志する存在(l'être sentant et voulant)であるなら、二つの能力は常にともに働く。この点に関してはこう論じられる。「意志的に繰り返された行為に内在する想起を、私は人格的または反省された想起(réminiscence personnelle ou réfléchie)と呼ぶ。何故なら、それにより私たちは自分自身の存在の固有なる同一性を承認する、あるいは私たちの持続する現実存在を意識的に知覚することができるからである。私たちの行為の結果にだけ結びつく、そして外見上は私たちの感性の受動的変容に結びつく想起を様態的(後には客観的)想起(réminiscence modale)と呼ぶであろう」(p.159)。

したがって、言葉の充実した意味での想起(reminisci,se souvenir)は人格的(反省された)想起であり、記憶はこれに基づく。それに対して、様態的(客観的)想起は二次的あるいは本来想起とは呼ばれ得ない想起である。そして、この点については、「私たちが記憶の働きと想像力の働きの間に確立しなければならない区別にただ一つの基礎を提供するのは、この二つの種類の区別である」(ibid.)と主張される。けれども見落としてはならないのは、この二つの種類は「明確に区別されるとともに、切り離されることがない」(ibid.)という特徴である。

記憶と想像力が『思惟の分解』で論じられる時、もう一度確認するならば、使われる手法は受動性と能動性との区別である。しかし、自我という観点から議論が展開することで、これら二つの能力がその起源にまで遡って論及されることになる。そして、ここで特に印象深いのは、記憶の起源として行為とりわけ運動性が考えられていることである。したがって、課題となるのは、行為あるいは運動性についてのより詳細な記述である。

(d) 触覚と運動性

はじめに、「能動的な触覚はただひとつ、運動する存在と他の現実存在、つまり主体と努力の外的項との間に直接の交流を確立する。なぜならば、能動的な触覚は、それとともに、まず行為の直接的で単純な関係において構成された運動する力が、こんどは外的な現実存在と同じ関係のもとで構成され得るような最初の器官であるから」(p.203) と言われる。

ここで確認できるのは、ビランはいわゆる五感の中で、触覚に外界の認識に関するとりわけての優越性を与えていることである[142]。もとより私たちの感官を通じて与えられる印象は、「外的な現実存在についての客観的表象あるいは観念の多少とも直接的な記号」(ibid.) であると考えられていた。けれども、「能動的触覚は直接に外的自然の言語を理解する」(ibid.) のであり、「この意味された事物、この（非自我以上である）抵抗という力に直接に達するのは能動的触角であり、諸感覚はそれに続いてそれぞれ自分の仕方でこの力を表現する」(ibid.) のである。

ただ注意が必要なのは、論題となっているのはあくまで能動的触覚であり、単なる触覚ではないという点である。ビランは、「自我に外的な力の認識は、実際、器官に対する対象の一種の間接的圧迫という感情に関係づけられるであろう」(p.200) と述べつつも、「しかし、この圧迫という感情そのものが圧迫に対する意志的行動を仮定し、意志的行動なくしてはこの感情は生じないであろう」(ibid.) と主張する。

一般に、五官の中で触覚は最も能動的であると思われるが、ビランはあえてこれに《能動的》という言葉をつけ加える。このことから、問題となっているのは器官としての触覚ではなく、機能としての触覚であることが明らかになる。ここにビランの生理学的説明ではなく、心理学的説明をおこなおうとする意図が表れているのであるが、「触覚は十分に能動的機能により構成されている」(p.204) とされつつも、「触覚は意志的運動が可能であるような至る所で働く」(p.204, note) と言われ、機能としての触覚は運動性と不可分であることが強調される。それ故に、触覚に関しては、能動性の強度がそのまま認識能力の強度となるという見解が示され、議論は運動性へと進んでいく。

では、認識能力という観点から、触覚と運動性はどのように異なるのか。このことに関しては、「認識、また自我とその固有の身体との、そして外的物体との二重の関係は、とりわけ運動機能の働きに関係する」(p.203) という発言を参照してみる。ここで、能動的触覚について述べられている言葉を思い起こすと、能動的触覚が直接に確立するのは、〝運動する存在と他の現実存在〟、〝主体と努力の外的項〟との間の交流であった。それに対して、運動性が明らかにするのは、〝認識〟すなわち〝自我とその固有の身体〟、〝自我と外的物体〟という〝二重の関係[143]〟である。

ビランの立場では、あらゆる認識は自我の認識にはじまることを考えると、言葉の本来の意味での認識は能動的触覚だけでは不十分であり、運動性によりはじめて成立する。言葉を換えれば、能動的触覚は非人称あるいは前人称の主体と、この主体を取り巻く無規定の現実存在を顕にし、運動性は一人称の主体（私）を出現させ、《私にとっての》外的物体を開示するのである。

このことはまた、よく使われる用語 l'être sentant et moteur に込められた考えを明確にする。コンディヤックやトラシイ[145]は人間を l'être sentant として理解することで議論をはじめるのであるが、ビランはこれに moteur を加え、むしろこの要素を強調することで二人の哲学者から決定的に離反する。[146]

このようにビランの体系では、運動性という概念はきわめて大きな意味を持つ。そして、この概念の把握によりもたらされるいわば認識論上の成果はつぎのように列挙される（以下箇条書きで示されるのはビランの原著 p.207 からの引用である）。

1．私たちとの関係で外的物体あるいは物質に固有の本質を構成するのは、私たちの意志が決定する行動に直接に対立する抵抗という力以外の何物でもない。

2．懐疑論のどのような疑いも、私たちの外的物体に関する観念のこの基盤 (fond) には決して向けられない。けれども、外的物体の幾つかの形態や性質に対しては向けられる。なぜなら、これらは実際には感官の構成とその傾向にまったく相関的であるが故に、変化の多様性を受け入れるからである。

3．私たちにとっては結局、外的項 (terme étranger) の実在性と有機的項 (terme organique) の実在性、続いて努力の主体 (sujet) または自我 (moi) の現実存在そのものの実在性に関して、明証性の違いはない。

4．私たちにとっては（実際のところ）幾何学抽象の最後の段階である事柄、つまり抵抗する点という概念、質量のあらゆる力をそこに（また真なる点の中に）集める重力の中心という概念は、おそらく事物の絶対的実在性に、あるいはそのもとで至高の知性が事物を思念することができるであろう観点に最も接近している。

ビランは筆者が原語を表示したそれぞれの言葉を斜字体で強調しているのであるが、あえて《項》という用語を使うことに示されるように、これらは運動性により明らかにされると言われる二重の関係の構成要素に他ならない。したがって、論題はこの構成要素について考えられる事柄の確認と、そこからの敷衍である。

この点を踏まえてビランの主張を解釈すると以下のようになる。①私たちに対して物体は抵抗として現われ、少なくともはじめに延長として理解されるのではない。②外界の事物の実在性は疑い得ない。このことと関連して、③自我の明証性と身体および外的事物の明証性にはその程度に違いはなく、自我だけが最も高い明証性を持つということにはならない。④幾何学と自然学は私たちの具体的経験に基礎を置き、そこから抽象をおこなう限りで、その抽象の結果は事物の疑い得ない実在性に最も近似的である。

ところで、これらの主張は、ビランの念頭にデカルトとライプニッツが置かれていることを示唆している。デカルトは「物体により、私は何らかの形象により限られ、ある場所に含まれ、他のすべての物体がそこから除かれるように空間を占めるすべての事柄を理解する」[147]と述べ、物体をとりわけ延長として理解することを明言する。そして、物体が延長であるなら、その認識は運動性によりもたらされることはあり得ず、「蜜蝋の知覚、あるいは私たちが蜜蝋を意識的に知覚する行動は、決して見ることでも、触れることでも、想像することでもない。以前にそう思われたとしても、断じてそうではなかった。ただ精神の洞察 (mentis inspectio) である」[148]と主張する。

それに対して、ライプニッツは「力（潜勢態）(puissance) は物体の中では受動的と能動的という両面を持つ。受動的力は本来的には質料あるいは質量を構成し、能動的力はエンテレケイアあるいは形相を構成する。受動的力は抵抗であり、これにより物体はただ可入にだけではなく、運動に抵抗する[149]」と述べ、また「抵抗あるいは質量には二つの事柄がある。はじめに私たちが不可入性と呼ぶ事柄、つぎに抵抗またはケプラーが物体の本性的惰性と呼ぶ事柄である[150]」と述べる。

デカルトを批判しつつライプニッツに学ぶという姿勢から、ビランのデカルト批判はより先へと進む。それが②と③の主張である。デカルトは「私たちが私たちの魂あるいは思惟について持っている概念は身体（物体）について持っている概念に先立ち、またより確実である[151]」と、また「世界の中にはまったく何もない、どのような空、地、精神、身体（物体）もないと納得したとして、また私が決して存在しないことを納得するであろうか。いいえ確かに。もし、私が納得する、あるいはただ私が何かを思惟するのであれば、私は疑いなく存在する[152]」と述べる。

外界の事物の実在性を疑い、意識、特に自己意識の明証性から出発するデカルトにとり、Ego はあくまで cogito であり、当然 cogito に最も高い明証性が与えられる。ビランの立場では、Ego はむしろ volo であり、その不可欠の要素として corpus をともなう。volo と corpus はともに確実であり、その間に明証性の違いはない。ここでビランはデカルト批判を通して自分自身の出発点を再度確認する。

興味深いのは④で、ビランは「形而上学的主体と数学的客体は、二つの本質的に異なる仕方で考えられているけれども、多少とも、象徴的記号を互いに利用することができる。あらゆる才能の中で恐らく最も驚くべき才能であるライプニッツが分解することで到達したのはこのような観点である。ライプニッツはすべてを再構築するために、そこから出発する」(p.207)と述べる。

この言及に関連して、ライプニッツ自身は「私は気づいているのであるが、真の統一の原理を質料のみに、または受動的でしかない事柄に見出そうとするのは不可能である。なぜなら、すべてがそこでは諸部分の無限にまで至る集まり、集積でしかないからである。多様性がその実在性を持つことができるのは、他の所に由来し、数学的点とはまったく別の事物である真の統一によってだけである。数学的点は延長の端末、また不変である延長の変容でしかなく、連続は構成され得ないであろう。それ故に、この現にある統一を見出すために、私は現実的で、いわば生気づけられた点、あるいは一つの完全な存在を形作るために形相的で能動的な何かを包含しているに違いない実体という原子に頼らざるを得ない[153]」と述べている。

ビランが〝形而上学的主体〟と呼ぶのは、《実体》を援用する主体であり〝数学的客体〟とは抽象化された対象であるとすると、ライプニッツはこのような〝象徴的記号〟を用いつつ、実在性を把握しようと試みているのである。

同時代の哲学者を批判的に継承するという基本姿勢を取りつつも、ビランはライプニッツに対しては他とはやや異なる対応を示す。ロック、デカルト、カントは批判の対象として現れるが、ライプニッツはむしろ学ぶべき対象である。ルソーが霊感の源であるとすれば、ライプニッツは思索の導き手である。

さて、運動性という概念は実はもう一つの結果をビランの思索に残している。このことについてはつぎのように言われる。「意志が明白に働かせる諸器官の中で感じられた惰性は、最初の相関的な努力の中で意識的知覚を構成するのに十分であろう。そのような努力においては、主体とその項、自我と非自我は

（カント学派の表現にしたがえば）一方が他方に関連して措定される。しかし一方では、行動または運動の決定はその十分にして欠けるところのない結果を有している。そして主体は、言うなれば、自分自身を動者(moteur)としてだけ意識的に知覚する。他方では、運動の感覚とは異なる運動あるいは意志的行為の意識が存在する。」(p.209)

これまでは、自我は努力を起点として考えられ、その相関項は努力に対して現れる抵抗として理解されていた。けれども、この引用文の前半が明らかにしているように、ここでは惰性（抵抗）によって（もちろん惰性は意志的行動により顕在化するのではあるが）意識的知覚、いうなれば自我が構成されると理解されている。このように、自我から非自我へと向かうのではなく、反対に非自我から自我へと向かう。(154) そして、前者を主方向、後者を副方向と呼ぶとすれば、主方向は副方向をともなってはじめてその十分な意味を明らかにすると考えられている。

この主方向の持つ意味への言及が引用文の後半である。自我と非自我は一方が他方に関連して措定されることを確認しつつ、運動の決定である意志作用はその働きとして完成されていること、つまりそれ自身以外の原因を持たず、他の何らの助力も必要としない点が強調される。また自我は動者であり認識者ではないこと、しかし同時に、自らの運動に単なる感覚ではなく意識（認識）を持っているという特徴が述べられる。

ここで気がつくのは、『思惟の分解』の基本となる構造である。ビランは様々な哲学説の批判を通して意識の原初の事実を発見し、それを出発点として思索を展開していく。けれども、思索の展開により明らかにされるのは再びこの事実である。言い換えれば、自我から出発して自我に戻る。したがって、『思惟の分解』はその哲学が拠って立つ立場を確立しつつ、その立場を再確認することで終わる。この著作が確かにビラン哲学の誕生を画したとしても、誕生した後それが大きく成長するためにはこれに続く著作が必要となるのである。

（e）記　号

『思惟の分解』の最後の部分では記号に関する論考がおこなわれる。まず問題が以下のような言葉で提起される。「私にしたがえば、知的または思惟する存在をとりわけ構成する意識的知覚あるいは反省というこの能動的能力の最初にして、今のところ唯一つの支えは、すべて観念（習慣がその性格を消してしまった活動の最初の産物）と慣習的な、でなければ人為的に制度化された記号との連合の中にあるように思われる。」（p.234）

確かにここに至るまで、ビランは引用文で言われる知的または思惟する存在の構成に与る能動的能力については、その産物である観念の領域を中心に考察をおこなってきた。しかしここでは、それだけでは不十分であり、観念と記号との連合を考察してはじめて能動的能力の十分な理解が可能となると考えられている。

このような問題関心はまたつぎのようにも言われる。「固有の意味での知的活動の働きが始まると思われるのは、人為的に制度化された記号の使用、そして特に記号というこの新しい機能の中で把握される分節化された音の使用からである。」(ibid.)

したがって、記号と一般的に呼ばれてはいても、ここで念頭に置かれているのは文節化された音という記号、つまり言語である。このことを確認したうえで、ではどのような理由により記号の考察は思惟の分解にとって不可欠であるのかが問われなければならない。

この点の解明に役立つと思われる発言をビランはおこなっている。「人間の能力の分析に対して、記号のあらゆる制度の外に位置することで、私が特に遠ざけ、前もって防ごうとした不都合、言うなれば知性の働きを外部から内部 (de dehors en dedans) へと見る、そして思惟する存在が自分自身にとり何であるかに関わることなく、ただそのような存在が観察者に現われ得ることだけを探求するという不都合に私たちは陥る。」(ibid.)

ここで重要なのは、ビランが記号の制度を考慮に入れないならば、私たちは〝人間の知性の働きを外部から内部へと見る〟ことになると考えている点であろう。ところで日常的には、記号は知的活動を外化させるための手段、または個人の知的営為を他者が理解できるように一般化するための道具である。したがって、記号という観点から思惟を理解するのは、知性の働きを外部から内部へと見ることに他ならないであろう。

ビラン本来の意図を理解するためには、記号の制度を言語としたうえで、それに加えて、言語が問題となる時、特に言語活動または言語行為が念頭に置かれていると解釈する必要がある。このことは、言語行為が人間の能動的能力の一つの現われである点からも妥当であると思われる。

では、言語行為が知性の働きを内部から見させるとはどのようなことであろうか。ビランはつぎのように説明している。「思惟する存在は制度化された、またはそれ自身にふさわしい記号がなくても、他の現実存在をまさに感じ、知覚し、想像しあるいは心に描くことができる。しかし、語り、自分の声を聞くことで、思惟する存在は文節化された音と結合した何らかの映像や印象を現実に二重化する。つまり意識的に知覚し、思惟する。」(p.270)

ここで、〝二重化する（il double）〟という表現に注目してみる。すでにビランは反省と注意という働きに言及した時、反省は意識的知覚に個人の能動性が加わるのに対して、注意は感覚に主体の側からの働きかけが加わると主張していた。つまり、反省は能動性に能動性が重ねられ（redoublement）、注意は受動性を能動性が覆う(doublement)と考えられていた。

この用語法を言語行為に適用するならば、言語行為は本来受動的である働きに、語り、自分の声を聞くという手段で主体の側が働きかけをおこなう行為である。そして、この行為の過程そのものが知性の働きであり、思惟することである。ビラン自身が述べている。「直接的で単純な意識的知覚という性格をあらゆる一般的様式(tous les modes en général)に伝達することで、意志的記号（またとりわけ音声という記号）は、知的能力あるいは知的働きの最初の秩序を構成する原初的には特に能動的である様式に反省された意識的知覚という性格を刻印する。」(ibid.)

この引用文中の〝あらゆる一般的様式〟という表現を受動的様式と解釈するならば、ビランの考えは明瞭に理解できる。言語行為はまず思惟する存在の受動的様式に意識的知覚（しかしあまり程度の高くない）をもたらし、そしてこの働きによりつぎに能動的様式により高度の意識的知覚を備えつける。いうなれば、注意によって反省を機能させる。けれども、このような過程は区別されるけれども切り離されない、一つの全体としての思惟に他ならない。

このように、ビランの記号に関する考えはやはり従来の手法の適用であり、これまでに獲得された思索の成果を応用したにすぎない。ただここで印象深いのは、その記号理論が持つ特徴である。この特徴は二つの箇所に現れる。「技法（art）の前に本性（nature）があり、習慣の前に、また最も親密な習慣のただ中に能力や力がある。そして、これらの能力や力は、それを特定化し、その固有の性質を特徴づけるいくつかの働きの様式の中で明らかにされる、ある最初の条件に基づいている。」(p.235)「合成された物（le composé）の前に単純な物（le simple）があり、比率（la proportion）の前に関係（le rapport）がある。二重化された注意の前に単純あるいは個別的な観念の意識を作る自発的な反省と注意という比類なき行為がある。」(p.273)

端的に表現すれば、思惟の働きと記号の使用は切り離せないとしても、少なくともはじめにあるのは思惟の働きであると考えられている。技法や習慣と言われているのが記号であるとすれば、本性と能力、力は有機体として生理学的条件に規定されつつ働く人間の思惟能力である。また、比率の前にある関係とは、自我という相関関係以外ではあり得ない。

したがって、記号に先立ち自我の働きがある、これがビランの記号論の核心である。ここで『思惟の分解』を特徴づける構造に再び遭遇する。記号をめぐる論考が行き着くのはやはり出発点である。そして、この著作は記号を論じて最後となるのであり、この点からもビランは出発点を再確認するにとどまり、それ以上に進むことはなかったことが明らかとなる。

『思惟の分解　改訂版』による補足

すでに見てきたように、『思惟の分解』では、ビランは自分自身に固有の仕方で自我を把握しつつも、そこから展開していく思索では、結局この自我を再確認することに終始し、その哲学に新しい発展をもたらすことはなかったと言える。しかし、『改定版』では今後の発展を示唆する言及がおこなわれている。まず、「意識の内的光は、この世界にやってくる一人の人間全体を突然に照らすのではない。つまり、自我が基づく必然的条件は、思惟され、意識的に知覚された現実存在に関わる事実の秩序では最初である。けれども、動物的または単に感じるという生命の現象の秩序では決して最初ではない」(p.329) と述べる。ビランは『習慣論』以来、身体的事柄と精神的事柄との結合という課題を常に念頭に置いていた。ここではこの課題が確認されている。

けれどもその一方で、「外的または自然学の観点にもたらされる現象の類比は、反省が主として関わる内的領野には入ることはできないであろう」(p.331) と、また「(これら二つでは) 分類と法則は異なり、しばしば対立する基礎の上に確立されなければならないであろう」(ibid.) と主張する。

ここに明らかなように、すでに問題は身体的事柄と精神的事柄との、言葉を換えれば自然学と心理学との単なる結合ではない。課題となっているのは、両者の対立を考慮に入れた上での関係である。そして、「これら二つの方法が最も対立するのは、特に原因の探求、力や能力の決定においてである」(ibid.)と言われているように、この両者の対立は主に〝原因の探求〟や〝力や能力の決定〟に関して明らかにされるべきであると考えられている。

このことをビラン自身の言葉で確認してみる。「私たちがすでに言及したように、実際、理化学(sciences physiques)では、現象は常にそれらの集合の中で考えられ、原因からは独立に継続や類比というそれらの秩序にしたがって分類されることができる。」(ibid.)また、「それに対して、反省された科学あるいは個人の能動的能力の意識では、内的事実はその原因や産出的力の観念または個人的感情の外で考えられ、感じられることはできない。」(pp.331-332)

ビランにしたがえば、自然学（理化学）では、「原因の観念は経験の計算の中には決して入らない」(p.331)のであり、「産出的力は不都合なしに遠ざけられる」(ibid.)のである。[155] けれども、心理学（反省された科学）では、「個人的な運動の原因を捨象することはもはや認められない。このような原因はその起源で反省され、その本性的基盤を取り戻すならば、一つの未知の事柄ではもはやない。」(p.332)

このように、二つの科学の根本的な違いを原因という観念に関して確認した後には、すでに指摘したように、両者の結合ではなく、関係がむしろ探求されなければならない。そして、この問題の十分な解決は当然ここで望むまでもないとして、少なくとも解決の方向は明確に把握されていたと思われる。

ビランは述べている。「もし、問題となっている二つの種類の事実と認識の間にあらゆる区別を認めることを拒絶しつつ、観察と分類の同じ方法に、表象される現象や特性と反省される思惟の行為または内的働きをしたがわせようと固執するならば、私たちは人間の能力についてのあらゆる科学を以下の三つの事柄に基礎づける三つの独占的(exclusif)体系の一つに到達し得るだけであろう。」(p.333)

ここで言われる三つの事柄とは、「あるいは、感性の生理学的法則、あるいは一部分は外的事物の感じることのできる類比から、一部分は言語の形式による論理的で慣習的な別の種類の類比から混成され、借用された仮説、あるいは思惟の純粋に形而上学的または主観的な法則、そしてこのような法則それ自身が基礎を置く条件や状況の捨象」(ibid.)である。

したがって、解決の方向はこれらの一つにあらゆる科学を基礎づける独占的体系ではなく、これら三つの事柄を総合する体系の構想であろう。そしてここに、ビランの折衷主義、調停的立場の萌芽が現れているとも考えることができる。『思惟の分解』は基本的には自我の発見とその再確認の域を出ないとしても、そこには自我を出発点としつつ新たな総合的体系を試みる視野が開けていたのである。この意味で、まさにこの著作はビラン哲学の誕生を画するのであり、またその後の展開を予告すると言うことができる。

【注】

1　Maine de Biran, Œuvres,Tome I, J. Vrin, 1998. ここでは、一七九二年から一七九八年までに書かれた様々な文章がEcrits de jeunessという表題の下で集められている。なお、一七九二年には、他に『無神論についての考察』(Réflexions sur l'athéisme)が書かれている。

2　p.4
3　p.5　なお、ビランとルソーについては、次の節で取り上げる。
4　ibid.
5　op. cit.
6　p.35
7　ibid.
8　アンリ・グイエは Réflexions について、「この一文は経験主義者と行き過ぎた反聖職者主義の色合いを持つ」(Henri Gouhier, Les conversions de Maine de Biran, J. Vrin, 1948, p.37) としつつ、「理性を再び倫理に導き入れるという動きにより、ビランは精神から生得観念説のあらゆる痕跡を拭い去る」(ibid.) と述べている。
9　この成果は注15で言及する小論となって現れる。
10　Œuvres, Tome II, p.204
11　p.210
12　ibid.
13　p.211
14　グイエは前掲書で、「逍遥学派である以前に、アリストテレスはプラトンを訂正するプラトン主義者であり、同様にビランは、ビラン学派であるに先立ちコンディヤックを直すコンディヤック主義者である」(p.65) と述べている。また、「ビランは全集版の中に現れたばかりの『論理学』(Logique)、『文法』(Grammaire)、『計算の言語』(Langue des Calculs) を研究したのであるが、これらすべては、確かに、感覚論の批判に行き着くためである。けれども、ビランの論文はコンディヤックとの絶え間なき対話であったことは事実である」(p.69) とも述べる。

15 op. cit., p.231
16 p.215
17 p.219
18 ibid.
19 ibid.
20 p.225
21 p.228
22 ibid.
23 ここではコンディヤックが念頭に置かれている。
24 op. cit., p.228
25 p.232
26 ibid.
27 ibid.
28 p.233
29 p.232
30 p.233
31 p.234
32 グイエはやはり前掲書で、「ビランが没頭していた倫理、有効な倫理は、まさに科学的であるが、経験的科学の流儀によるのであり、数学という範型に基づくのではないであろう。コンディヤックは自然界に多くを与えない。その記号の役割の発見は、ビランに、精神の真の能動性を隠してしまう。人間を考えるには、あまりに幾何学者であり続けた」(pp.87-88) と述べている。

33 ibid.

34 ibid.

35 p.238

36 ibid.

37 p.239

38 ibid.

39 一九二〇年にティッスランにより、メーヌ・ド・ビラン著作集の第一巻の中で初めて公にされた。

40 例として、「記号と方法が思惟することの技法に対して持っている影響を反省すればするほど、一層私はコンディヤックがこの影響をあまりに拡げすぎたと信じるようになる」(op. cit., p.243) と述べている。

41 p.241

42 この区分はグイエにより行われ（前掲書 pp.16-17）、Ecrits de jeunesse の編纂者であるベルナール・バエルチにより踏襲されている。ただ、バエルチは「ここではあまりに断定的なすべての結論は差し控えるべきである。なぜなら、これらの文献のいくつかの起草された日付は不確かであるからだ」(Œuvres, Tome I,XX) と主張している。

43 Henri Gouhier, op. cit., p.17

44 op. cit., p.36

45 ibid.

46 ibid.

47 Emile ou de l'éducation, GF-Flammarion, 1966, p.377

48 ibid.
49 pp.377-378
50 op. cit., p.37
51 ibid.
52 p.38
53 Journal, II, p.122
54 p.123
55 ibid.
56 p.126
57 p.124
58 op. cit., p.347
59 op. cit., p.124
60 p.94
61 op. cit., p.349 この言葉に誰もが聖アウグスティヌスとデカルトを思い起こす。グイエは「この助任司祭(Vicaire)はビランに、聖アウグスティヌスとデカルトの助言を伝える。この助言は自分自身の固有の広大さに驚くことのできる人にとっては、常に現実的な助言である」(op. cit., p.61)と述べる。
62 p.350
63 Henri Gouhier, op. cit., p.17
64 p.352
65 p.353

66 p.354
67 このことは、また人間を能動的と受動的という両側面から理解する視点でもある。グイエは「能動的存在と受動的存在との二元論は実在する事物はまったく外的なのではなく、それ自身が経験の事実であるような内官(sens intime)の与件があることを意味する」と述べている（op. cit., p.61)。この内官の与件は、後にビランは内官の原初の事実(fait de sens intime)と呼ぶのであるが、ビラン哲学では、デカルト哲学でcogitoが果たすのと同じくらいに重要な役割を演じることになる。
68 Antoinette Drevet, Maine de Biran, P.U.F., 1968, p.15
69 p.18
70 ibid.
71 op. cit., p.355
72 p.357
73 p.365
74 p.360
75 Henri Gouhier, op. cit., p.62
76 p.63
77 op. cit., p.144
78 ibid.
79 ibid.
80 p.124
81 p.134

82 p.135
83 op. cit., p.366
84 p.377
85 p.135
86 pp.135-136
87 De la langue française, Larousse, 1977, p.924
88 ibid.
89 Premier mémoire sur l'influence de l'habitude　なお、「習慣についての論文はメーヌ・ド・ビランにより起草された最初の重要な仕事である」(Gilbert Romeyer-Dherbey, Introduction, Œuvres, Tome II, p.VII) と言われている。
90 Influence de l'habitude sur la faculté de penser 前者は一八四一年に、後者は最初が一九二二年、つぎは一九五四年である。
91 一八〇〇年の論文は前掲書（Œuvres, Tome II）で初めて公にされた。
92 この作業についてはHenri Gouhier, op. cit., pp.121-136を参照。ここでグイエは「習慣についての論文（複数）はその著者に依然として霊感を与えている深い意図により、前ビラン哲学（pré-biranisme）に属している」(p.126) と述べる。ビラン自身は論文の意図に関して、一八〇〇年論文の序文で、「形而上学が混沌から引き出され、実在の科学、一人の偉大な人物（ダランベール）が言ったように、一種の魂についての経験的自然学となって以来、この科学の進歩によって引き起こされたあらゆる問題は、もはや私たちの思惟の領域で把握され、私たちが自らに対しておこなうことのできる観察の権限に属する事実の上でしか展開しない」(Œuvres,TomeII,p.30) と書いている。そして、グイエはこの序文について、「人間の科学を基礎づける心理学と生物学とのあらたな結合に向けられている」(op. cit., p.122) としている。また、ビランは一八〇二年論文の結論部では、「(この論文で扱われた) 問題は生理学を観念学に移し入れる、あるいは今後これら二つの科学を統一するべき結合をより緊密にする絶好の機会を提供した」(op. cit., p.282) と述べている。したがって、グイエが指摘しているのであるが、二つの論文はおおもとで同じ意図により書かれたのであり、それらの差異にあまり拘泥する必要はないと思われる。

93 Deuxième mémoire sur l'influence de l'habitude 引用はすべて Œuvres, Tome II による。引用箇所はページ数で示す。

94 op. cit., p.125

95 受動的と能動的という区別は、ビランがその思索の進展で最後まで使用した方法であり、この意味でビラン哲学に特徴的な方法と言える。確かに、この時期には人間の能力を受動的と能動的に区別した上で、触覚と運動性 (motilité) を分離することで、後者に身体、物体、空間の認識の起源を置くという考え、つまり運動性を自我の起源とし、またこの運動性を能動性の範型とするという考えは明確には現れない。「ビランは未だ有機的な感性と根本的に区別される超有機的な力の記号であろう能動性に思い至らない」(Henri Gouhier, op. cit., p.147) のである。しかし、習慣の分析を明確に受動的と能動的という視点にしたがっておこなうという発想は独創的であったと思われる。たとえば、『習慣論』の書評で、ドゥジェランド (Jean-Marie Degérando) は「メーヌ・ド・ビランはまず数ページで、非常に独創的で、またいくつかの点で新しい感覚に関する理論を提示する」(Œuvres, Tome II, p.354) として、「受動的能力と能動的能力の区別は、哲学者たちにより、あまりに知られず、あまりに省察されなかったのであるが、この理論の基礎である」(ibid.) と述べている。

　ところで、ラヴェッソンはその『習慣論』(Felix Ravaisson, De l'habitude, P.U.F, 1957) で、明らかにビランの方法を継承発展させて、「能動は認識の主体と客体とを区別する直接の条件であり、判明な認識の条件である。受動は、能動の反対で、それ自身認識と判明な意識とは相容れない」(p.21)と、また「能動には密接に明晰な知覚が結びつき、受動は意識の内で漠然とした感覚でしかない」(p.22)と述べている。ラヴェッソンは「努力は二つの要素を包み込む。つまり、能動と受動とである」(p.21)とし、「努力が能動と受動とのあいだにあるのと同様に、習慣は意志と自然とのあいだにある共通の境界、あるいは中間項である」(p.38)とする。ここで言われる意志が自由を、自然が必然を意味するとすれば、ラヴェッソンはビランの能動と受動との区別という方法を受け継ぎ、ビランによる習慣の心理・生理学的記述を踏まえつつ、習慣の持つ形而上学的問題の考察へと発展していったと言うことができる。

96 ビランは、他方では、「私は私が動くこと、働きかけること、推論すること、等を感じる。私は私が感じることを感じる」(p.133. note)と述べ、「この二つの《私は感じる(je sens)》は、互いに結びついてはいるが、決して同じ意味を持たないことはまさに明白である。後者は楽や苦という単なる変容を表現し、他はそれにより私がある意味で私の変容から自分自身を引き離す行為を言い表す」(ibid.)と主張している。この主張を感覚と印象という言葉を使うと、感じる(sentir)という動詞は、①印象や感覚を受け取る(recevoir des impressions ou des sensations)、②印象や感覚を感じる(sentir des impressions ou des sensations)という二つの意味を持つと言い換えることができる。このように感じるは受動的働きと能動的働きを持ち、特にこの能動的働きにより、「私は変容の外部に現実に存在する私の自我(moi)を承認する」(ibid.)のである。したがって、感じるからは、一方では感覚と印象が、他方では知覚(perception)と意識的知覚(aperception)が生じる。ビランが感覚と印象を区別しないのは、ともに感じるの受動的働きから生じたという理由による。

97 前の注で指摘したように、『習慣論』の段階では、ビランは運動性を自我と結びつける考えにまでは進まない。ここまで進むのには『思惟の分解』を待たなければならない。しかしながら、たとえば「もし、疑い得ないであろうように、感覚的能動性(activité sensitive)があるのなら、私はそれを運動的能動性(activité motrice)

から区別するであろう。とりわけ、私がこの運動的能動性という名前を与えるのは、それが最も大きな明証とともに、私の内官に現れるからである」(p.135)と述べている。この感覚的能動性が触覚であり、運動的能動性は運動性に他ならないと考えるならば、この二つを区別することで、ビランは『思惟の分解』での自我の定義の一歩手前にいることがわかる。その自我とは、意志あるいは努力をおこなうことを核心とし、能動性あるいは運動性を特徴とする。そして、〝最も大きな明証〟とともに、〝私の内官〟に与えられる内官の原初の事実である。

98 この点について、ドゥジェランドはやはり書評の中で、「メーヌ・ド・ビランは固有の意味での感覚を知覚から区別する」(p.354)と、また「前者は印象、あるいは受け取られた変容しか含まず、それを中断し、変化させる何らの力も持たない」(ibid.)としたうえで、「後者はその固有の運動性により、個人がこの感覚に関与し、個人がそこで受け持つ役割を示し、個人自身から発した運動が主導権を握り、あるいは少なくとも外部からくる印象と平衡を保つ時に始まる」(ibid.)と、運動性という言葉を特に斜字体にして強調しつつ述べている。

ビラン自身は、「もし、感じるが知覚すると同じ事柄であるならば、何故に私たちは習慣が情動的変容を弱める時、それを保持し、再び活気づけることができないのであろう」(p.197. note)と述べ、「このことは、知覚する中枢(centre)と感じる器官(organe)との機能間の違いを証明する」(ibid.)と主張する。このように、感覚と知覚との差異は受動性と能動性との区別のみならず、器官と中枢との区別に基づけられるのであるが、ここには、『習慣論』執筆に関わるビラン本来の意図、〝生理学を観念学に移し入れる〟がよく示されている。

また、「生理学者たちはまさに今日、感じると運動するという二つの力の起源の同一性、または原初的統一を承認しているけれども、綿密にこれら二つの力の産物を、これらの力が一致して働く有機体の現象中に区別している。私には、同じ区別を哲学的分析に導入することで、私たちは多くの曖昧さを解消し、思惟の現象をより明るい観点の下で提示することができると思われる」(p.136. note)という主張で、哲学的分析

(analyse philosophique) を観念学に置き換えると、ビランがその意図をどのように具体化しようとしたかをうかがい知ることができる。

99　ビランは「もし、人間のあらゆる能力が感覚とその多様な様式に還元されるのであれば、習慣はそれらの能力に対して最も不吉な (funest) 影響を及ぼすであろう」(p.175) と述べる。

100　ドゥジェランドは『習慣論』の難点について、つぎのように指摘している。「著者はおそらく十分に、想像という能力の中にあるすべての能動的な事柄を承認しなかった。おそらくまた、習慣が非常に直接的な仕方でともに働く冷静で個人的な情熱 (passion) を、その結果がほとんど常に自発的である熱狂的情熱から十分に区別しなかった。一般に、情熱の分析はより少ない光が当てられたように思われる分析である。」(p.358)

101　ビランは往々にして physique と moral という言葉を対比させて使う。この場合は、身体と心、自然学や生理学に属する事柄と心理学に属する事柄という意味であり、ビランは当初から、この区別にしたがって人間の能力を分類することを念頭に置いていた。たとえば、『習慣についての最初の論文の下書き』(Ebauche du premier mémoire sur l'habitude) では、「身体的であり、精神的である人間についての研究がもたらす多様な現象を、一つの共通の起源に導くことの困難は、私たちが常に人間の内に認めてきた区別され、分離される諸能力の数そのものの中に現れた。身体的事柄には、感受的、運動的、欲求的、生命的、有機的、機械的等の能力が、精神的事柄には、感じる、知覚する、欲する、想起する、判断する、推論する等の能力が属している」(Œuvres, Tome II, pp.14-15) と述べている。この発言で特徴となるのは、身体的事柄に属する能力はすべて形容詞でその種類が示されるのに対して、精神的事柄に属する能力はすべて動詞により枚挙されている点である。ここに、ビランの手法、人間の能力を受動的と能動的に区別するという手法の萌芽を認めることができるかもしれない。

102　この点については注92を参照。

103 ビランは一八一〇年にコペンハーゲンの翰林院により提出された課題である、〝心理学と自然学との関係〟という問題に対して、Rapports du physique et du moral de l'homme という論文を書き、一八一一年に賞を授かることになる。けれどもこの論文に先立って、『思惟の分解』が書かれる必要があった。このような事情をムーアは上記の論文の解題の中でつぎのように述べている。「コペンハーゲン論文はこの哲学者の航跡の主要な第二段階に属している。そしてこの固有にビラン的である段階は、一八〇四年の『思惟の分解』というフランス学士院に提出した論文とともに始まる」(F.C.T. Moore, Œuvres Tome VI, p.IX)。

104 Francois AZOUVI, Introductoin, Œuvres, Tome III, p.VIII

105 Œuvres, Tome III, p.2

106 p.4

107 Mémoire sur la décomposition de la pensée, Œuvres, Tome III ここでの引用はすべてこれにしたがい、引用箇所はページ数で示す。なお、現行の『思惟の分解』はこの版 (Version couronnée) によるのであるが、ビランが後に改訂を加えたことで、改訂版 (Version remaniée) が存在する。

108 op.cit., p.169

109 ibid.

110 François Azouvi, Maine de Biran, La science de l'homme, J.Vrin, 1995,p.38

111 p.71

112 この言葉はグイエが初めて使ったと思われる。この点で、アズヴィはグイエの見解を基本的に踏襲している。ここでの前 (pré) は、avant とともに préparer を意味していることが重要で、グイエは「『習慣論』の継続する状態を通じて現れるのは、とりわけ少しづつその主題を意識していく一人の著者である」(op. cit., p.135) と述べている。

113 Mémoire sur la décomposition de la pensée(Version remaniée), Œuvres, Tome III

114 Etienne de Condillac, Essai sur l'origine des connaissances humaines, Œuvres complètes, Tome I, Slatkine, 1970, p.12

115 『感覚論』は、嗅覚に限定された彫像という一つの仮説から出発する。ビランの言う〝仮説的〟はこのことを指すとも考えらえる。

116 Traité des sensations, Felix Alcan, 1921, p.62

117 ibid.

118 ビランは『思惟の分解』57ページの注の部分でつぎのように述べている。「私が思うに、感じる(sentir)という動詞から派生し、この動詞に直接関連するのは感情(sentiment)という語であり、決して感覚(sensation)という語ではない。後者は明らかにsensusに由来し、器官の働きと異ならないであろう感官sensの働きを示す。それに対して、感情という言葉は常に意識的な主体の参加を言い表す」。この考えにしたがえば、感じるという能力は単純に有機体の働きであるような受容するだけの能力ではない。このことは、私たちは一般に、自らに生じた感覚、つまりは感官の働きの結果をすべて感じているのではない点から明らかである。また、感じる、想起する、体験するという能力は、それぞれの性質は異なるにしても、主体の参加という同等の資格を持つのであり、感じる能力だけが特別の地位にある訳ではない。なお、注96を参照すると、『習慣論』では主として、感じるという能力の受動的側面と能動的側面の区別が主張されるのに対して、『思惟の分解』では、この能力への〝主体の参加〟が強調されることに気がつく。ここには明らかにビラン哲学の発展が表れている。

119 ビランは『習慣論』ではanalyseを、『思惟の分解』ではdécompositionをおこなった。この後者の言葉に、より深められた分析という意味が込められていることは疑い得ない。

120 John Locke, An essay concerning human understanding, Penguin Books, 1997 ここでの引用はすべてこの本による。引用箇所は引用文の後のページ数で示す。

121 確かにロックは一方で imprint という言葉を使っている。しかし、もし外的対象の私たちの心に働きかける力が強制的であることを強調するのであれば、impress を使うはずである。

122 ビランは sens externe（外官）に対して sens interne ではなく、sens intérieur（内的感官）という用語を使う。また後になると、sens intime（内官）という言葉を使うようになる。ここで interne ではなく、intérieur を使うのは、前者の語源である internus は intus《内部で》という位置や状態とともに、《内部へ》という方向を表す）と関わるからであろう。それに対して、後者の語源である interior は《内部の》という特性を示すのである。

123 ここで考えられている感覚は外的事物を原因として生じるのであるから、感覚を論じるとは何よりも外的事物の探求であり、つぎに感覚を受容する器官に関する探究である。そして、前者は自然学の、後者は生理学の領域であるが、いずれにしてもそれぞれは外的事実 (faits extérieurs) をその対象とする。内的感官を働かせる科学が心理学であるとするならば、すでに明らかなように、ビランには、心理学が思惟する能力そのものの科学であるという確信があったのである。

124 コンディヤックは記憶に自発性を認める。Traité des sensations, Felix Alcan, 1921, p.62 を参照。

125 『思惟の分解　改訂版』では、このことの原因はより一層明確に悟性と意志との分離に帰せられる。そして、「思惟する存在に固有の行動と意志という力の事実は、まさにこのような存在にとり、その現実存在の事実そのものと同じくらいに明証である」(p.392) と、また「知覚する能力と意志する、または働きかける能力はその起源において現実に不可分であり、どのような仕方でも切り離されることはできないであろう」(ibid.) と主張される。

126　このことについて、やはり『思惟の分解　改定版』では、より詳細な説明がなされている。たとえば、「ロックにとっては、意志的運動を意志的ではない他の運動から切り離すただ一つの違いは、魂はその生得的力により一方を自由に産み出すのに対して、魂は他方の実行には関わらないということである」(p.400)と述べられる。また、「その明白な意図に反して、何らかの生得的な事柄を認めることで、ロックは現実の実在の中に、ある道具に対して、そして私たちがそれをそこから切り離すことができない条件にしたがって繰りひろげられる限りでのみ働きかけることを始め、それ自身にとり存在することができるような運動力の実際の起源を探ることを放棄する」(p.402)と述べられる。

　ビランにしたがえば、「ロックは意志の反省的観念の価値を正確に決めることも、運動する力の範囲とその限界を厳密さとともに示すこともできなかった。それにもまして、人格的個人性からまさに出発して、運動する力の現実的働きの、あらゆる私たちの認識の発生に対する影響を承認することはできなかった」(ibid.)のである。

　このような理解に基づき、ビランは、自身に課せられた課題は、「『人間悟性論』から今日までのすべての科学の進歩にもかかわらず依然として残っているこの間隙」(ibid.)を埋めることであるとする。そしてその場合、「形而上学だけでは十分ではないであろう」(ibid.)から、「より経験に接近した別の観点にその手段を求めることが必要となるであろう」(ibid.)と主張する。

127　Immanuel Kant, Kritik der reinen Vernunft, Suhrkamp, 1990 ここでの引用はすべてこの本による。引用箇所は引用文の後のページ数で示す。

128　ビランがカントの原著書を読んだのは、『可感界と可想界との形式と原理について』だけである。カントをどのようにして理解したのかについては、グイエが「メーヌ・ド・ビランはカントを特にシャルル・ヴィエの『カントの哲学あるいは超越論的哲学の基本的原理』、メェス、一八〇一年とJ・キンケの『純粋理性批判の簡潔な紹介の試み』、アムステルダム、一八〇一年により知った」(Henri Gouhier, Œuvres choisies, Aubier, 1942, p.210) と報告している。したがって、問題関心は、これらの人によりカントが紹介された様子に向かうのであるが、もとよりこの二つの本を入手することは不可能である。ここではビランのカントへの言及のみを検討することに作業を限り、その由来を尋ねることは差し控える。

129 このことに関連して、「要素という言葉は二つの仕方で理解され得る。化学あるいは自然学の意味で把握される時には、要素という言葉は、それらの結合の結果から生じる対象や実体の構成に関係する。論理学的意味では、私たちは要素によって、あらゆる科学がそれに還元されることのできる、そしてこの科学を再創造するためには、それを説明し、発展させる、または変化させるだけで良い共通の原理を考える」(p.79) と述べられる。そして、「もし一つの原理、一つの要素しか現実に存在しないのであれば、可能な分解はない」(ibid.) とした上で、「私の観点では、一方で諸器官の受動的な印象受容から、他方で意志的運動性から結果する単純な様式は、構成要素として考察され得る。情動を受け取ることと、意志あるいは努力をするという能力は、すべての他の能力がそれに依存し、それに関係するという意味で、二つの原理、または二つの要素的能力である」(ibid.) と主張する。

ビランはここで、化学と自然学に対する論理学という図式で、「観察および反省に基づく現実の区分から、言語の人為的分類を識別すること」(ibid.) を提言する。この発想はビラン哲学を特徴づける性格の一つで、コンディヤックからカントに至る哲学説の批判と自説の展開は、基本的にはこの発想にしたがっている。

130 le premier fait de conscience ビランはこの後 le fait primitif de conscience という呼び方に変え、それを最後まで使うことになる。この変更は、premier よりも primitif のほうが、より根源的、基礎的という意味合いを表現しているからであろう。

131 明らかにライプニッツから霊感を受けている。たとえば、『単子論』では、「一つの知覚から他の知覚への変化または移行をおこなう内的原理の働きは、欲求 (appétition) と呼ばれることができる」(La monadologie, Delagrave, 1978, p.148) と述べられる。また、ライプニッツは appetition と tendance、あるいは conatus を同じ意味で使っている。そして、「私たちが力と呼ぶ事柄は、傾向から派生した、すでにいくぶんか現象的であるひとつの形でしかない」(p.148. note) と述べている。ただ、ビランは後に、欲求と意志が区別されていないとして、ライプニッツを批判することになる。

132 Descartes, Les passions de l'âme, J. Vrin, 1970　引用箇所は引用文の後のページ数で示す。

133 Descartes, Méditations métaphysiques, Flammarion, 1979 引用箇所は引用文の後のページ数で示す。

134 ジルソンによる注。Descartes, Discours de la méthode, Introduction et notes par Etienne Gilson, J. Vrin, 1970, p.90, note.4

135 ジルソンはこのことに関連して次のように述べている。「方法的懐疑は現実存在についてのあらゆる判断にまで及ぶ。しかし、それは矛盾と因果関係という純粋に抽象的な原理には触れないままにしておく。デカルトは、それ故に、スコラ哲学者たち、たとえば聖トマス・アクイナスがおこなったように、結果から出発して神の現実存在を証明することができる。けれども、唯一である思惟から出発するために、神を外的世界の原因として証明することを自らに禁じる。この理由から、因果関係の原理を思惟の内容に適用することで、デカルトは神を完全の観念の原因として証明する」(op. cit., p.93, note. 4)。

136 vouloir が velle を語源とするならば、pouvoir は potis sum を語源とする。ビランがここで前者によりいわゆる魂の能動的働きを、後者により受動性を意味していることは明らかである。ところで、人間は一般に可能であることを意志するのであり、それ故に、人間の行為では通常、能動性は受動性により条件づけられている。しかし、場合によっては可能ではない（あるいは可能ではないと思われる）ことを意志することもあり、受動性という条件を免れた能動性を考えることは決して不合理ではない。ビランが意志をもって能動性の範型とするのも故なしとは言えないのである。

137 この点については、「あらゆる事柄は感官に由来する。けれども、唯一にして同じである同質の通路によるのではなく、それがしたがう動因においてと同様に、その方向、その特性において相反する二つの通路による。いうなれば、静脈のような受動的通路と動脈のような能動的通路がある」(p.130, note)と述べている。

138 ここでje suisではないことを見落としてはならない。問題はすべてexistenceの領域で展開しているのであり、決してêtreの領域に踏み込むことはない。後者への移行が主題として取り上げられるのは、『思惟の分解』以降である。

139 『習慣論』のところで触れたように、ビランは印象と感覚を区別していない。

140 ベルグソンの『物質と記憶』(Henri Bergson, Matière et Mémoire, P.U.F, 1968)の中にあるつぎの言葉を参照するのは興味深いと思われる。「真実なのは、私の身体を揺り動かす事物と、私が影響を与えることができるであろう事物との間に介在する私の神経の体系は、運動を伝え、分散し、抑制する単なる指揮者の役割を演じるということである。」(p.43)「はじめに形象(image)の集合がある。この集合の中に《行動の中心》があり、これに向かって関心を持たれた形象が映し出されるのであろう。知覚が生じ、行動が準備されるのはこのようにしてである。私の身体はこの知覚の中心に現れる事柄であり、私の人格はこの行動が関係づけられるべき存在である。」(p.46)また、これらの言葉に示される考えを要約した文章は、ビランとベルグソンの親近性をよく表している。「真なる原理としての、この働きかける力から出発しよう。身体は行動の中心であり、ただ行動の中心であると仮定しよう。そして、そのことから、知覚、記憶、身体と精神の関係に対して、どのような結果が生じるのかを理解しよう。」(pp.256-257)

141 コンディヤックは感覚を感性に近づけて理解する傾向があるが、ビランは感覚を感情に近づけて理解する。ここでは明確に、感性の受動的性格と感覚の能動的性格が主張され、コンディヤック言うところの感覚は本来感性と呼ばれるべきであるという考えが示される。たとえば、「『感覚論』では、想起はもはや問題にさえならない。そして、記憶はその原因が働きかけるのを止めた後にも引き続く感覚を伝える振動の単純な結果により性格づけられる」(p.159, note) と述べられている。ビランにしたがえば、もし『感覚論』が感覚を論じるのであり、感性を論じるのでないならば、当然想起が問題となり、記憶が異なる理解のもとに置かれるはずである。

142 アリストテレスが『形而上学』の冒頭で視覚の優越性を強調していることはよく知られている。

143 自我は意志（あるいは努力）とそれへの抵抗として現れる身体との相関関係であるなら、自我は身体をその不可欠の構成要素としている。しかし、同時に身体は抵抗であるが故に非自我でもあり、また corps として物体 (corps) でもある。このように、身体は主観的側面と客観的側面をともに持つという両義性を特徴としている。〝二重の関係〟という表現で、ビランが一面でこの身体の両義性を示唆していることは明らかである。

144 この点については、すでに『習慣論』でつぎのように言われている。「触覚が本質的に個人を外的自然と交流させるのは運動器官としての限りである。」(p.140) また、「私たちの印象をそれらの間で知覚し、区別する能力は（印象がそれを体験する自我からある種の分離をされた後）、純粋に感覚を伝える存在の属性では決してなく、絶対的に、その能力があらゆる局面でしたがう意志的運動性に依拠している。」(p.147)

145 ビランが運動性という考えを学んだのはトラシイからである。『習慣論』で、「デトュット・ド・トラシイは明確に認識と、私たちの存在様式の相互の区別およびそれらを体験する自我と、最後に実際の現実存在の判断やそこから派生するすべての他の判断との起源を、運動する能力あるいは意志的運動性に結びつけた最初の人である」(pp.135-136, note) と述べている。しかし、トラシイ自身は後に運動性を主体の側の働きとする立場を変更し、これを物体の属性と見なす考えを表明するに至る。ここからビランの批判と離反が生じることになる。

146 トラシイについての紹介や運動性をめぐるビランとトラシイとの関係、またはビランとコンディヤックとの関係については、付論「運動性と物体の属性」を参照。

147 Meditations metaphysiques, GF Flammarion, 1992, p.74

148 op. cit., p.84

149 De la nature du corps et de la force motrice, dans Système nouveau de la nature et de la communication des substances et autres textes 1690-1703, GF Flammarion, 1994, p.175-176

150 op. cit., p.176　なお、ライプニッツはこの引用文に続く箇所で、デカルトは抵抗はともあれ、惰性を承認していたことを指摘し、その例証として、de Beaune と marquis de Newcastle への手紙を挙げている。では、何故にデカルトは抵抗という考えを持たなかったのか。ここでビランの立場に立つならば、デカルトには、身体あるいは物体に働きかける動因として自我を理解する視点が欠けていたのである。

151 Les principes de la philosophie, J. Vrin, 1999, p.48

152 Méditations métephysiques, p.73

153 op. cit., p.66

154 ここでもベルグソンを参照するのが適切であると思われる。「実際、私たちが通常おこなっているように、私の身体から出発してみてください。どのように私の身体の表面で受け取られ、この身体にしか関わらない印象が、私にとり独立した対象として構成され、外的世界を形成することになるかを私に理解させることは決してないでしょう。反対に、私に一般的形象を与えてください。私の身体は必然的に、最後には自らを一つの区別された事物として形象のただ中に描くでしょう。なぜなら、形象は絶え間なく変化し、私の身体は変わらないままにとどまるからです。内部と外部との区別は、したがって、部分と全体との区別に導かれる。」（op.cit.p.46）はじめに形象の集合があり、この集合の中に行動の中心がある。そして、身体はこの行動の中心に他ならない。ベルグソンのこのような考えは、ビランのここに言う〝副方向の自我の規定〟をより精密にしたとの印象を受ける。ただ、ビランの立場では、非自我から自我へという方向はあくまで副方向であり、主方向はやはり自我から非自我である。萌芽の状態にあった発想を、そこに秘められた可能性を顕在化することで開花させたのがベルグソンであったとも言える。

155 ビランが自然学の方法と言う時、範型とされているのはベーコンの方法である。『思惟の分解』のpp.47-48で、「ベーコンの経験的方法、理化学の中で唯一の良き方法」と述べ、また「ベーコンの方法、観察し、分類し、法則を措定する」と述べている

第2章　ビラン哲学の発展

――『心理学の基礎についての試論』――

はじめに

ビランが一八一一年に執筆を始め、一八二二年に至るも未だ完成をみなかった著作の主要な部分は今日『心理学の基礎についての試論』(1)として知られる。また、この部分は一八一二年に書かれたと推定されている。ところで、努力の意識(conscience de l'effort)を基礎として自我についての学説を確立し、自らに固有の哲学の誕生を画することになった『思惟の分解』がフランス学士院から賞を授けられたのは一八〇五年であり、その問題関心を絶対(l'absolu)に向け、実体の形而上学を構想し始める『自然諸科学と心理学との諸関係』が着手されるのが一八一三年である。したがって、『試論』は年代からして過渡期にある著作と考えることができる。

過渡期にあるという性格は何よりも論の進め方に表れる。ビランはまず自我の核心を働きかける力としての意志、努力であるとし、このような意志、努力が意識に直接に与えられることを原初の事実(le fait primitif)と呼ぶ。そして次に、原初の事実を説明しつつ、言うところの心理学の定義をおこない、この観点からデカルト、ライプニッツ、ロック、コンディヤックを批判的に検討する。ここまでは『思惟の分解』で述べられた考えの継続といえる。

つぎに、因果関係についての議論が展開されるのであるが、すでにビランは原初の事実に関連して、意志や努力が働きかける力である限り、このような力は原因という観念にその基礎を提供するとして、この点で因果関係の原理は原初の事実に基づくと述べていた[2]。ここでは、より具体的に、自我の心理学の観点から理解される因果関係が論じられ、また外界の認識に適用される因果関係の原理がとりあげられる。したがって、この部分が『試論』での新しい展開であり、先立つ著作の継承発展であると考えられる。

さて、一八一三年以降書き継がれた『諸関係』では、心理学と自然諸科学を特にそれぞれの分野で想定されている因果関係の性格の違いを明らかにすることで区別し、また前者に因果関係の基礎づけの役割を担わせることで両者の関係を明確にしようとする。他方では、私たちの経験に与えられる現象から出発して実体にまで至るための方法が論じられ、そのような実体は経験には与えられないがその実在性を疑うことはできないという主張の論拠として因果関係の原理の適用がおこなわれる。

したがって、『試論』はビランの哲学の基盤である自我の心理学を再確認するとともに、実体の形而上学への移行を準備するという意味で過渡的であると同時に、そのような移行の主導動機を内に秘めていると言える。ここでは、〈心理学の基礎、およびそれと自然の研究との関係についての試論〉と題された第一巻[3]に拠りつつ、原初の事実と因果関係という論題を中心にして、この論文の持つ過渡的性格の具体的内容を明らかにする。そして、実体の形而上学への移行の主導動機を探るという課題の解決を試みたい[4]。

原初の事実から因果関係へ

ビランは「単純な感覚（sensation simple）はいまだ一つの事実ではない」（p.11）という言葉で論を始

め、「私たちが心理学で意識と呼ぶ個人的な現実存在の感情がなければ、認識されたと言い得るような事実は決してなく、どのような種類の認識も決してない」（ibid.）と述べる。ここでまず、一つの事実を認めるということは、その事実が最も単純であっても、その行為をおこなうために人が conscium sui または compos sui と呼ばれる状態にあることを条件としていると主張される。

私たちが認識の起源に位置しようとする時、単純な感覚をその起源と考えることは不可能である。なぜならば、認識は感覚に始まるとしても、そのような感覚を対象として把握する主体がなければ認識は成立しないからである。「（ばらの香りを受け取る時）影像がその現に起こっている変容と、たとえばばらの香りと同一化されている限りでは、個人的な現実存在、つまり自我はまったくないのであるから、…中略…私たちはこの最初の出発点では、認識能力を理解し得るのみで、認識に属するような事実はまったく理解できない。[5]」（ibid.）

したがって、認識の起源は感覚それ自身というよりも、むしろ感覚の観念であり、事実は自我の現実存在とともに生じる。「私たちにとり原初の事実とは、まったくそれだけの感覚では決してなく、感覚の観念であり、それは可感的な印象が自我という人格的個人と符合する限りで生じる」（p.4）のである。

それでは、事実という資格を可能にする自我の現実存在とは、その最も基本となる性格とは何であろうか。この点について、「私たちは原因あるいは力の概念が自身の内に深く刻印されているのをまさに発見する。けれども、概念の以前に力についての直接的感情 (le sentiment immédiat de la force) があり、この感情は私たちの現実存在そのものの感情に他ならない」（p.9）と述べられる。

ここに見られるように、ビランは自我の現実存在を力についての直接的感情から導き出そうとするのであるが、力とはこの場合、「私たちを有機的身体に産み出されたある結果や運動に関わる原因であると感じることなく、私たちは自らを個人的な人格として認識することはできない」(ibid.) と言われるように、自我がその有機的身体に何らかの結果や運動を産み出すことと考えられている。そして、「一つの原因または身体を動かすことに実際に向けられる力についての感情は、私たちが意志と呼ぶ一つの働きかける力である」(ibid.) と言われるように、自我は意志であり、自我はこの働きかける力と同一であると見なされる。[6]

ただここで注意するべきは、「力の現実存在が自我にとって一つの事実であるのは、力が行使される限りであり、力が行使されるのは抵抗するか惰性的な項に適用され得る限りである」(ibid.) と述べられている点である。力はあくまで経験によって知られる所与であり、そしてこのような経験はその相関項の現前により始めて可能になる。「力はしたがってその適用される項との関係の中でだけ決定され、現実化する。同様に、適用される項はそれを動かし、それに運動を刻印するという傾向をもつ現実の力との関係の中でだけ抵抗し、惰性的であるとされる。」(ibid.) 力はまた即自的な所与ではなく、一つの関係、より正確には一方がなければ他方もないという相関関係なのである。

ビランは続いて、「運動を刻印する傾向という事実は私たちが努力、意志された活動、意志作用と呼ぶ事柄であり、この努力は内官 (sens intime) の真なる原初の事実であると私は言う」(p.10) と主張するとともに、「私たちの外官 (sens externes) それ自身も、最初の認識、最初の観念、すなわち感覚の道具となるためには、努力を産み出す同じ個人的力によって働かされる必要がある」(ibid.)とする。ここで、認識の秩序での内官の外官に対する優先性が確認される。[7]

さて、ここまでは『思惟の分解』で述べられた事柄の再確認と言えるのであるが、新しい展開はつぎのような言葉から始まる。「私たちがそのもとで内官の原初の事実を考察した観点では、この事実は必然的に因果関係の原理に基盤を提供する。なぜなら、原因についてのあらゆる抽象的観念あるいは因果関係のカテゴリー自身、その起源とその本性的基盤を、私たちの固有の力または私たち自身である努力についての意識以外に持ち得ないからである。ところで、因果関係の原理は、私たち以前にとても賢明な哲学者(Ancillon)が指摘したように、形而上学の父である。それはすべての原理の科学がそこで支えられる支点である。」(pp.10-11)

新しい展開というのは、認識の起源を探ることで発見した内官の原初の事実は同時に因果関係の原理の起源でもあり、《形而上学の父》であるこの原理の探究は、原理の科学を志すという意味でのあらゆる第一哲学の試みにその基盤を提供することができるという確信である。ここから、従来自我の分析の学であった心理学は、原因や因果関係という観念、概念を起源に遡って明らかにする学へと変化する。「心理学の主要な機能はこれらの事実(原因の観念の起源でもある内官の事実)をその源で確証し、そこに起源を持つあらゆる概念をその源から演繹することになるであろう。」(p.13)

そして、ビランがこのような心理学に基づいて最終的に到達しようとするのは、アプリオリな立場とアポステリオリな立場からする二つの哲学体系を調停し得るような新たな形而上学の構想である。[8]

この点について、まず対立する二つの哲学体系に関して、「これらの体系の相違は実際のところ、一方は私たちの語った、そして彼らが最初であると考える概念は魂の内にアプリオリに住み着き、経験から独立しているか、経験の以前にあることを望み、それに対して他方はこれらの概念が外的経験、つまり感覚それ自身により与えられた事実の一般化、抽象により演繹されることを望むという事態にある」(pp.13-14) と述べる。また、「これら対立する体系間に歩み寄りをもたらすためにするべきは何があろう。内官の原初の事実についてその本性を確証すること以外には何もない」(p.14) と主張する。

ところで、原初の事実はすぐれて人間の能動的能力の顕れという性格をもっている。したがって、対立する二つの立場を原初の事実という観点に立ちつつ調停することのできるような形而上学は人間の能動的能力の形而上学に他ならない。まさにこの観点は、「その真なる資格のもとで、人間精神の能動的能力を検証することで、私たちが体験する観念あるいは反省的概念に一つの起源を、自我の現実存在と人格性という事実そのものの中で割り当てる」(p.24) からである。

その一方で、因果関係もまた能動的能力に関わる、むしろこのような能力を最も端的に示す原理である。ビランの思索は人間の思惟能力を受動的と能動的という分類方法により理解することから始め[9]、自我を意志であるとする能動性の心理学を作り上げたあと、因果関係の原理を軸とする能動性の形而上学へ向かうと言うことができる。そして、このような学とは、「諸存在をその最も一般的な関係のもとで考察する学に他ならず」(p.25)、その最も一般的な関係とは、「あらゆる事柄に共通であり、私たちが事物と自身について形成する存在、実体、原因や力、数、空間、時間などのような観念すべてと切り離すことはできない」（ibid.）とされる。

調停的立場

（a）批判的継承

すでに言及したように、ビランが常に念頭に置いていたのはアプリオリな学説とアポステリオリな学説を調停する立場の構想である。この点に関して、「アプリオリな学説と外的な経験だけに基礎を置く学説を比較することで、私はこれら両極を和解させ、それらが持つ真である事柄を結びつけるにふさわしい中間の第三の観点がないかどうかを自問した」（p.67）と述べている。では、二つの学説の比較は具体的にどのように行われるのであり、これらの学説が持つと言われる真である事柄とは何であろうか。まずデカルトが、つぎにライプニッツが取り上げられ、続いてロックとコンディヤックが論じられる。

（b）アプリオリな体系

デカルトは「私がある、私が現実に存在するということは、それを言い、それを精神の内で思惟する時はいつでも必然的に真である」[10]と述べるのであるが、また「私はその本質あるいは本性すべてがただ思惟することである一つの実体」[11]とも言う。確かに、前者は私という主体が思惟する限りで現実に存在するという、主体と思惟との一つの結び付きを意味していると考えることができるのであるが、後者は主体が思惟をその本質、本性とする一つの実体であることを主張しようとする。

ビランは「私は常に思惟しているのではない。したがって、私は思惟する事物、あるいは思惟がその本質である事物として現実に存在しているのではない」(p.78) と述べる。また「デカルトはその出発点から して、内的感情の明証と理性による明証とを混同している」(p.79) と主張する。

デカルトが主体は思惟する限りで現実に存在するという、自我と思惟との単なる現象的結合[12]を確言するのであれば、この結合は内官の事実の中で直接に与えられる。そして、直接に与えられる事柄に推論は必要ない。「もし個人の現実存在が直接に知られるのであるなら、それは証明されるべきではない。そして、もし絶対的な現実存在が証明されるべきであるなら、それは直接には知られず、原理として役立ち得ない。」(ibid.) デカルトが思惟と思惟する事物の現実的で絶対的な存在[13]とのあいだに別の種類の結合を確立しようとするのであれば、それは事実の領域からまったく出て行くことになる。

このように批判的見解が示されたあと、つぎのように述べられる。「私たちに内的認識および私たちの中にある事柄、あるいは私たち自身である事柄についての直接的な意識的知覚と、私たちに外的である対象や事物の認識、知覚との区別をすることを教えたのはデカルト自身である。」(p.80)

ビランにしたがえば、思惟と自我の現実存在とのあいだに結びつきを見出した点にデカルトに帰すべき不滅の功績がある。そしてその誤りは、この内的認識に関して基盤となる事柄、つまりは原初の事実を探求することなく、それを思惟する事物の絶対的存在に基礎付けようとしたことである。

それゆえに、継承するべきは、「人間の精神自身の内にのみ科学の真なる諸原理を探す」（p.81）という教えであり、自我の認識つまりは意識の事実は対象の表象から区別され、切り離されることの確認である。そして、発展させるべき方向は、「実体の絶対的分離ではなく、外的と内的である現象のあいだ、またはそれぞれに特別にふさわしい能力のあいだにある本質的区別」（ibid.）を検証することである。

ライプニッツは「モナドの自然的変化は内的原因からくる」[14]、「実体は全宇宙をそれぞれの仕方で表現する」[15]と言っているように、モナドは変化への傾向を持ち、モナドの内部での変化は同じ瞬間に宇宙で起こっている変化に照応すると考える。それに対して、ビランは「（ライプニッツは）力という観念の起源にまで遡ることなく、抽象を補足しつつ、彼は絶対の中で、切り離されたそれぞれのモナドの本質をなすような原初的努力の概念を考える」（p.84）と述べる。

ライプニッツの体系では、あらゆる力は変化への傾向を持ち、モナドの内部での変化は同じ瞬間に宇宙で起こっている変化に照応し、それを多少とも雑然とした仕方で表象する。ここから、統一の中の多様に関して知覚と表象が生じるのであるが、これらの明晰さの度合いはモナドの本性に比例していると考えられている。ビランが問題とするのは、変化への傾向を持つという力は何に基づいて主張され得るのかが明確にされていないという点と、それぞれのモナドはその本性そのものに外的な何らの影響もなしに、それ自身の仕方で宇宙を表象することができるという発想である。

その一方でビランは、ライプニッツがあらゆるモナドに帰属する知覚（perception）と人間の魂にだけ帰属する意識的知覚（aperception）[16]をはっきりと区別していることを指摘して、つぎのように言う。「それ自身で出発点を提供する絶対的で無条件である現実存在あるいは力があるにもかかわらず、絶対的で変化しない思惟は決してない」（p.84）。また、「働きかける力と表象する力、あるいは働きかけながら表象する力は魂の本質を構成する。そしてこの力は量的変化を受け入れる。」（ibid.）

自我はすぐれて内的で意識的な知覚という性格を持っているというビランの立場からすれば、ライプニッツが意識的知覚は常に、そして本質的にすべての知覚に結びつく訳ではないと言う時、少なくともその念頭にはこのような知覚を内的な経験の事実と考える視点があったと考えることができる。このことは反省についても同様である。たとえば、ライプニッツは「必然的真理の認識とそれらの抽象により、私たちは反省的行為にまで上昇する。そして、それが自我と呼ばれるものを考えさせる……以下略[17]」と述べる。

しかしながら、ビランは「ライプニッツがその理論を打建てたのは、この事実とこのただ一つの経験の条件にしたがってでは決してなかった」（p.85）と考える。それゆえに、ビランが自身に課したのは、「基盤を提供することができた原初の事実にライプニッツの学説を差し戻し」（ibid.）、すべてのモナドに内在的な明瞭でない知覚と、それを判明な表象にまで至らせるために加わる意識的知覚とを、「意識の事実を一種の分解あるいは分析」（ibid.）することにより得られた二つの要素として理解するという課題である。

ただここで解決しなければならないのは、意識的知覚はどのようにして現れ、どこから到来するのかという問題である。ライプニッツの立場では、私たちはそれらをいつも意識的に知覚しているとは限らない無限の認識を持っている。したがって、意識的知覚は魂の内に潜在性として存在している認識が、それが顕在化するための機会をもたらす外的印象により、潜勢態から顕勢態へといわば状態の変化を起こすことにすぎない。[18] ビランにとっては、このような説明はやはり不十分である。ひとつには、明瞭でない知覚と意識的知覚の質的な違いが示されず、ひとつには、自我の果たす積極的役割が欠落しているからである。そして、後者の不備が最も重大であろう。

すでに明らかなように、この『試論』でいわば通奏低音となっているのは能動性という考えである。もとより、ライプニッツは人間の精神の働きを能動的と受動的という観点から区別するというビランと共通する手法は用いない。とりわけ力について言及しつつも、実際には能動性にはほとんど思いを巡らしてはいないと言える。したがって、意識的知覚を能動性との関連で理解し、能動性をその核心とする自我と結びつけて考えるという発想とは無縁であった。ビランがライプニッツの遺産を受け継ぎ、それを自身の望む方向へと向けるためには、やはり原初の事実に戻らなければならないのである。

(c) アポステリオリな立場

ビランはアポステリオリな立場を検討するに際して、nihil est in intellectu quod non prius fuerit in sensu という言葉を取り上げ、外的な経験だけに基礎を置く学説の基本的な特徴についてつぎのように述べる。「このような学説には、外的世界はそれについて説明することも、その実在性を検証することも問題とならないような原初の所与として現れるに違いない。」(p.94) また、「感覚は単純で分解不可能である。そして、感覚は最初の事実であり、知覚されたあらゆる関係が必然的に二つの項を仮定している最初の判断と同一視されることになる。」(ibid.)

すでに触れたように、ビランは事実には必ず二つの項が仮定されていると考え、この立場から〝単純な感覚は未だ一つの事実ではない〟と主張する。感覚の観念は一つの事実であっても、単純な感覚はそれとは異なる。ビランの立場がその根底でアポステリオリな学説という性格を持つとして、特に見落としてはならないのがこの区別である。

このことを確認した上で、つぎのような言葉を検討してみる。「ロックは言っているのであるが（そして学説のこの点は非常に注目に値する）、魂が感じる、または働きかけると言われ得るのは、感じ、働きかけるのは魂であると、魂が現実に意識的に知覚している限りである。」(p.94) この点については、たとえばロック自身は「どのような時に人は何らかの観念を持ち始めるのかを問うのは、どのような時に意識的知覚を始めるのかを問うことである[19]」と、また「観念を持つと知覚するとは、ただ一つにして同じ事柄である[20]」と述べている。

ビランはロックがベーコンの後継者であり、その学説は外的な経験だけに基礎を置くと見なしつつも、上に見られるような発言を評価し、「ここに純粋に反省的な観点が始まる。このような観点はデカルトの観点に立ち戻るのであり、もはやどのようにしてもベーコンの経験的な学説には属さない」(p.95) と述べる[21]。

その一方で、またつぎのように述べる。「人はどのような時に意識的な知覚を始めるのかという問題に真剣に取り組むことなく、ロックは魂が有機的身体と一つになるとすぐに、また魂が印象を受け取り、感覚するとすぐに、そのこと自身により意識的な知覚がおこなわれると仮定する。つまり、最初の感覚の中に構成された個人的人格があると仮定する。」(p.97) ビランの立場では、個人的人格は意志の働きにより始めて現れる。そのような意味で構成されるのであり、最初の感覚あるいは単純な感覚の中にいわば即自的に存在するのではない。この立場にしたがえば、ロックは十分に意識の事実を把握していないのであり、自我は解明されず、特にその起源が示されることがない。「ロックは感じ、思惟する実体という概念から出発し、この概念と意識の事実そのもの、あるいは自我という事実そのものを混同する…以下略。」(ibid.)

ビランはロックが外的経験をその主だった領域とする一方で、出発点である自我を内的経験に基礎づけることがなかったと考える。ロックの出発点を再検討し、アポステリオリな立場を継承し発展させるために、ビランはここでもまた原初の事実に差し向けられるのである。

立脚点と課題の確認

(a) 立脚点

アプリオリな立場とアポステリオリな立場を調停し得る立脚点は原初の事実に基づく心理学に求められる。そしてこのように言われる。「事実の科学の原理は一つの抽象ではあり得ない。もしそれゆえに、心理学を内的事実の科学と呼ぶならば、それは意識の事実の外部にあるコンディヤックの学説中にも、この同じ事実から抽象された一つの反省的要素であるデカルトの学説に基づいても確立され得ないと信じることができるであろう。」（p.99）

コンディヤックの学説は、「すべての私たちの認識、そして能力がどのようにして感官、より正確には感覚に由来するのかを理解させる[22]」というその目的自身が明らかにしているように、「魂がそのすべての認識とそのすべての能力を引き出すのは、魂を変容させる感覚からである[23]」という考えを一貫して主張する。これに対してビランは述べている。「コンディヤックは、私が思うに、以下のことにより不可能であるか矛盾する仮説を作りあげた。つまり、一方では魂に内在するとして、その発展において非常に実り豊かで、非常に豊かな感じるという能力を認め、他方ではこの魂の外部あるいは感覚を引き起こす外的対象の中に必然的な原因、ただ観念の形成だけではなく、また同様にすべて仮説にしたがって感覚から派生するあらゆる能力の発生の原理を割り当てるのである。」（p.101）

ビランはコンディヤックが感じるという能力、あるいは感覚というただ一つの起源からすべての人間の精神的能力を導き、外界の認識を説明しようとする時、「心理学の中に自然学者たちの方法を移入させるという手段の選択を余儀なくされた」（ibid.）と考える。ところで、ビランが《自然学者たちの方法》についてその特徴と見なしているのは、「結果のみ考慮に入れ、結果を生み出す原因や産出的な力を捨象するという手法」（ibid.）である。ビランの立脚点はまず原初の事実であり、原初の事実は意志という力の意識をその核心とするならば、コンディヤックの学説がその根底で立場を異にするのは明らかである。

続いて、コンディヤックがつぎのような分析の二つの様式を混同しているとする。「一つは、まったく人為的な事柄あるいは抽象的で複雑な概念に適用される様式」（p.102）であり、「一つは、精神が恣意的に変化させる力量を持たないと考える、事物の本性そのものにより結合した諸部分から構成されたまったく現実の事柄に適用される様式」（ibid.）である。前者は人間の精神が自らの選択による要素により、自分自身で形成した事柄であるから、問題となるのはそこで使われる概念をその使い慣れた要素に解消していくことである。それに対して、後者は全体を構成要素に分解することが求められる。

ところで、『試論』が全体として事実の分析から始まり記号の分析へと進むように[24]、ビランが遵守するべきと考えているのは、事実から論理へ、具体から抽象へという論の展開の手順である。この手順からすると、コンディヤックの感覚は実のところ基盤となる明確な事実を持たない一般的な概念であり、その内容は不確定であるということになる。なぜなら、感覚という用語で問題とされるのは、「一つの同じ抽象的様式が取り上げることのできる様々な性格または形式の分析である」（p.103）からである。

したがって、ビランはコンディヤックの学説を事実に基づかない、その意味で論理的な学説であるとみなすのであるが、「このようなまったく論理的な科学をくつがえすためには、コンディヤックの定義を論駁するだけでよい」（p.104）としたうえで、この論駁の具体的内容を、「悟性と力という本来の意味での能動的能力を、あらゆる感覚の外部で、コンディヤックが感覚の内部で把握されたまったく受動的な能力に帰しているのと同じ資格のもとに性格づけるだけでよい」(ibid.)とする。

そしてこの時には、たとえば注意という能力は感覚ではなくなり、「超感性的（supersensible）力の行使、あるいはそのような力に超感性的という性格を与える意志そのもの」（ibid.）となるであろうし、また記憶は「想起などをおこなう人格についての不変の感情を結びつけつつ、表象を呼び出し、生き返らせる意志という力」(ibid.) となるであろうと主張する。

コンディヤックに対する言及の最後に、ビランは自身の学説についてつぎのように述べている。「経験による事実の正確な分析によって、自我のない純粋に情動的な現実の様式があることを証明しつつ、コンディヤックの出発点あるいは感覚的要素は決して一つの抽象ではなく、むしろ単に生命的な動物の本性に属する事実である、けれどもそれは科学または科学にふさわしい能力のどれ一つに関しても派生の原理とはなり得ないであろうことを示した。」(p.108)

ここに見られるように、ビランはコンディヤックの批判をとおして、その遺産とも言える〝自我のない純粋に情動的な現実の様式〟の発見を継承しようとする。そして、課題となるのは、この発見を最も適切な仕方で自身の学説に取り込むことである。

(b) 課　題

調停的立場を求めるビランが常に抱いていたのは、「あらゆる形而上学の体系の対立と隔たりは、一方の体系は原初の事実についての実際の観念が持つ限界を越えてしまい、他方はこの限界に達しなかったことにより生じる」(p.110) という確信であった。したがって、特に以下の諸点が課題として課せられることになる。①哲学の出発点を意識、より正確には自我に置く。これはデカルトの原理であったが、デカルトはその根拠を意識の事実に求めず、思惟実体という未だ不確定で、曖昧な概念に結びつけてしまった。

②コンディヤックが出発点とした感覚、あるいは感覚的な要素は確かに一つの事実ではあるけれども、それにより認識を説明しつくすことはできない点を明らかにする。同時にまた、感覚的な要素は認識を構成する不可欠の所与であるとして、このような要素の本来の役割を確定する。

これらの課題に応えるのが原初の事実の分析、努力と抵抗という意識に与えられる最も基本となる合成体であり、一方が他方を支えるような二つの項からなる関係の解明である。ただ注意が必要なのは、ここで言われる二つの項は素材と形式という関係にあるのではないという点である。ビランは明らかにカントを思い浮かべてつぎのように言う。「(原初の事実に)二つの要素、すなわち素材をなす変化し多様な感覚による印象と、形式をなす一つにして同一の感覚に関わる意識的な知覚を認める哲学者たちは、実際のところ、ほとんど一種の名辞上または論理的な区別しか打建てない。」(p.115)

原初の事実の分析

(a) 努力

まず、分析を始めるにあたって、「私はデカルトの原理 je pense, j'existe を再び取り上げる」(p.117)と言われるのであるが、厳密な意味でのデカルトの原理ではなく、ここにはすでにビランの立場からの修正が加えられているのは明らかである。je suis ではなくて j'existe とすることで、問題となるのはあくまで自分自身の現実存在である点が示される。

そして、ビランはこのような現実存在を構成する思惟は、「その起源において活動の感情または意志された努力の感情と同一化されている」(ibid.) のを発見し、この努力が「原初の事実あるいは私が探し、私が分析することを求められている基本的様式であろう」(ibid.) と述べる。

続いて、「意志された努力、直接に意識的に知覚された努力は明らかに個体性、自我、内官（内感）の原初の事実を構成する」(p.118) と、また「今後はこの内感をより明らかな仕方で努力感 (sens de l'effort) という名称のもとで性格づけよう。そこでは、原因や産出的な力は、自由に努力をする主体とその固有の惰性により直接に抵抗する項とのあいだに確立される区別というただ一つの事実により自我となる」(ibid.) と言われる。

原初の事実は努力をその基本的様式とし、そして努力は私の現実存在すなわち自我を構成し、内官に与えられることで同時に内感、最も直接的な所与となる。ただ、努力はそれだけで単独に現れるのではなく、それに抵抗する項との区別により一つの事実となるのである。

ところで、コンディヤックに関してすでに述べられたように、ビランは感覚的な要素、あるいは自我のない純粋に情動的な様式を一つの事実であるとして認めることを明言している。したがって、問題となるのは原初の事実と純粋に情動的な様式との関係である。これについては、「時間の秩序においては、感覚的存在の誕生、最初の本能的決定、要求、そして情念が行動とは異なるように、厳密な意味での意志することとは異なる欲求そのものの後に、意志的努力、自我の起源があり得る」(p.128) と言われる。

このように、時間の秩序が取り上げられ、両者は前後関係にあるとされる。しかし、当然ここで、ビランが意識される知覚とともに、意識されない知覚があるという考えをライプニッツ[25]から継承していれば、原初の事実と純粋に情動的な様式は、意識と無意識、顕在性と潜在性、図と地との関係ではないかといった発想により議論を発展させる可能性[26]があったのではないかという疑問が生じる。この点に関して興味深いのは、「先の心理学的観点は完全に生理学的仮説と一致し、前者は後者を透かし写したと思われる」(ibid.) という言葉である。

この生理学的仮説については、「始めに末端神経に与えられた印象が直接に感覚と運動の中枢に伝えられる時、この中枢はすぐに神経器官に反作用し、そこから感覚が生じ、つぎに運動器官に反作用して、運動と筋収縮 (contraction) が生じる」(ibid.) と述べられている。ビランはその最初の主著とも言える『習慣論』の執筆に際して、観念学と生理学とを結合させるという意図を持っていたのであるが、一〇年以上時が隔たり、使われる用語は心理学的観点と生理学的仮説と変わっても、基本的立場は変化しない。

したがって、援用されるべきは生理学的仮説であり、この方向に議論は進み、「私たちは筋収縮の三つの様式、三つの種類を区別することができる」(p.129) として、つぎのように述べる。「一つは可感的な有機体の筋肉の収縮であり、これには意志はまったく関わらない。動物的と呼ばれる第二の様式では、この意志という力は従属的仕方で働く。最後に唯一意志的と呼ぶことができる第三の種類があり、ここでは固有の意味での意志があらゆる主導権を握り、働きかける優位を保つ。」(ibid.)

そして、問題となるのはこれら三つの様式や種類の持続であり、同時性ではない。「生命活動 (vitalité)

の中で、単純ではあるけれども人間であることで二元的(double dans l'humanité)[27]となるよう運命づけられた存在の、進歩の非決定なつながりにより、本能の他を寄せつけない支配権が終わり、能力の別の秩序に合流する時期が到来する」(p.133)と述べられているように、進歩により時期が区画されることが主張される。ただ、ここで〝人間であることで二元的〟と言われる点に注目し、この二元的とは、本能と意志の重なり合いと考えれば、ビランは同時性をいわば自明の事柄と見なしていたと推測でき、このような姿勢が同時性を問うことを遠ざけたとも言える。

ところで、本能と意志が運動あるいは筋収縮の二つの要因であるとして、ビランは三つの様式、種類に言及しているのであるから、当然もう一つの要因が問われなければならない。これに関しては、「(本能がおこなうのと)同じ運動が中枢に固有の、また中枢により開始される働きかけにより決められることができるであろう。それゆえ、運動は本能的であったのが自発的になる」(p.134)と述べられる。

ここで、先に〝本能の支配が終わる時期が進歩により到来する〟と言われた時の、進歩の意味が明らかになる。進歩とは、自発性(spontanéité)の獲得に他ならない。そして、この自発性が第二の要因として第一と第三の要因(本能と意志)を媒介することになる。「この自発性は未だ意志または努力という能力ではない。しかし、魂の超有機的力の直接の相関項または固有の道具である中枢の働きかけの自発性により、意志に直接的に先立つ」(p.134)のである。

さて、ビランは一方で人間が二元的であることを強調しつつ、他方でこの二元性の構成要素である本能と意志との間に自発性を置く。実はここに、ビランの哲学的苦心が表れていると言うことができる。つまり、もし人間に本能と意志という二つの要素しか見出せないとしたら、有機的力である前者から超有機的力である後者はどのようにして生じるのか、このことの説明は不可能となる。あえて説明をおこなおうとするならば、意志をある種の生得的能力であると仮定することを強いられる。そして、ここでビランが最も避けなければならないのは、まさにこの事態なのである。

このようにビランにとり、自発性という考えは極めて大きな意味を持っているのであるが、このことがまた本能と意志を特に持続において理解し、その同時性を軽視する姿勢を導いているとも考えられる[28]。たとえば、「運動性の仲介的様式は、私たちが個体であるという原初の事実を結びつけることができると信じる最初の条件である」(p.137)と述べつつ、「本能から自発性への移行、自発性から一人の人間、自我を構成する意志への移行」(ibid.)を「順序(ordre)あるいは進歩のつながり(serie des progress)」(ibid.)と呼んでいるのである。

(b) 相関項

原初の事実を構成する一つの要素、あるいは一つの項となるのが意志、または意志された努力であるならば、次に解明されるべきはそれに対する相関項である。この課題には、まず「自我の外部、意識の原初の事実を補完する個体性の基本的関係に属する第二項は何に存するのかを言わなければならない」(p.139)と述べられる。

ここで大切なのは、〝自我の外部〟という表現である。つまり、自我は意志、努力に他ならないとしても、これらはそれに対する抵抗があって始めて現れるのであり、自我は一つの関係なのである。したがって、原初の事実を構成する限りでは、自我の外部は外部であって外部でないという性格を持つ。言い換えるならば、狭義の自我は意志、努力であるとしても、広義の自我は、そしてこれこそが現実に具体的に存在する自我なのであるが、この外部を包み込んでいるのである。

それでは、このような外部とは何か。ビランは「この具体的事実（原初の事実）を外的知覚において把握する人々にとっては、変化する第二項は常に心像や空間に表象された対象であるから、このような人々は二種類の外部、二つの対象、二つの要素的項があり得ることを考えない」（ibid.）と述べる。そして、二つの要素的項について、「一つは内的で直接的な意識的知覚に関わり、他方は直観または外的知覚に関わる」（ibid.）とする。

したがって、ここでは外部として身体が考えられ、身体が二つの要素的項という視点から理解されていると言うことができる。ビランは身体が二つの性格を持って現れると見なす。一つは主観的であり、他方は客観的あるいは対象的である。この区別について、ビランは「感じ、運動する存在が原初的にその固有の身体について得る二重の認識」（ibid.）に基づくとするのであるが、自らの身体こそが「同時に内的な意識的知覚の原初で真に要素的な項と、表象の外的で合成された二次的項であり得るようなただ一つの事物」（ibid.）である。

原初の事実を構成する一つの項を身体であるとし、同時に身体を主観的と客観的という両義性において把握する立場が、まさにアプリオリとアポステリオリな二つの立場を調停する可能性を与える。ビランがデカルトの方法を継承し、自分自身の内に降りていく時、発見するのはcogitoではなく、身体をその不可欠の要素とする自我であり、また身体は自我を構成するとともに自我の対象でもある。

したがって、ここでは意識の明証性と実在の明証性が二つながらに獲得されるのであり、このことの保証が原初の事実に他ならない。アプリオリな体系が意識の明証性から出発しつつ、意識の明証性に実在の明証性を従属させる立場であり、後者を前提にして成立するのがアポステリオリな体系であるとするならば、ビランの体系は意識の明証性と実在の明証性をともに出発点とするのである。

身体から実体への移行

(a) 身体の認識

身体を両義性において把握する立場が示された後、取り上げるべきは、このような身体の認識という問題である。すでに努力に関わる感官は内官（sens interne）であると明言されているのであるが、あらためてつぎのように言われる。「私たちが努力に関する感官と呼ぶ内官は、意志の行為にしたがう筋肉あるいは移動運動の体系のあらゆる部分にまで拡がる。」（p.139）内官の活動領域に含まれる、または内官の活動と結びつく事柄は例外なく意識の事実と見なされ得るとするならば、身体は努力の相関項である限り、内的である意識的な知覚に固有の対象である。

この点を再確認した後、ビランはここでライプニッツが延長を抵抗する空間的連続（continuatio resistentis）と定義したことを取り上げ、「この定義は、著者の考えでは、触覚と視覚の結合に現れるような外的な延長に適用されたのであるが、それ以上に内的で直接的である意識的な知覚を包括している」（p.141）と述べる。この言葉がライプニッツの定義を身体の認識に適用するために言われているのは明らかであり、ビランは身体をデカルトとは異なるむしろライプニッツの意味で延長と理解していたのである。では、このような身体の認識はあらたに何をもたらすのか。

まず、私たちの外的な移動運動がおこなわれる空間は「対象の直観の場所であり、そのもとに表象された何らかの事物があるような形式あるいは必要条件である」（p.142）と言われる。そして、自我とは区別されるけれども、切り離されない身体は直接的で意識的な知覚の対象であることが確認されつつ、この身体についての研究は「あらゆる内的印象の場所であり、内的印象は自我によりこの局在的形式のもとでしか知覚され、また感じられることはできない」と言われる。

したがって、内的印象は身体の認識により始めて明晰になるのであり、このことなくしては不明瞭なままにとどまる。ビランは身体の認識を内的印象の局在的形式と考え、人間の認識作用全体での身体の役割を積極的に考える。この意味で、身体の介在が認識を混乱させるといった考えとは正反対の立場に立つと言うことができる。そして、このような立場を可能にしたのは、原初の事実は意志という超有機的力とそれに対する抵抗である有機的身体との関係に他ならず、この関係の意識においては、自我と身体は区別可能であるけれども、分離不可能であるということの確認であった。

この点については、特にスピノザへの言及がおこなわれる。「スピノザが魂についての意識は身体についての直接的観念に他ならないと、また意志は身体的な決定と努力でしかないと言っているのは、意識の同じ事実の二要素が常に区別可能であることを観察しないで、分離が不可能であることを考慮したからである。」(p.142, note)

(b) 実体の観念

実体の観念を考察するにあたって、ビランはその予備的作業として、生得観念の批判から始める。「生得的な何らかの事物を仮定することはあたかも分析の死と同じである」(p.154) という言葉が最初に言われる。ビランの立場では分析という思惟の働きがきわめて大きな意味を持つことはすでに多くの個所で確認されてきた。したがって、生得観念はまず徹底して斥けられることが明言されていると言える。この点はつぎの言葉によっても裏付けられる。「このような仮定はより先まで遡れないと感じ、事実の連鎖を終了させ、それを支える点なしに放擲し、空虚の中に漂わせるままにしようと決めた哲学者の絶望の一撃である。」(ibid.)

では、どのようにして生得観念を斥けるのか。この問題はこのような観念の仮定に導かれる原因の解明により答えが見出せる。そして、ここでもデカルトとライプニッツが取り上げられることになる。

デカルトは「悟性と意志さえも受動的と考えることで、変容を受ける実体、つまりデカルトが身体あるいは延長実体に対立させる魂または思惟する事物という観念から出発する」(p.155)。その一方で、ライプニッツは「力の観念をその出発点とし、それをライプニッツの学説すべてがそこで推移する支点とした」(ibid.)。前者は実体、後者は力を出発点とするという違いを認めつつ、ビランがいわば躓きの石として両者に共通する特徴と考えるのは、両者ともに絶対から出発しているということである。[29]

ビランの立場では、絶対は内的と外的とを問うことなく経験に与えられることはない。そして、出発点は経験に置かれて始めてその基盤を獲得し、本来の意味での支点となることができる。[30] したがって、絶対から出発する時にはすでに基盤が失われているのであり、ここで生得観念が要請されることになる。

デカルトが実体の観念、ライプニッツが力の観念から出発するのに対して、ビランは原初の事実から出発する。ところで、生得観念を要請することなく、ビランは実体と力の観念に至ることができるのであろうか。言葉を換えれば、経験に基づきながらこれらの観念の生成を説明できるのであろうか。生得観念の論駁に十分な説得力を持たせるためにはやはりこの問題を解決しなければならない。

最初に「力の観念は実際のところ、本来努力をおこなう主体の意識においてのみ把握されることができる。この観念はまったく意識の事実から抽象され、外部に移され、まったく元の基盤から位置を変えられている時でも、常にその起源の刻印を保持している」(ibid.)と、続いて「実体の観念はその起源でより雑多な要素から成り、また同じように意識の事実あるいは原初的二元性の二要素のそれぞれから派生し得る」(ibid.)と言われる。また実体の定義に関しては、「この用語は存続するもの、あるいは多様な変容のただ中で同一のままであるものと、これらの思惟された変容のもとでこれらに共通の結びつきを提供するものに同時に関係づけられる」(ibid.)と述べられる。

ビランがきわめて伝統的な実体観を持っていたことは容易にうかがわれるとして、特に注意を惹くのはつぎの言葉である。「あらゆる変化の中にあって存続するもの、それはその二つの項（力と抵抗）において同一のままである努力の全体的様式である。したがって、私たちは努力の全体的様式をデカルト主義者たちの表現にしたがって、真の実体的様式（véritable mode substantiel）として把握することができる。」（ibid.）

ここで二つの、しかしながら密接に関連した大きな問題に遭遇する。一つは、力と実体の観念はその起源を努力する主体の意識、あるいは意識の事実に求めるべきであるとして、この起源からどのようにしてこれらの観念が生じ、最終的に絶対として把握されるに至るかが説明されていないのである。たとえば、「もし私たちが自らに固有の力の意識、努力をおこなう自我の感情から、一つの実際におこなうこと、いうなればこれら働きかける力の素材を捨象するならば、絶対的あるいは可能的力という観念または概念を持つであろう」（p.157）と言われ、抽象や捨象すること（abstraire）が言及されることはあっても、それ以上に具体的な説明はなされない。

また他方で、「原初的二元性、あらゆる科学の共通の起源から出発して、その二つの要素を可能な限り分離し、抽象することで、私たちは主観的要素、つまり力のあらゆる観念の範型を心理学または私たち自身についての科学の原理と見なし、客観的あるいは物質的要素、すなわち実体（したがって個別的相対から一般的絶対に移行する）に関するすべての観念の範型を自然学や自然の科学の原理と見なす」（ibid.）と述べている。しかし、あらたに分離する（séparer）という言葉が使われるにしても、説明は、特に実体の観念に関してはやはり十分であるとは言えないであろう。

本来、原初的二元性は経験の領域に属し、実体の観念は経験の領域の外部にあると考えられていた。それに加えて、ビラン自身が言っているように、前者は個別的相対であり、後者は一般的絶対である。したがって、両者は判然と区別されるべきであり、分離や抽象と言った精神の働きにより簡単にこの区別を越えてしまうのはあまりに安易にすぎると言える。

もう一つの問題は、ビランが努力の全体的様式を真の実体的様式と呼ぶことである。すでに何度か繰り返して指摘したように、原初の事実はあくまで経験において与えられるのであり、仮に努力の全体的様式が変化の中で存続し、力と抵抗という二つの項において同一であるとしても、それはまさしく常にその起源である個別的相対という刻印を保持しているのである。ここでもまた原初の事実と実体の区別が安易に越えられている。

ビランによるアプリオリな体系とアポステリオリな体系を調停するという試みはある程度までは成功したと思われる。一つには、デカルトにより実体とされた自我を意志と身体との相関関係として理解し、またライプニッツの力という観念の起源を意志する主体が自身について持つ意識に置くことで、アプリオリな体系に経験という地盤を取り戻したからである。他方では、ロックの自我が内的経験に基礎づけられていないことを指摘し、コンディヤックに対してはその感覚が不確定の内容しか持たないとすることで、アポステリオリな体系から経験に基づかない要素を取り除く方向を示したからである。

このような試みを可能にした原初の事実は、『思惟の分解』では自我の規定という性格を強く持っていたのであるが、『試論』ではより大きな構想のもとで理解され、この意味で明らかな発展が示されていると言える。しかし、原初の事実を起源として実体の観念の生成を説明しようとする試みは説得的とは言えず、特に身体の認識から実体の観念への移行については十分に説明されていない。

ビランは『諸関係』では、認識とは区別されるけれども認識を補完する役割を果たす信認（croyance）という考えをあらたに導入し、実体の観念をこの信認の働きと、つぎの章で論じる因果関係の原理の適用により説明しようとする。このことからすれば、『試論』は後の発展を準備すると言うことができる。

いずれにしても、ここで一つ確認できるのは、ビランの思索の原動力であり、実体の形而上学への移行の主導動機となっているのは、アプリオリな体系とアポステリオリな体系を調停しようという構想であるという点である。

ところで、ビランはこの『試論』では実体の観念という問題には上で述べた以上に立ち入ることなく、以下のような言葉を述べ、つぎの課題である因果関係の問題に進む。「アプリオリな概念というあらゆる神秘は内的経験という松明の前で消え失せる。そして、内的経験は私たちに原因の観念はその原初にして唯一の範型を自我感の中に持つ、また自我感は努力感、つまりその起源ではたいへん明晰であるけれども、心像の前では一時的に消え、心像と結びつくことで変質するような範型と同一であることを教える。」

(p.161)

因果関係

(a) ヒューム批判

ここでは最初にヒュームの因果関係に対する考えが検討される。ビランはまず、「ヒュームは因果関係の原理の、あるいは自然の現象のあいだにある必然的結合の基礎を探究するという目的を持つ論考の中で、その懐疑的逍遥中に、私たちが確立しようとしている観点に遭遇した」(ibid.) と述べる。

ここで言われる観点とは、「因果関係の原理が極めて特別な意味を持ち、同時にこの原理の基礎は外的経験に置くことができない」(ibid.) と考える立場である。したがってビランによれば、ヒュームは「動力因や必然的結合という観念は、身体の諸機関とか精神の働きに対する私たちが意志に帰属させる固有の力、影響力についての内的感情に基礎づけられるかどうかを知る」(ibid.) という問題を提出する。基本的理解の枠組みがこのように設定され、つぎのような要点が取り上げられる[31]。

①まず、ヒュームの「意志作用の身体器官に対する影響はあらゆる他の自然の働きと同様に、経験により知られる一つの事実である」という言葉が議論される。意志作用が経験により知られる一つの事実であるというのは、まさにビランの言う内官の事実と同じ事柄であり、この点は二人の哲学者の遭遇であると言える。問題となるのは、意志作用と自然の働きを同列に置くという発想である。ビランは「意志作用と

いう働きと自然の現象とのあいだには、自由と必然、能動性と受動性とのあいだのように、真の対照がある」(p.162)とし、自我においては外的自然の働きとは独立した意志の働きと、それについての内的な意識的知覚があり得るという自身の立場を再確認する。そしてヒュームについて、「外的経験の所与と法則との価値と内的経験のそれらを同じに扱うことで、最初の歩みから、探している事柄を見出すことを放棄している」(ibid.)と述べる。

②つぎに、ヒュームの「私たちは原因というエネルギーの内に、結果を予見することは決してできなかった」という言葉に対して、意志の働きにおいては、「原因というエネルギーは成功の一種の予感、または予見をともなっていなければならない。さもなければ、単なる欲求だけがあり、意志は決してないことになるであろう」(ibid.)とする。ビランの考えでは、意志に基づく行為を単純な反作用から区別するのは、意志的行為にともなう結果の予見可能性であり、またこのような予見可能性は意志の能動性を本質的に他と区別する性格でもある。

③ここで問題とされるのは、ヒュームの「私たちは意志的運動が生み出される仕方を永遠に知ることがないように運命づけられている」という断言である。ビランによれば、「(ヒュームは)私たちは意志的運動が生み出される仕方を知ることがないというよりも、むしろこのような運動についての直接的感情を持たないと言うべきであった。」(p.163)なぜなら、何らかの事柄についての直接的な感情があってはじめて、その事柄が生み出される仕方を探るという行動に至るからである。したがって、努力についての直接的感情を原初の事実であるとするビランの立場では、ヒュームはここで一つの大きな誤認をしたことになる。

ところで、もし意志の働きが直接に感じられるとするならば、それにより生み出される結果もまた直接に感じられるか、または知られるのでなければならない。あらゆる能力はその結果に関係づけられるからであり、またその逆でもある。「一つの能力、原因を知ることは、その原因の内に結果を生み出すように仕向ける状況を発見することである。」（ibid.）このような原因と結果の相互関係の理解は二人の哲学者が共有するところである。[32]

ビランが決定的な相違を見出すのは、ヒュームのつぎの言葉に対してである。「私たちは何らの同様な関係を自身の内に発見しない。なぜならば、意志が私たちの四肢の運動において働かせると見なされている神経と筋肉の内的動きのすべてについて、私たちはどのような認識も持たないからである。」ヒュームの立場では、意志という能力はそれ自身において、またその結果の内に感じられることはあり得ない。また、原因と結果のあいだに確立される必然的結合の原理とはなり得ないのである。

この見解に対するビランの批判は一つの点に絞られる。「すべてこの推論は、二つの種類の認識あるいは経験のあいだにあらかじめ設定された人を欺くような符合に基づいている限り、根拠が希薄である。」（ibid.）そして、ここで言われる二つの種類とは、「外的と内的（l'externe et l'interne）」（ibid.）という種類である。ビランの立場では、意志による四肢に対する能力の行使は疑い得ないまでに明らかに知られる。ただこの場合、意志能力は内部で（en dedans）感じられる、または意識的に知覚される限りで知られるのであり、外部で（en dehors）表象されるのでは決してない。

したがって、外部での表象のみを考慮し、外部に現れた運動を意志という原因の結果であると考えるならば、原因は結果の内に知られ得ず、その逆もまた同様である。なぜなら、ここで言われる原因と結果は異質な二つの概念であり、前者は内官に、後者は外官に基づくからである。ビランは例を挙げて、「仮に、私たちが網膜の神経と光源を表象するとしたら、私たちはもはや色彩を見ることはないであろう」（p.164）と述べ、「このように、固有の意志作用の隠れた力を客観的に認識するためには、自分自身であると同時に他者でなければならない」（ibid.）とする。

では、原因と結果という因果関係の二つの項に同質性を取り戻すのにはどうしたらよいのか。ビランは「意識の事実に再び入り込む」（ibid.）ことであると主張する。つまり、ビランによれば、意識の事実においては、努力をおこなう主体は自身を運動の原因として内的に把握し、運動は同時にその結果として感じられ、また表象されるのではなく、意識的に知覚される。したがって、努力という一つの能力についての感情や内的認識を否認するのは、「主体の現実存在全体を否認する」（ibid.）に等しい。そして、ヒュームの主張はまさにこの否認に他ならない。

④最後にヒュームのつぎの言葉が検討される。「私たちは身体の運動を生じさせる時、また四肢を様々に機能させる時、実際にはどのような能力も感じない。それゆえに、力と能力の観念は何らの内的な意識からも派生しない。」この意見に対しては、ビランは「ヒュームとともに、私たちは努力あるいは運動能力の感情が現実に存在することを疑問視したり、否定したりするであろうか」（p.165）と述べ、すべての人間は麻痺といった特別の状態に置かれている場合を除いて、身体を動かそうとする能力や実際に働いている原因についての感情を持っているという従来の主張を繰り返すにとどまる。

けれども、注意するべきはつぎのような発言である。「確かに、習慣により最も必然的に惹き起こされる結果は、常に反復される運動や行為すべてについての固有の感情を弱め、感じられないまでに破壊することにある。」（p.166）ビランは目が慣れ親しんだ色調の光はもはやそれ自身では知覚されず、その光が照らし出す様々な対象によってのみ知覚されるようになるという現象を例にして、またつぎのように述べる。「努力感が習慣により弱められ、それとともに能力についての、また意志と生み出された運動のあいだの因果的で、原初の結合についての感情が弱められるにしたがって、外的対象あるいは外的な感覚の原因がより影響力を持つようになる。」（ibid.）

ところで、ヒュームは「しばしばの反復の後、私は発見するのであるが、対象の一つの現れに基づいて、心は習慣により、それにいつも付随する対象を考えるように決められる。そして、その対象を最初の対象との関係という理由により、より強い光において考察する。したがって、私に必然性という観念をもたらすのは、この印象あるいは決定である[33]」と述べている。

ヒュームの立場では、ある対象どうしが常に結びつき、連続と隣接という関係にある時、この関係が絶えることなく類似するならば、必然性や力、あるいは効力といった観念はこの類似から生じる。また、類似は対象そのものに何か新しい性質を付け加えることはないので、類似を観察することが心の内に新しい印象を生み出し、この印象が範型となり、必然性という観念が生じる。「必然性はこのような観察の結果であり、心の内的印象、私たちの思惟を一つの対象から他の対象へと運ぶ決定以外の何ものでもない。[34]」そして、ここで言われる決定（determination）、または一つの対象から通常それに続く対象の観念に移行する傾向（propensity）は習慣（custom）によりもたらされる。

このようなヒュームの考えに対して、ビランは「ヒュームが力と必然的結合についてのあらゆる考えの形成に対する独占的で、非常に人を惑わす影響を帰属させたのは同じ習慣であり、私たちを最も共通に原因の観念の起源と、その適用の原理そして現実的基礎について盲目にするのに役立つのはこの同じ習慣である」（ibid.）と述べる。

ビランが力という言葉に結びつく観念の真の起源は、意志が身体に対して働きかける能力の内にあり、このような能力は意識に最も直接に与えられる事実であると考えるかぎり、力の観念の起源を心の内に生じた傾向に求めようとするヒュームと相容れる余地はない。この点は明らかであるとして、問うべきは、正反対とも言える考えは何に由来するのかという問題である。

そして、ビランとの比較で特に興味深いのは、ヒュームのつぎの言葉である。「観察することができるのは以下のことであろう。私たちが心と呼んでいるのは、異なる知覚の積み重ねまたは集合以外の何ものでもなく、またこのような知覚はある関係により一緒にまとめられ、誤ってではあるが、完全な単純さと同一性を備えているとみなされている。[35]」

ここで特徴的なのは、ヒュームが知覚と言う時、知覚という働きではなく、知覚という結果が考えられていることである。したがって、心には機能としての知覚があるのではなく、機能した知覚の結果があるにすぎない。この意味で、心はまったく受動的であると理解されている。では、知覚するという働きはどこに、また何に求められるのか。もし、心の内に求めるのであれば、心に一つの能動性を認めることを余儀なくされる。

それに対して、ビランが自我の核心は意志であると言う時、念頭に置かれているのは意志という働きであり、意志の結果では決してない。自我は能動性をその特徴とするのであり、意志を能動的働きと考えることではじめてそこに力の観念の起源を置くことが可能となる。ビランはある実在が十全に与えられるのは思惟能力が能動的な場合であると考えるのであるが、(36)意志は能動的であるがゆえにそれに対する抵抗としての身体の実在性を確認し、反対に身体の実在性はそれに働きかける力の実在性を確認させる。

二人の哲学者の内、一方は自我をすぐれて能動的であると考え、他方は心に受動性を見出そうとする。ここから相容れない二つの立場がいわばその帰結として生じる。ただ、注意が必要なのは、ヒュームのつぎのような発言に対してである。「実在に関するすべての私たちの推論は因果関係に由来する。そして、因果関係に関するすべての私たちの推論は経験された事物の結合に由来するのであり、どのような推論や反省からも由来しない。(37)」

この発言で大切なのは、ヒュームが実在認識の基礎は因果関係にあるとし、また因果関係という観念そのものは心の内に習慣により形成された傾向であるとしつつも、その基礎はやはり経験された事物の結合(the experienced conjunction of objects)にあるとしている点である。

ビランは因果関係という原理を特に外的な事物の認識に適用しようとするのであり、(38)その原理の範型を意志作用という自我の内的経験に置きつつも、その適用に関しては常に外界を視野に置く。つまり、因果関係は自我を出発点として、外界へと展開していくのである。それに対して、ヒュームは因果関係の基礎は外的な事物にあるとしつつ、それが形成されるのは心の内部であるとする。しかし同時に、実在認識にこの関係を適用しようとする。

では、ヒュームはなにゆえにこのような迂路を必要としたのであろう。ここで、ビランのヒューム批判の始めに戻ることになる。ビランが当初ヒュームに期待したのは、因果関係を意志という力についての内的感情に基礎づけるという姿勢である。しかし、この期待はいわばビランのない物ねだりである。なぜならば、ヒュームにとっては内的であることはすなわち実在性の欠如であり、実在性の保証は外的であることによりおこなわれる。したがって、因果関係からその実在性を消し去るために、内部つまり心の内に戻らなければならなかったのである。

ビランの立場では、実在性は内部と外部の双方により保証される。むしろ、因果関係に関しては内部にこそ実在性の基礎づけを求めるべきである。この立場からすれば、ヒュームは内部と外部を混同しているのである。けれども実際は、ヒュームが明確に両者を区別していることは疑い得ないのであり、ビランがヒュームの考える内部を理解しなかったか、あるいは自身の考えを強引に読み込んだと解釈するべきである。そして後者の場合、ここには、意識の明証性と実在の明証性をともに受け入れようというビランの折衷的立場の一端が強く表れていると言えるのである。

（b）自我の同一性

ビランは因果関係という観念の起源を自我に求めようとするのであるが、やはりその場合、自我についてのより詳しい記述が必要となる。この課題に対して、まずコンディヤックを取り上げ、「感覚において同時であり、多様である事柄は、思惟においては継続的になり、思惟はこの継続そのものとともにのみ始まる。コンディヤックはこの成り行きをとてもよく理解し、表現した。けれども、あらゆる継続は最初の項を持たなければならない。ここではそれは何か」(p.175) と述べる。

ここでビランの言う〝感覚において同時であり、多様である事柄〟とは、引用個所のすぐ前で、「すべての一つの生命がそれにより構成される混乱した印象の多様性は共在し、同時に感じる能力を持つ存在に影響を与える」と述べられているように、印象であると考えられる。また同じ個所で、「印象のそれぞれに対しては、ただ一つの意識的な知覚という行為がある」と言われるように、ビランは思惟において印象は継続的になると、あるいは思惟は印象の継続により開始すると考えていた。したがって、問題となるのはこの継続そのものの開始である。

このことについて、コンディヤックはたとえば、「私たちの像はばらの香りはカーネイションの香りではないと意識的に知覚することなく、前者と後者に同時に注意を払うことはできない(39)」と述べている。一つの感覚（この場合は嗅覚）だけが与えられている像という仮説により、私たちの認識の成り立ちを説明しようとする時、コンディヤック自身も意識的な知覚により印象が継続的になり、それにより思惟が開始すると考えていたと思われる。ビランが問題とするのは、コンディヤックがこの意識的な知覚の開始について言及していない、つまり思惟の開始を告げるという継続の最初の項、継続そのものを開始させる動因に触れていないという点である。

確かに、コンディヤックは「像が香りを放つ物体に向けた注意が香りを感じさせ続ける。そして、注意がそれ自身多少とも明敏であったならば、香りの印象は幾分強いまま残る。これが記憶である」[40]と述べ、記憶がここで言われる動因であるという考えを示唆している。しかし同時に、「記憶は感じることの一つの仕方にすぎない」[41]と断言しているように、記憶に対してそれを他と区別するような固有の性質を認めている訳ではない。「感じるという能力には二つの働き方があり、一つは現にある感覚に、他はもはやないけれどもその印象が残っている感覚に関わる」[42]として、記憶はまさに後者に他ならないと主張する。

これに対して、ビランは継続を開始させる動因を問うならば、「私たちは人格的な個人の起源に遡るのであるが、それはまたあらゆる統一という観念の起源でもある」（ibid.）と述べる。ここで〝人格的な個人の起源（l'origine de l'individualité personnelle）〟という言葉が使われるのであるが、この言葉は意志を意味していると思われる。なぜなら、「あらゆる統一と同様に、あらゆる同一性のおおもととなる固定した、ただ一つの類型は自我に、あるいは自我を構成する意志という行為に見出される」（pp.175-176）と述べているからである。

したがって、ビランは思惟の開始となる動因をやはり意志に見出していると言うことができる。[43]言い換えるなら、自我の能動性が動因と考えられているのであり、この立場からすると、コンディヤックには能動性の理解が欠けていたのであり、受動的感覚に終始したのである。そして、ビランは論を進めて、自我の能動性は自我の同一性、自我の統一という観念の起源であると主張する。またここでも、自我が意志と抵抗という区別されるけれども切り離されない二つの項からなることを確認して、「実際、努力する主体に抵抗する有機的項を変えるならば、もはや承認される同一性はない。有機的項をそのままにして主体を変えるならば、やはり同一性はないであろう」（p.176）と述べる。

つぎにロックについて言及され、自我の同一性が論じられる。ロック自身は「意識は常に思惟することにともなっている。そして、どの人をも自我と呼ぶものであるようにし、したがってある人自身を他のすべての思惟する存在から区別するのはこの意識である。人格的同一性はただこのことの内にある[44]」と述べ、人格的同一性を意識に帰す。また、「ある人を自身に対して自身であるようにするのは同一の意識であるから、人格的同一性は同一の意識にのみ基づく[45]」と主張する。

ビランは結論として、「ロックは非常に適切に、人格的同一性は意識のうちにあると述べた」（p.178）とするのであるが、その一方で、ロックが「もし同じ思惟する実体が変化するならば、それは同一の人であり、また同一の人であり続けることができるのか、それとも別の人となり得るのか[46]」と問うことを批判して、「実際、人格的同一性を物質的であれ、非物質的であれ、実体の変化の中で存続し得るのかどうかを問う余地があり得るのか」（p.177）と述べる。

すでに明らかなように、ビランの立場では、実体の観念は自我の内にその起源と最も基本となる類型を持ち、そこから抽象と一般化により外的自然の対象に適用されるに至るのであり、実体の同一性は自我の同一性から演繹されるにすぎない。「どのような動機に基づいて、またどのような仮説にしたがって、私たちは後者を前者にしたがわせることができよう。」（ibid.）

この考えにしたがえば、ロックは不合理な問題を長い時間議論したことになるのであるが、それというのも、「ロックは互いに大変異なっている二つの観点を混同した」(ibid.) からである。ここで言われる二つの観点とは、一つは内的な観点であり、この観点にしたがって、「思惟あるいは努力の主体に適用される限りでの真に個人的な同一性、意識の同一性」(pp.176-177) が意識的に知覚される。他は外的な観点であり、この観点により把握されるのは、「別の種類の客観的同一性」(p.177)、つまり「私たちに外的な対象のうちに判断される同一性」(ibid.) である。

また、ロックが人格的同一性は意識の内にあるとしながらも、必要のない議論を続けた原因として、「この意識を受動的行動にまで拡大した」(p.178) ことを指摘している。[47] そして、「固有の意味での意識は常に現実的である」(ibid.) として、「ロックが考えているような想起や記憶は人格的同一性に基盤を提供することはできない。なぜなら、反対に前者があらかじめ確立された後者を仮定しているからであり、前者はいわば後件が前件に対するように後者に関係づけられるからである」(ibid.) と述べている。自我の同一性を問題とする時、同一性を保証するのはあくまで自我の能動性であり、考えられているのは働きかける力であるような自我なのである。[48]

(c) 自由と必然

自我の能動性を範型として因果関係を考える時、つぎに問題となるのは自由と必然という観念である。この問題を解決するためにビランが援用するのは運動感覚という考えである。なぜなら、運動感覚は「能動的になる、あるいは努力をともなうか意志により決定されることと、受動的になる、またはこの意志や自我以外の動因により妨げられるか強いられるということを交互に受け入れ得るただ一つの様式である」(p.179) からである。そして、「私はこの (能動性と受動性の) 移り変わりの内に、続いて意識の事実の内に、必然性の観念に対立する自由の観念の典型を発見する」(ibid.) と述べる。ここに見られるように、私たちは身体を意志にしたがって動かすことができる場合に自由であり、運動を強いられる場合には必然性を感じると考えられている。

また、ビランは自我そのものが自由であり、自由を疑問に付すことは自我の現実存在についての感情を疑問視する、つまり原初の事実を疑うことであるとする。「自由あるいは自由の観念はその現実の起源で把握されるならば、私たちの能動性、働きかける能力、自我を構成する努力を生じさせる能力についての感情に他ならない。」(p.180) その一方で、「自由に対立する必然性は私たちの受動性の感情である」(ibid.) とされる。ただ、自我は能動性であるというビランの定義にしたがえば、受動的であると感じる以前に、自らの働きかける能力についての意識がなければならない。すなわち、必然性あるいは受動性は自由の剥奪でしかないのである。

しかしながら、「私たちはその変容の大部分で、また私たちを生存させているあらゆる印象に対して受動的であるというのは真実である」(ibid.) と、そして「私たちがそこで、それによって能動的であるようなただ一つの基本的様式、唯一の感官があるだけである」(pp.180-181) と言われるように、ビランは自由をいわば必然性という大洋に浮かぶ小島のように考えていたこともまた事実である。

ところで、ここで言われる〝私たちを能動的にする〟と言われる唯一の感官とは何を指すのであろう。「この感官はまったく内的であり、多くの外的な印象により曖昧にされ、習慣により鈍化されたようになるのにもかかわらず、思惟する存在の個人的な現実存在を構成する」（p.181）と言われることから、ビランに固有の意味での内官であると考えられる。つまり、私たちに原初の事実をもたらす感官である。

さて、内官が思惟する存在の人格的な現実存在を構成するとして、たとえば機会原因論のような考えに対してどう対応するのであろう。この点について、ビランはまず機会原因論を特徴づけて、「ただ一つの有効な原因である神は、身体の運動に対して、風見に風がおこなうのと同じことをおこなう。魂が運動を望み、それに傾くことで十分である。その時に、至高の動者が介在し、いうなれば魂と身体の間に位置する。そして、後者を前者の望むところにしたがって動かす」（p.187）と述べる。ビランの立場では、機会原因論は、「精神という延長を持たない実体が物質的な延長にどのように適用され得るのか（またその反対の場合）を考える時に想定される困難を回避すること」（ibid.）を目的とする。けれども、一つの大きな誤りに基づいている。それは意志と欲求との混同である。

ビランはすでに意志は自由にすることのできる行為や運動にのみ関わり、その一方で欲求は受動的印象をともなうのであり、またこのような印象の原因に向かうと考え、「意志は能力と同じ範囲の内に集まり、それ以上には拡がらない。欲求は反対に能力が限られるところで始まり、私たちの受動性のあらゆる領野を包み込む」（p.184）と述べていた。また、機会原因論や予定調和という立場では、「魂という実体は身体を決して動かさない。そうではなく、機会原因や予定調和という効力により、身体が動かされているとただ感じるのである」（pp.181-182）として、魂に身体を動かす固有の意味の能力が認められていないことを指摘していた。

したがって、意志と欲求を明確に区別するならば、機会原因論や予定調和といった考えは本来無用である。身体の運動を説明するために《機械仕掛けの神》に頼るのは、「内官の本来の事実に奇跡を置き換える」（p.188）ことである。なぜなら、「私たちは直接に、また推論も別の場所から引き出された比較もなしに、精神（より適切には意志、自我）が身体を動かし、このような運動の原因であることを感じる」（ibid.）からである。

（d）自我という観念

最後にビランは自我という観念についてつぎのように述べる。「自我は現実に存在し、自身を一にして単純で同一であると自覚するのであるが、あたかも感覚における共通な事柄、一般的な事柄のように、感覚から抽象されるのでは決してない。そうではなく、内的な意識的知覚という行為により自ら、自分自身を抽象する。」（p.200）自我という観念は内的な意識的知覚により獲得され、「自我はその反省的行動においてまさに抽象する（abstrahens）のであり、抽象される（abstractus）のではない。」（ibid.）

では、このようにして得られる自我という観念の核心は何であろうか。この点について、ビランは「内的な意識的知覚は、一言で言えば、努力をおこなう主体を抵抗する項、様々な変容を蒙る項から切り離すのである」（ibid.）と述べる。つまり、自我の現実の姿、その具体相は努力とそれに対する抵抗との相関関係であるとされつつも、自我という観念はあくまで抵抗とは切り離された努力であると考えられている。

ここで再び、広義の自我と狭義の自我という区別が現れるのであるが、ビランの念頭には、自我は常に受動性とともにある能動性であるとしても、自我という観念はあくまで能動性を核心とするという考えがあったのである。そして、この考えが自我を因果関係の範型とする立場を可能にしたと言える。

（e）結語

ここで取り上げた『試論』には、自我の核心を能動性とする原初の事実から出発して、自我を身体的運動の原因であると考えることにより、因果関係の範型を自我に求めるという思索の歩みが示されている。ところで、原初の事実は『思惟の分解』でその意味内容が詳述され、アプリオリな立場とアポステリオリな立場の調停という試みの基礎づけとして使われるのは『試論』においてであった。その一方で、因果関係については、その基本となる考えは『試論』で示され、その展開と応用は『諸関係』でおこなわれることになる。この点からもまた、ここで取り上げた著作の過渡的性格が読み取れると思われる。

さて、ビランはなぜ因果関係に際立った重要性を見い出しつつあるのか。この問題の解決は『諸関係』の検討を待たなければならない。けれども、少なくともここで推測できるのは、因果関係の原理はその範型が自我に置かれるとして、その適用は外的な事物に対しておこなわれるのであるから、この原理はビランの外界の存在についての考えとともに、それを通して実体という考えを取り込もうとする意図と深く関わっているということである。

したがって、実体の形而上学への移行の主導動機がアプリオリな体系とアポステリオリな体系の調停であるならば、この動機はやはり因果関係の原理への重点移動に際しても少なからず働いていると言える。

【注】

1　Maine de Biran, Essai sur les fondements de la psychologie, Œuvres Tome VII, J. Vrin, 2001　ここでの引用はすべてこの本による。引用個所はページ数で示す。なお、以下本文では『試論』と略す。

2　『思惟の分解』ではたとえばつぎのように述べている。「私に固有の因果関係（自我と同一視される働きかける力）についての内的感情が錯覚にすぎないのであれば、私は問いただそう、原因や何らかの働きかける力という観念はどこからやって来ることができるのか。」(Œuvres Tome III, p.321)

3　第二巻は〈外官とそれに関係する能力の区分の新しい分析に関する試論〉と題され、『試論』全体は二つの巻とプロローグにより構成される。

4　アズヴィはビランが本体（nouméne）の認識の問題に重要性を認めることになる経緯について、一八一〇年にビランとアンペールの間で交わされた書簡と、ビランの一八一一年と一二年の手帳を資料として、キンカーを通して得たカントの考えが大きな役割を演じたことを指摘している（François Azouvi, Maine de Biran La science de l'homme, J. Vrin, 1995, p.288)。その一方で、バエルチは『諸関係』の序論の中で、この点について a)自我の永続性とその起源についての考察 b)自我に能動的様式を帰属させた場合に起こる受動的様式の帰属という問題 c)様式、性質、帰属の主体といった用語の使用上の問題 d)ライップニッツの影響 e)観念論の回避、という論題を挙げている（Œuvres Tome VIII, J. Vrin, 1986, XV)。しかしここでは、特に前者に対しては外的要因ではなく、内的原動力を探るという目的で、また後者に対してはそのすべての論題を包み込むには至らないまでも、少なくとも関連性を考慮しつつより根源的な動機を見出すという意図により、別の観点から考察を進める。

5 ビランがここで言及しているのは、コンディヤックの『感覚論』の第一部、一章の冒頭の部分であり、この個所では、嗅覚のみを持つ彫像という仮説に基づいて、このような彫像の認識の範囲が論じられる（Condillac, Traité des sensations, Férix Alcan, 1921, p.58）。

6 ビランに対するルソーの影響をうかがうことができる。ここでは、感情という言葉は、《意識という感情》の意味で使われている。

7 内官が外官に優先するのはあくまで認識の水準でのことであり、私たちの生命活動では後者が前者に優先する。ビランはコンディヤックに関して、認識の水準での内官の優先性を認めていない点は批判するべきであり、生命活動の水準での外官の優先性については継承するべき発見と考える。そして、外官の優先性を自我の心理学にどう取り込むかを自身の課題とするのである。しかしながら、自我を能動性とする心理学に受動性という様式である外官の優先性を取り込むのは一つの難題であり、たとえば注の4で触れたように、この問題の解決を求めることが実体の形而上学への移行の動機でもあったとする見解がある。

8 『思惟の分解』では、「私はある点まではこれらの体系（ライプニッツ、ロック、コンディヤック）それぞれに固有の利点を結合することは不可能ではないと考えた」（Œuvres Tome III, J. Vrin, 2000, p.228）と述べられ、調停的立場あるいは折衷的立場への志が示されている。そして、この志が具体的構想として展開されるのが『試論』であると言える。

9 このような作業は『思惟能力に対する習慣の影響』でおこなわれている。

10 Descartes, Meditationes de prima philosophia, J. Vrin, 1978, p.25

11 Descartes, Discours de la méthode, J. Vrin, 1970, p.91

12 ビランが現象と言う時には、意識に与えられる事柄、経験することのできる事柄を意味している。したがっ

13　て、現象的結合とは、経験により確かめることのできる結合である。ビランは絶対あるいは絶対的という言葉で経験、特に内的経験により基礎付けられない事柄を指す。また、原初の事実という相関関係から分離、抽象され個別に把握された相関項を意味する。そして、この絶対的実在として把握された二つの項の一方を非物質的と、他方を物質的と呼ぶのであるが、実際には前者は思惟実体が、後者は延長実体が想定されている。『諸関係』pp.108-109参照。

14　Leibniz, La Monadologie, Delagrave, 1978, p.146

15　Leibniz, Discours de métaphysique, J. Vrin, 1975, p.37

16　La Monadologie, pp.146-147

17　op. cit., p.153

18　Leibniz, Nouveaux essais sur l'entendement humain, livre I, chapitreI § 5, GF Flammarion, 1966, p.61

19　John Locke, An essay concerning human understanding, book II, § 9, Pengin Books, 1997, p.112

20　op. cit., p.112

21　ビランのこの評価はやや強引と思われる。なぜなら、ロックがデカルトのような反省的な観点を明確に意識していたとは明言できないからである。たとえば、ロックは心が印象を受け取る仕方について、「外的対象により感官を通じてか、心が外的対象を反省する時にはそれ自身の作用によって」（op. cit., book II, § 24, p.120）と述べているように、私たちの観念の起源として、反省は基本的には感覚と同じ働きをすると考えているのである。また見方によっては、ビランによるロックの批判がまさに反省と感覚を明確に区別しない点に向けられているのであるから、ビランは自身の批判を導きだすために、前もって必要以上の評価をおこなうという策術を用いたとも言える。

22　Condillac, Traité des sensations, Férix Alcan, 1921, p.31

23 op. cit., p.31

24 『試論』の最初の節は、原初の事実の分析に関連した哲学の様々な体系についての考察、と題され、終わりの節は、反省の起源について、記号という制度、知的な記憶について、推論について、という章で構成されている。

25 Leibniz, Nouveaux essais sur l'entendement humain, livre II, §4, p.112

26 このような議論が今日一般に理解されている心理学であるならば、ビランの言う心理学は別の方向に向かう。ここに両者は名称を同じくして、内容を異にすることが示されている。

27 ビランはしばしば、homo est duplex in humanitate, simplex in vitalitate という言葉を引用する。出典は Boerhaave, Prœlectiones academicœ de morbis nervorum, Leyden, 1761 なお、p.137, note75を参照。

28 やはりベルグソンを参照するのがふさわしいと思われる。ベルグソンは「人は具体的自我と自我がおこなった行為との関係を自由と呼ぶ。この関係は定義不可能である。まさに私たちは自由であるから。人は実際、事物を分析するが進歩は分析しない。延長は分解するが持続は分解しない」(Essai sur les données immédiates de la conscience, P.U.F., 1985, p.165)と、また「起こりつつある事実のかわりに、起こった事実を置き、自我の活動をある種凝固させることから始めたように、自発性が惰性に、自由が必然に溶解していくのを見る」(ibid.)と述べる。ここで、自由を意志あるいは能動性、延長を同時性と置き換えるならば、ビランの姿がベルグソンという鏡に映し出されているのを見ることができる。

29 ここでも注12と同じ意味で絶対という言葉が使われている。

30 たとえばグイエはこの点について、「信認という説は『試論』の理論を受け継いでいる」(Henri Gouier, Les conversions de Maine de Biran, J. Vrin, 1 948, p.328) と述べている。

31 以下1から4までの番号のついた文章中、ヒュームの発言で後にページ数が示されていない引用は、ビラン自身によりおこなわれている。なお、これらの出典は校閲者によると、Essai sur l'entendement humain,in Œuvres philosophiques de M.D. Hume, Londres, 1788である。

32 ヒュームは必然的関係にあると考えられている事物について、「私は直接にこれらの事物が時間と場所において隣接していること、そして私たちが原因と呼んでいる事物は結果と呼んでいる他の事物に先立つことを知覚する」（A treatise of human nature, book I, Fontana/Collins, 1978, pp.205-2）と述べている。

33 op. cit., p.216

34 op. cit., p.258

35 このような考えは一八一五年に書かれたと推定される『物体の観念の派生に対する反論への返答』（Réponses aux objections contre la dérivation de l'idée de corps）ではっきりと表明される。ここでビランは、私たちが物体に関わる二つの仕方を挙げる。一つは感覚器官であり、他は運動とりわけ意志に基づく運動である。そして、私たちは前者により物体の現象を知り（savoir）、後者により物体の属性を認識する（connaitre）と主張する。また、属性の認識は本体の認識に通じるとしている（Œuvres, Tome 11-3, J. Vrin, 1990, p.33）。

36 op. cit., p.223

37 『諸関係』は序文と二つの節からなるのであるが、第一節は〈因果関係の原理の本性と起源、およびこの原理から派生する概念の性格についての合理的考察〉と題され、第二節は〈因果関係の原理の物理的（自然）諸科学への適用〉と題されている。この著作の構成そのものがビランの考えをよく示している。

38 op. cit., p.64

39 op. cit., p.61

40 op. cit., p.62

41 op. cit., p.62

42 この点でビランは認識能力と意志能力を区別するというよりも、むしろその依存関係あるいは相補的な関係を考える立場に立つと言える。

43 op. cit., p.302

44 op. cit., p.303

45 op. cit., p.304

46 ibid.

47 たとえば、ロックは想起（remembering）においては、「心はしばしばかろうじて受動的である以上」（op. cit., p.150）と述べ、控えめに想起における心の能動性を認めている。しかしその一方で、「時々また観念は自発的に心の内で働き始める」（ibid.）として、想起あるいは記憶を受動的能力と考える傾向も示している。

48 ロックは「欲求すること（desiring）と意志すること（willing）とは、心の二つの区別される行為であり、結果として、ただ意志作用（volition）の力であるような意志（will）はより欲求（desire）から区別される」（op. cit., p.233）として、意志と欲求の区別をおこなっている。同時に、〝何が私たちの行為に関して意志を決定するのか〟という問いに対しては、「人がその時に抱えている何らかの不安（そしてその大部分は最も火急の）」（ibid.）と答え、この不安（uneasiness）が「絶えることなく意志を決定し、私たちのおこなう行動を開始させる」（ibid.）とする。したがって、意志を能動的力というよりむしろ受動的力とみなす視点であり、また意志と欲求の区別は必ずしも明確ではないと考えることができる。

付論　運動性と物体の属性

ここでは、ビランの運動性と物体の属性に関する考えを見ておきたい。そのために、『トラシイ氏の観念学についての覚え書』[1]を取り上げる。この論文は、デトュット・ド・トラシイが『観念学綱要』[2]の中で、それに先立つ論文[3]で述べた運動性 (motilité) についての見解を修正したことを受けて、この著作に対する批判として書かれている。

この修正とはつぎの内容を持つ。当初、トラシイは運動性とは私たちが自分自身を動かす能力であると考え、私たちはこの能力により自分自身の運動とそれに対する抵抗を知る、つまり運動性が私たちに努力と呼ぶ感覚を体験させると主張していた。しかし、以下で詳しく論じるように『観念学綱要』では、運動性はとりわけ物体に備わる性質と考えられるに至る。運動は intérioriser から extérioriser への修正を受けることになる。

ビランは『観念学要綱』を受け取った時、「驚きと一種の悲しみとともに、あなたが運動性に関してその学説を放棄し、いずれにせよ大きく制限し、コンディヤックにより表明されたただ感覚についての理論に接近しようとしているのを見た[4]」と書いている。ビランにとっては、努力を感じることは最初の認識であり、最初の判断を含んでいると考えるならば、他の感覚器官の働きとは区別される運動性こそは知的能力の起源を明らかにする鍵となるべきであった。この意味でまた、コンディヤックの認識論を克服するための導きとなるはずであった。

コンディヤックは『感覚論』[5]で、「魂がそのすべての認識とすべての能力を引き出すのは、魂を変容させる感覚からである」(p.31)と述べ、感覚が認識の起源であるとしたうえで、この起源からどのようにして認識が形成されるのかをつぎのように説明する。

まず、嗅覚だけを持つ立像を想定し、「もし、私たちがこの立像に一本の薔薇を提示するならば、この立像は、私たちとの関係では、薔薇の香りを嗅ぐ立像である。しかし、立像それ自身との関係では、それはこの花の香りそのものでしかない」(p.58)と述べる。この場合は、嗅覚という一つの感覚器官に薔薇の香りという一つの感覚が対応し、意識[6]が生じないがゆえに、認識主観は確立されず、外界の対象を《対象として》認識主観から区別して知ることはない。

つぎに、一つの感覚器官に前後する二つの感覚が対応する場合が取り上げられ、「この立像が新しい香りである時、立像は依然として、先立つ時に立像であった香りを現前させている。その感じる能力は記憶と嗅覚とに分かれる。これらの能力で最初の能力は過ぎ去った感覚に注意を払い、第二の能力は現在の感覚に注意を払う」(pp.61-62)と言われる。

ここではじめて、立像は過ぎ去った感覚と現在の感覚という性質の異なる二つの感覚に出会う。そして、立像の感じる能力には、払われる注意の性質の違いが生じる。この点については、「立像は感じ方の一つとの関係では能動的であり、他との関係では受動的である」(p.62)と述べられる。

コンディヤックは能動的と受動的という言葉を使うのであるが、これらの言葉を、「立像は、一つの感覚を想起する時には、能動的である。なぜなら、それ自身の内に感覚を呼び戻す原因、つまり記憶を持っているからである。立像は、一つの感覚を蒙る時には、受動的である。なぜなら、感覚を生み出す原因は立像の外部、つまりその器官に働きかける香りを発する物体の中にあるからである」(pp62-63) と説明する。このような感覚の分化による人間の認識能力の発生という考えから、続いて「比較するとは、同時に注意を二つの観念に払うことに他ならない」(p.63) と、また「比較があるとすぐに、判断がある」(p.64)、「判断はただ私たちが比較する二つの観念の間にある関係を知覚することである」(ibid.) と言われる。

このような説明に対して、ビランは「コンディヤックは変形させる能動的力と変形した素材を混同する(7)」として、コンディヤックの体系では、「諸能力は受動的感覚の中に、その観念自身とともに閉じ込められる(8)」と主張する。ビランにしたがえば、「人間の精神の能動的作用は、諸能力の発生についてのその体系の中にはどのような仕方でも入り込まない。注意、反省、比較といった名称はそこにあるけれども、私たちが内官の証言に基づきつつ、これらの名称で性格づける行為自身は、この体系からまったく除外される(9)」のである。

したがって、ビランは、コンディヤックの体系では認識の起源が示されることがないと考え、この難点の克服をトラシイに、とりわけその運動性にたいする見解に期待したのである。トラシイのこの見解の変更がどれほど衝撃的であったか、十分にうかがい知ることができる。トラシイに「この始まり（知的能力の）は何か(10)」と問いかけつつ、ビランは「純粋で情動的な感覚は身体に対してなされた印象の最初にして単純な結果である。私が情動的と呼ぶこの感覚は未だ知覚ではない[11]」として、コンディヤックへの接近に警告を発する。

では、トラシイの考えとは。また、それに対するビランの批判とは。ビランが実体をどのように理解していたかを知る一つの手段として、これらの問題を検討してみる。

トラシイの『観念学綱要』

(a) 考えるとは何か

トラシイはまず「考える、それは常に感じることである」(p.24)と述べ、考えることの最も本質的で根源的な要素は感じることであるという、観念学の出発点であり、その最も基本的な立場を確認する。そして、つぎのように論を進めていく。「私たちは感覚を感受する能力を感性と呼び、記憶は想起を、判断は関係を、意志は欲求を感受する能力である。」(p.27)ここで特徴的なのは、トラシイはこれら四つの能力が考えることを構成するとしつつも、これらの能力のあいだに何らの区別も設けることなく、それぞれは一つの基礎となる《感じる能力》の働きの違い、あるいは対象の違いにすぎないと見なしている点である[12]。したがって、トラシイの観念学は、感じる能力が異なる対象と出会った時にどのような働きをするかの分析をその主な目的とする。

はじめに感性について、トラシイは「それにより私たちが多くの種類の印象を受け取り、それらの印象を意識する、私たちの存在の特性である」(p.28) と述べ、記憶については、「感性の二番目の種類であり、一番目は現にある感覚により作用を受けることにあり、二番目はこの感覚の想起により作用を受けることにある」(pp.37-38) とする。この分析で興味深いのは、トラシイが感性と記憶をともに作用を受ける (être affecté) と表現し、どちらもあくまで受動的な能力として理解していることである。想起それ自身も一つの感覚、感じられたことがらと見なされ、そこに能動的契機は認められていない。

では、判断についての分析をたどってみる。「判断するという能力または判断は、変わることなく一種の感性である。なぜならそれは、私たちの観念のあいだにある関係を感受する能力であるからだ」(p.48) と言われる。観念の間にある関係を感受する能力も、感じることであるという点では、感覚を感受する能力と基本的にはまったく異ならない。観念の間にある関係は判断により見いだされるのではなく、観念の間にはすでに関係があり、判断はそれを感じ取るだけである。判断はやはり受動的な能力と理解されている。

続いて意志についての記述を検討してみる。トラシイは「意志は私たちに苦痛や喜びをもたらすいくつかの感覚がもつ個々の特性から直接に、また必然的に生じる帰結である」(p.67) と述べ、「意志は他の能力と同様に、私たちの有機的組織の一つの結果にすぎない」(p.68) とする。このような記述は、トラシイが意志を精神から身体への働きかけというよりもむしろ、情念の秩序に属すると理解していることを示す。したがって、意志はあくまで感受する能力と考えられ、欲求と区別されることがない。このことはつぎのような言葉からもうかがわれる。「私たちの意志に最も従順な運動は、四肢を普通に使う運動のように、それ自身は、私たちのはっきりとした意志なしに、あるいは私たちがそれを知ることさえなく生起する多くの他の有機体内での運動の産物である。」（p.241）ここで言われている意志は、まさに生理学が対象としてあつかうような所与であり、決して心理学の対象となる所与ではないと言うことができる。

私たちの考えるという能力は四つの能力、あるいはより正確には、感じるという一つの能力の異なる四つの働きにより構成されるとした後で、トラシイは私たちの複合観念がどのように形成されるのかを論じる。この時、一つの観念を形成するためにいくつかの観念を集める精神の働きを、特にフランス語には従来なかった自身の造語となる言葉 concraire を使って、「私たちはこのような働きを、抽象化に対して、具体化（concraire）と呼ぶことができる」（p.85）と述べ、「具体化の働きは、私たちが現実にある存在の観念を形成するのに役立つ。そして抽象化の働きは、自然の中にはその範型が現実には存在しない観念の集合を構成するのに役立つ」（p.86）とする。

具体化とは、別の言い方をするならば、主語と結びつく限りでその属性をあらわす述語となる観念を集め、抽象化とは、主語から切り離された限りでその属性をあらわす述語となる観念を集める。したがって、「具体化と抽象化というこれら二つの反対の働きは、何であれすべての複合観念の形成において、常に結びつき、二つとも必要となる」（p.89）のである。

ここでは、あえて新しく言葉を造ってまで論じようとする《具体化の働き》という考えが興味深いのであるが、注目するべきは、「具体化の働きは、現実にある存在の観念を形成するのに役立つ」（p.86）という発言である。具体化とは、これらの言葉が示しているように、また次節で詳論するように、あくまで現実にある存在からその存在の観念を形成することである。

（b）現実存在

トラシイは「思惟すること、それは感じることである」（p.107）という自らの出発点を再度確認したうえで、「感じる、それは一つの仕方、あるいは別の仕方でその現実存在を自分自身が意識的に知覚することである」（ibid.）と述べ、「あらゆる私たちの多様な感覚は、純粋にまた単純に、私たちの存在の異なる変容である。それゆえに、一つの感覚はただ私たちの内で生起する一つの事物である」（ibid.）とする。

その一方で、「純粋な何らかの感覚は、それ自身、この感覚が私たちではない何らかの事物から到来したことを告げ知らせる特性を持たないであろうか」（ibid.）と問い、私たちは感じる時、そのような感覚を引き起こす原因となる何らかの事物の現実的な存在を確信していることを指摘する。

そして、トラシイは「私たちはその感覚の原因であることを帰している存在を corps[13] と呼ぶ」（p.108）としたうえで、「この判断が正当であるためには、第一にこの何らかの事物が現実に存在しなければならない、第二にこの何らかの事物は実際に私たちが感じ取る印象の原因でなければならない」（ibid.）と主張する。したがって、検証されるべきは、ここで言われる二つの要件であるが、トラシイは特に第一の要件は「人間の認識という建造物全体の根本となる基盤」（p.109）であるとする。

また、このことは生得観念の論駁という点でもきわめて重要となる。この点について、「すべての私たちの観念は私たちの内に、誕生の際に現実に存在していると、またそれらを受け取り、構成するときには、私たちはそれらを想起するだけであると考えるならば、印象は現実にある存在により私たちの内に引き起こされると想定することは必要でなく、当然でさえないと思われるであろう」(p.115)と述べている。

ここで気づかされるのは、『観念学要綱』執筆に際してのトラシイの思索の方向である。「検証するべき第一の事柄はcorpsがあるかという問題であり、第二の事柄はどのようにそのことを知るのかという問題である」(pp.108-109)と言われているように、トラシイの問題関心はとりわけ事物の現実存在にあった。コンディヤックはやはり感覚から論を起こしつつも、その原因となる事柄よりもむしろ結果である感覚を探求の主題としていた。この点で、コンディヤックは常に内に向かっていたと言えるのであるが、トラシイは外へと向かう。

すでに言及したように、ビランのトラシイ批判は、後者による運動性に関する見解の変更にはじまる。この見解の変更は、一言では、運動性を内から外へと向けることであるが、背景として、トラシイの問題関心の変化があったと考えることができる。

ところで、コンディヤックとトラシイとの間にビランを置いてみると、ここでもまたビランの調停的立場が明らかになる。三人の哲学者はともに感覚から出発する。そして、一人は感覚を終始論じる。もう一人は感覚の原因であると見なされる事物の現実存在を問題にする。最後の一人は原因と結果、事物の現実存在と感覚の両方を取り込むことのできる観点を探るのである。

では、トラシイに話を戻すと、先に言われた二つの要件は何によって充たされるのであろう。ここでまず、「必ずしも存在様式の変化により、私の運動感覚を休止させたのが自我に属さない存在であると承認するには至らない」（pp.125-126）と述べられる。トラシイは、私たちの感覚を引き起こすような何かあるものの現実的な存在の承認には、引き起こされた感覚を感受するだけでは不十分であると考えている。そして、別の能力が必要であり、「それは意志するという能力である」[14]（p.126）とする。

続いて、「もし、私の運動が止められ、感覚が止むのに対して、欲求は常に存続しているならば、そこには私の唯一の感じる力の結果があるのではないことを誤解し得ない」(ibid.) と述べられるのであるが、何かあるものが現実に存在することの承認の第一歩は、何かあるものの属性を知ることであるとするならば、トラシイは、この属性とは「私たちが自らの運動により引き起こされる感情を持続させようと望んでいるのにもかかわらず、この感情の持続に対立してくる属性」（p.129）であるとする。

この何かあるものはcorpsと呼ばれるのであるが、ここではこのcorpsが身体を意味するのか、物体を意味するのか、あるいはその両方なのかを問わなければならない。corpsは時には「感じ、意志する私の自我にまったく属さない存在」（ibid.）とされ、時には「しばしば私たちの自我に服従する存在」（ibid.）とされる。上で見たように、corpsはとりわけ意志に対立してくる属性を持つとして知られると考えられているのであるから、意志に対する抵抗の程度にしたがってcorpsを理解するべきであろう。意志にまったく服従しない存在を物体とし、ある程度意志に服従する存在を身体としていると推測される。

トラシイはまた、「新生児が、corpsがあることを発見するに達し得るのは、その固有の身体の場合は、ただその器官の柔軟さや硬さの観察による。外的物体の場合は、ただこの同じ器官の外的物体への直接的適用によると思われる」(p.135)と述べている。したがって、corpsはまず身体として知られ、つぎに物体として現れると考えられていると思われる。たとえば、「感じられ、意志された運動の必要性だけではなく、蒙った抵抗の感情の必要性」(ibid.)と述べつつ、これに、「もし、その器官の諸部分に運動に対する抵抗という何らかの力が備わっていなければ、どのようにして器官の運動が感じられるのかは理解できないであろう」(pp.135-136)ということをつけ加えなければならないと主張している。

しかし、その一方で、「私たちがこれらの(ces)corpsの認識とその現実存在の実在性の確かさを負っているのは、運動し、それを感じる能力に結合した意志するという能力である」と述べ、また「これらの能力がこの結果を生み出すためには、これらの(ces)corpsに運動に対する抵抗という何らかの力が備わっていなければならない」と述べる。ここでは、身体と物体が区別なく論じられていることは明らかで、これら両者を区別するべき《抵抗の程度》は明確に規定されないままである。このような説明だけでは当然不十分であり、トラシイは物体と身体の区別に曖昧な点を残していると言わなければならない。

さて、トラシイは「私の意志それは自我であり、私の意志に抵抗するものは自我以外のものである」(p.159)と述べる。つまり、自我とは意志に他ならないのであり、そして意志に抵抗するのは自我以外の事柄である。それゆえに、少なくとも意志に抵抗することのある身体は自我であるとは見なされない。ところで、トラシイにとり意志は生理学の対象となるような所与であり、あるいは情念の秩序に属している。一方では意志はいわば身体との不可欠の結合において考えられ、他方では身体は意志に他ならない自我とは相容れないと考えられている。これは明らかな背理であり、実はこのような背理が身体と物体の区別の曖昧さを生み出す原因となっているのである。つまり、身体の把握が不十分であることが物体の明確な定義を妨げる原因となっているのである。

ビランの観点

（a）意志と身体

トラシイはすでに見たように、感じるという能力の働きの一つとして感性を考え、感性は感覚を感受する能力であると定義し、その働きは印象を受け取り、印象を意識することであるとした。トラシイにしたがえば、sentir という能力の働きの一つが sensibilité であり、それにより受け取られるのが sensation と impression である。つまり、感覚と印象はともに同じ由来と同じ性質を持つと考えられ、区別されることなく論じられているのである。

それに対して、『トラシイ氏の観念学についての覚え書』の冒頭では、「身体の特定の部分に感覚を生じさせるのは、受動的な感情や外部からの印象ではない」(p.2) と述べられる。ビランは『習慣論』の中では、「私はすべての印象を能動的と受動的に区別する」[15]と明言していたのであるが、ここでは sensation は sentir によって生じるのであり[16]、impression は être impressionné あるいは être affecté により生じるとして、感覚に対して感じる主体の側の能動的要素 (activité sensitive)[17]を認め、感覚と印象を区別する考えを示す[18]。引用文で印象という言葉と受動的な感情(affection passive)という言葉が同じ意味で使われているのはこのような理由による。

ビランは続いて、「意志を感じることなしに、自我はけっしてない」(ibid.)と述べ、トラシイと同様に意志は自我の核心であると考えることを示しつつ、意志が現実に存在するためにはそれが向かう対象が必要であるとして、「意志とは区別され、意志が働きかける項目なしに、意志はけっして存在しない」(ibid.)と述べる。では、意志が向かう対象の中で最も本質的に意志と結びつき、その不可欠の要素であると認められるのは何か。それは身体である。

ビランは「私たちは行動することなしに欲求することができるであろう。また欲求についての感情は行動についての感情とは異なる。私は一方を他方なしに持つことができるであろう」(p.7)と述べ、「意志は私たちに依存する行動あるいは運動にのみ向かう」(ibid.)とする。このように意志をとりわけ行動と結びつけて理解し、また意志なくしても欲求は生じること、欲求なくして意志が働くことを例証として、「意志と欲求は本質的に異なる二つの能力である」(ibid.)と主張する。そして、意志を欲求と区別し、行動と関連づけつつ[19]、意志が何よりも精神から身体への働きかけとして心理学で対象とされる所与であることを強調する。ところで、意志は具体的には、または私たちの直接的な経験においては、何よりもまず運動を始めようとする力として現れる。それゆえに、意志はそれが向かう相関項として第一に身体を必要としているのである。

したがって、「自分自身を身体と感じることなしに、その現実存在を感じ、認識するという存在」(p.2)

は仮説としては可能であっても、そのような仮説は受け入れられないのである。ビランの立場では、感じる主体と身体は意識の事実（le fait de conscience）の中で確認される現実に、そして不可分に結合している二つの要素である。もし意志が自我の核心であるならば、自我と身体を切り離すことはできない。抽象によりこの二つの要素を切り離すところにトラシイの誤りがある。「トラシイ氏は感覚や運動が関係する有機的な項目（身体）を知覚することなく、……快や不快という仕方で変化する主体という仮説を作りつづける」（p.4：引用文は一部を省略）のである。

トラシイとビランはともに意志を自我であると考える。けれども、前者は意志を身体から精神という方向で理解することで、かえって身体を自我とみなすことを拒否する。後者は意志を精神から身体という方向で理解することで、当然の帰結としてその相関項である身体を自我の構成要素として認める。

（b）外界の存在

トラシイは corps についての記述の中で、corps が物体を意味していると思われる部分で、「私たちの意志に対して抵抗するという属性は、私たちが認識することになるあらゆるものの基盤である」（p.156）と述べる。また、「この属性は corps（物体と読む、以下同様）の慣性という力であり、それは物体の運動性によってのみ生じ、また発見される」（ibid.）とする。そして結論としてつぎのように述べている[20]。「運動性と慣性は、私たちの考えでは、物体の二つの根本的な性質である。これらなくしては、私たちの有機的組織は存続しえず、私たちは何も感じることができず、何も知ることができず、世界という現実存

在が何であろうかを考えることさえできない。」（p.158）

これに対してビランは、「彼は運動性と呼んでいる事柄を首位に置く。また彼は運動性を物体が互いに生み出すあらゆる結果の源であると、そして感じ、自らを動かす能力の原因でさえあると考える」（p.24）と述べる。これらの言葉に特徴的なのは、ビランはトラシイの考える運動性には客観的側面と主観的側面の二つがあると見なしているということである。つまり、トラシイは運動性を一つには物体の属性であるとし、一つには私たちが自分自身の身体を動かすために、また物体に対して働きかけるために持っている能力であるとしているのである。そして、ビランはこの点についてつぎのように述べる。「私たちに固有の運動性を物体に移し入れることにより、物体がそれ自身においてあるようなあらゆる事柄は、物体に固有の運動性から生じると信じる。……この観念の混同は明らかに、主観的と客観的という二つの意味で同時に、区別なく把握された運動性という用語の多義的な使用に基づいている。」（p.25：引用文は一部を省略）

ビランの観点では、あらゆる物体の属性は運動性に基づくと断言できるような確実な根拠は知られていないのであり、とりわけ物体の区別されることのできる属性の間に従属的な秩序を設定できるという理由はない。「属性は同じ客体の中に共在しているのであるから、首位となる属性も、最下位となる属性もけっしてない」（p.26）のである。そしてビランは論を進めて述べる。「同様にこの指摘は主体の中に共在している異なる能力にも適用され得るであろうと私は思う。」（ibid.）

トラシイのおこなう物体の理解は説得力を欠くと思われるのであるが、その原因は物体と身体の区別の曖昧さ、特に身体の把握が不十分である点に求められる。けれども、より遡って原因を探るならば、根本となる原因は、物体を知る主体の側の本来従属的な秩序を持たない能力に、感じるという能力を首位に置くことで従属関係を持ち込み、感じるという能力のいわば権限外の事柄までもこの能力により説明しようとしたことにある。

これに関連してビランは、先に触れた印象と感覚との区別と、欲求と意志との区別を関係づけ、発展させて、感性による純粋に情動的な印象と自発的な有機体の運動との間の関係を認めつつ、これとは異なるもう一つ別の関係が、自我と自我による意志的な運動により生じた感覚との間にあることを主張する。そして、前者が本能に属する関係であるのに対して、後者は私たちの認識に属する関係であるとする。

ここで sentir des sensations という議論を思い起こすならば、トラシイが感じると言う時には、実はそこには生のままの (cru) 感性的な印象とそのような印象を自我が意識するという二つの要素が含意されている。躓きの石はこの二つの要素を混同することにあるとして、ビランは「この著者が二種類の運動のあいだに、あるいは本能に属する関係と認識に属する関係に関してきたしている混同が、その学説にあらゆる疑わしさを投げ入れたにちがいない」(p.7) と述べる。

トラシイとビランはともに感じるという能力が認識のはじまりであると考える点で共通の地盤に立つと言うことができる。けれども、トラシイは感じるという能力をまったく受動的な能力と考え、この能力になんらの区別も設けることなく、その結果として、この能力の無条件な適用をおこなう。それに対して、ビランはたとえば「自我に先立って私たちは身体のあらゆる部分に拡がった感性を考えることができる」

(p.15)と、また「形而上学者たちの永遠に続く誤りは感性的印象と自我がそれについて持つ知覚を混同することである」(p.16)と述べている。

このように、ビランはすでに行っていた能動的と受動的という区別に加えて、自我の介在の有無を指標として、思惟する能力のそれぞれの適用範囲を確定しようとする。特に知覚については、「自我に帰属するあらゆる知覚は本質的に、何人かのデカルト主義者が言ったように、知覚それ自身を映し出すのではなく、知覚している自我ではない何ものかを映し出す」(p.16)として、知覚が物体の認識、すなわち外界の存在の認識を可能にする能力に他ならないことを主張する。

物体の属性

トラシイが運動性と並んで物体のもう一つの根本的性質と呼ぶ慣性について、二人の議論を検討してみたい。トラシイは運動性と慣性という物体の二つの性質から、必然的に三番目の性質が生じるとして、「それはその効力により運動している物体が他の物体に働きかける力を持ち、他の物体の位置を変える力を持つようになる性質である」(p.158)と述べ、「私はこの性質を衝撃力と呼ぶであろう」(p.159)と述べる。また慣性については、「慣性は一つの物体が他の物体から運動をけっして受け取らないようにする属性である」(ibid.)とする。トラシイは運動性、慣性そして衝撃力を切り離すことのできない物体の三つの属性と考えるのであるが、慣性と衝撃力は物体が運動している状態ではじめて知られる属性であるとすることから、これら三つの属性の中では、運動性を中心と見なしていると言える。

その一方で、私たち自身の運動により知られる物体の属性に言及して、延長をとりあげる。トラシイによれば延長とは、「区別された部分、つまり一方が他方の外に位置するような部分を持つ属性」（p.161）であり、「私たちが幾分かの運動をおこなっているあいだ、持続して触れられているという属性」である。別の表現では、「私たちの運動に対する抵抗に基づく物体の新しい属性」（p.162）である。

これに対してビランは、「私たちが身体の運動について、または手の移動について持つ知覚はすでに一つの延長、あるいはその中で私たちが動くある一定の固定した空間を仮定している」（p.13）と述べ、また「運動性は必然的に、それに先立つとして、空間、分割可能な延長そして力や衝撃力を仮定する」（p.25）と述べる。ビランはすでに物体の属性と考えられている性質のあいだに従属関係を設定することは誤りであるとして、運動性を首位に置くトラシイの立場を批判していたのであるが、ここでは従属関係ではなくて、前後関係を主張する。ビランにしたがえば、延長と衝撃力（慣性については言及されていないが、ここに慣性を加えても差しつかえないであろう）は時間的に、また本性的に私たちの運動と物体の運動性に先立つのである。

ビランは述べている。「仮に物質が本質的に運動するものであるとしても、私は、運動の開始という観念がどこから私たちにやって来るのか考えることができないであろう。」（p.27）トラシイにより物体の中心となる属性と考えられた運動性は、ビランにとっては、明証性をともなって私たちに与えられることはない。明証性とともに与えられるのは自我による運動であり、運動に対する抵抗としての物体の不可入性である。そして、不可入性とは、一つの物体がそれ自身で占めている場所から他の物体を締め出すという性質であるならば、この性質は延長という属性の一つの現れに他ならない。ビランは「不可入性は延長した物体が私たちの意志的運動に対立させる抵抗と同じと考えられる。この抵抗は慣性に比例している」（p.28）として、「不可入性は物体の運動性に関係するのではなく、私たちの固有の運動性に関係する最初の属性である」（ibid.）と主張する。

ビランはトラシイによる延長の把握が一面では適切であることを認めるであろう。つまり、両者ともに延長は私たちの運動に対する抵抗として現れると考えるのである。しかし、ビランが延長は私たちの運動により知られるとしつつも、この運動そのものは延長を仮定していると考え、いわば認識の水準と実在の水準を区別し、特に後者が先行することを強調しているのに対して、トラシイはこのような区別をおこなわない。私たちに固有の運動性を物体に移し入れるという姿勢が、ここでは、認識の水準と実在の水準の混同を引き起こしていると言えるであろう。

ここで取り上げた論文の増補となる部分[21]はつぎのようにはじまる。「不可入性または固体性はけっして現象ではない」（p.33）。ビランは現象（phénomène）を知る（savoir）のに対して、属性（attribut）は認識する（connaître）のであるとして、特に属性については、「それなくしては私たちが本体と呼んでいる現実の外的存在は、私たちにより認識されることができないであろう」（ibid.）と述べる。ビランは現象を本体（noumène）の現れと考えるのであるが、現象を知るだけでは本体を認識したことにはならないとする。属性を認識してはじめて本体を認識したと言えるのである。それでは、どのようにして現象を知り、どのようにして属性を認識するのであろうか。[22]

この問題では、「私たちが不可入性を認識するのは、視覚は無論のこと、特殊な触覚によるのではけっしてない。ある方向で止められ、妨げられた何らかの運動による」（ibid.）と言われる。つまり、感覚器官の働きにより現象を知るのであるが、感覚器官はそれ以上には及ばず、運動により、この場合は特に物体により止められ、妨げられる運動により属性を認識するのである。そして、「物体をより先へ押そうとする努力がなければならない」（ibid.）と言われるように、ここで考えられている運動は意志に基づく運動に他ならない。

ビランは外界の存在に対して二つの仕方で関わると考える。一つは感覚器官による関わりであり、この場合には現象が知られる。もう一つは運動、とくに意志に基づく運動による関わりであり、この場合には属性が認識される。そして、外界の存在、いうなれば本体の認識は属性の認識によりもたらされるのである。「この唯一の仕方により認識される不可入性が外界を定め、決めるのである。」（ibid.）

ところで、トラシイの念頭には現象と属性との区別は浮かばなかったのであろう。なぜなら、トラシイは外界の存在に関わる仕方として、感覚器官を考えることはあっても、運動を考えることはなかったからである。仮に運動に言及したとしても、意志と欲求とが区別されていないのであるから、それは言葉の十分な意味での意志的運動ではなく、ビランの言葉を使えば特殊な触覚（toucher spécial）であるにすぎない。

現象と属性とを区別しないという指摘は、トラシイのもう一つの混同、認識の水準そのものでの混同を明らかにする。そして、この指摘に際して重要な役割を演じたのは、意志という概念であったことは言うまでもない。

一八一五年以降、ビランとトラシイとの関係は絶たれることになる。この点については、たとえば、「ビランは絶対の哲学を展開し、このことが、観念学と決別する（少なくとも一八〇八年以来おこなわれていた）だけではなく、観念学の問題構成とは絶対的に異なる問題を措定することを可能にした[23]」と言われる。

しかし、やはりつけ加えるべきは、トラシイの体系、遡ってはコンディヤックの体系の平板さであろう。ビランにとって今や最も大きな問題である実体の解明のため、この二人に手がかりを求めるのはもとより不可能である。当然、ライプニッツへと向かわなければならない。このことはまた、ビランがいわゆるコンディヤック学派から決定的に袂を分かった証拠とも言えるのである。

【注】

1 『トラシイ氏の観念学についての覚え書』(Notes sur l'idéologie de M. DE TRACY)。この論文は Commentaires et marginalia : dix-neuvième siècle, Œuvres, Tome XI-3, J. VRIN, 1990 に収録されている。引用文の後のページ数はこれにしたがう。

2 Eléments d'idéologie, T. I, Idéologie proprement dite, J. VRIN, 1970 トラシイの引用はすべてこれによる。

3 Mémoire sur la faculté de pensée　トラシイはこの論文を一七九八年に刊行した。この論文は入手不可能なため、その内容の把握および次の段落での引用文はグイエによる紹介、引用を利用した。Henri Gouhier, Les

conversions de Maine de Biran, J. VRIN, 1948, pp.142-146

4 Document TR1, Correspondance philosophique 1766-1804, Œunreo, Tome XIII-2, J. VRIN, 1996, p.269 なお、グイエは「（一七九八年の）トラシイの論文では、運動性と五つの外官とのあいだには、確かに、コンディヤックの運動的触覚と他の感覚とのあいだにあるのよりもはるかに際立った二元性がある。この二元性は、しかしながら、感性の持つ他に類のない、統一的役割を危うくすることはない」（op. cit., p.146）と述べている。グイエの見解にしたがえば、ビランはトラシイを過度に自らの立場から読んでいたことになる。あるいは、両者のあいだにははじめから大きな隔たりがあったのであり、後にそれが顕在化したとも考えられる。したがって、トラシイの運動性についての見解の修正は、ビランにとってはコペルニクス的転回ではあっても、トラシイにはすでにあった傾向が明確に現れたにすぎないと言えるかもしれない。

5 Traité des sensations, Felix Alcan, 1921

6 この場合は、ノエマ的内容のみがあり、ノエシス的契機は見出し得ない。ビランは、たとえば、「私たちが心理学で意識（conscium sui,compos sui）と呼んでいる個人の現実存在についての感情なくしては、知られたと言うことができるような事実、どのような種類の認識も決してない。なぜなら、知られなければ、つまり認識する個別で永続する主体がなければ事実はまったくないからである」(Essai sur les fondements de la psychologie, Œuvres, Tome VII/1, J. Vrin, 2001, p.2)と述べている。

7 op. cit., p.24

8 ibid.

9 ibid.

10 Document TR1, p.270

11 ibid.

12 ビランはコンディヤックの体系に関して、たとえば注意するという行為、いくつかの対象を比較するために反省する、そして想像するという行為は、「感覚の外部にある、あるいは少なくとも単純な受容能力以上の何かを仮定している行為」と考えなければならないと述べつつ、「この学説は新たな単純化を受け入れるであろう、またより完全な同質化を内包しているであろう。このことが、最も高名なコンディヤックの門弟の一人が提言する意図である」とする。そして、「この意図は、あらゆる私たちの可感的観念の総体を、そこに含まれていると見なされる知的作用と同様に、すべてを等しく感じるという能力の領域に入れることで、より一般的な感じるあるいは思惟するという能力との関係で要素的と言われる四つの大きなクラスに還元することによる」(Mémoire sur la décomposition de la pensée, Œuvres, Tome III, p.345) と述べている。

13 ここでは、この言葉が身体を意味するのか、物体を意味するのかが判然としない。実は、この用語の使い方にみられる曖昧さに、トラシイの体系の大きな難点が含まれているのであるが、このことは後に本文で詳述する。

14 明らかに、トラシイは意志と欲求を区別していない。ビランはすでに『習慣論』執筆の際の覚え書の一つに、「トラシイはまず知覚の起源を運動の感覚に置いた。つぎに、意志的運動の条件を付け加える必要を感じた。私たちは、自分自身ではない事柄を、私たちの意志に対する実際の抵抗により区別する。しかし、もし意志は欲求と同じ事物であるなら、この欲求はあらゆる種類の心地よい印象から生まれ得る感性的情動であるから、情動を印象を生じさせないで抑制する技術が、欲求が印象を保ち、呼び出す時には、非─自我の認識をもたらすことになるであろう。このことは筆者(ビラン)の学説に対立する」(Mémoire sur l'influence de l'habitude, Œuvres, Tome II, p.302) と記している。

15 op. cit., p.134 ビランは印象という言葉に、一般に感覚と言われる内容を含ませる広い意味を持たせつつも、印象を能動的と受動的に区別し、前者で感覚を、後者で本来の印象を言い表そうとした。しかし、後には感

16
覚と印象は言葉のうえでも区別されることになる。
ビランは「トラシイ氏が最初に sentir des sensations という定式を使った」として、「現実には、畳語法であろう。なぜなら、動詞の目的語は動詞自身に含まれ、私たちは異なる形式のもとで二回繰り返されたまったく同一の観念を持つだけであろうからである」と述べる。しかし、また「感覚を器官の機能の直接的結果として把握するかわりに、感じるという動詞で、主体が受け取る有機的で可感的な印象への主体の明らかな関与を表すことで、実際には畳語法はもはやない」と述べている。つまり、この事実において、ビランにとり、「感覚を感じるという定式は、十分に力強く意識の事実を表現する。それに対して、別の観点では、主体は、変容を知覚し、判断するため、それを器官あるいは主体の外部の項に関連づけることで、その変容から自分自身を分離する」(Mémoire sur la décomposition de la pensée, Œuvres Tome III, p.341, note) のである。

17
トラシイ自身は「喜びや苦しみにより、私たちの器官に到来した事柄により機会が生じ、影響を受けるという能力は、私たちが思惟あるいは思惟する能力と呼んでいることの一部である。この場合、思惟する、それは感覚を感じること、またはまったく単純に、感じることである」(p.24) と述べている。つまり、トラシイは sentir des sensations という表現を sentir の単なる言い換えと考えていたのであり、この表現で、ビランが引用文の後半で示した主体の側の能動的要素を含意するという発想はまったくなかったのである。
感覚的能動性 (activité sensitive) と運動的能動性 (activité motrice) との区別はビラン哲学の発展に大きな役割を演じることになる。アズビは『習慣論』の草稿の段階で、すでにビランの念頭には activité sensitive という考えがあったことを指摘している。(François AZOUVI, Maine de Biran La science de l'homme, J. Vrin, 1995, p.52) そして、この主張は他ならぬトラシイの『習慣論』についての書評 (Rapport de M. Destutt-Tracy, Œuvres, Tome II, pp.338-352) により支持される。

18 トラシイは『習慣論』の書評で、「ビランは私たちが通常感覚と名づける事柄を、印象と呼ぶのを好む。その理由は、この感覚の中の、私たちの内的器官に由来する感覚であるようないくつかは、ほとんど感じるという能力によっているからである。私たちの四肢の単純な運動が引き起こす感覚であるような他の感覚は、ほとんど私たちを動かす能力による。そして結局、ほとんどすべてが、異なる程度で、これらの結合した二つの能力の結果により構成される」(op.cit.,p.340) と述べている。ここで明らかなのは、トラシイが印象は受動的であるとの了解に基づいて、感じるという能力を受動的であると、動かす能力を能動的であると考えていることである。しかし、ビランはすでに感じるという能力に能動的要素を認めていたのである。トラシイは『習慣論』を虚心坦懐に読むというより、むしろここで自分自身の考えを投影し、この論文を十分に理解していなかったのである（なお、トラシイはコンクールでの『習慣論』の審査員であった）。そして、この感じるという能力についての見解の違いが、二人の哲学者を大きく隔てることになるのである。

19 このことに関連して、ビランは「トラシイ氏は私たちの四肢の運動の結果である漠然とした感覚は、感じる存在がそれを知ることなく欲求し得る唯一の事柄であり、感じる存在がそれを知る際には、それを体験したいという欲求に直接に続く唯一の事柄であると考えている」として、「ここには欲求するという用語の恣意的適用がある」と述べる。そして、「もし、私たちが欲求 (le désir) と要求 (le besoin) を混同するなら、個人が認識以前に自分自身を動かそうとする要求や欲求を持っているというのは真実である。しかし、運動の感覚は、この運動が知られる際には、それを体験したいという欲求に直接に続くと言う時には、この後者の欲求は実際には認識を仮定している意志そのものである」(op. cit., p.120, note) と主張する。

20 トラシイはやはり『習慣論』の書評でつぎのように述べている。「ビランは、観念学では、印象の中で、感性に属する事柄と運動性に属する事柄、受動と能動、またはむしろ感覚的能動性と運動的能動性、純粋に情動的な部分と知覚的部分、一言では、感覚と知覚を区別しなければならないと考える。」そして、「知覚的部分や知覚という言葉を、私たちを運動させる能力から派生する印象の部分を言い表すために使う。なぜなら、ビランは私たちがそのすべての認識を、自我の認識でさえも負っているのは、運動する能力と意志的運動の意識であると考え、純粋に情動的、純粋に感覚的な印象は、私たちを何らかの判断や、人格の判断、つまり現実に存在し、感じるのは私たちであると知覚することに基づく判断をおこなう状態にはけっしてしないと考えるからである」(op. cit., p.340) と述べている。

　このように、トラシイは少なくともこの感覚と知覚の区別に関しては、ビランの意図を的確に理解していた。しかし、ビランから学び、自分自身の学説を省みることはしない。おそらく、感覚的能動性と運動的能動性の区別に言及しつつも、この区別が持つ重要性に気がつかなかったと思われる。

21 『物体の観念の派生に対する反論への返答』(Réponses aux objections contre la dérivation de l'idée de corps)。この論文は注1で示した著作に収録されている。引用文の後のページ数はこれにしたがう。

22 ビランはトラシイについて、一つはその観念学の基礎に関し、一つはより一般的な認識の理論に関するという、大きく二つに分けられる論題で自分自身の考えを書き残した。ここで取り上げている二つの文献は最初の論題を扱っているのであるが、後の論題では『デトュト・ド・トラシイの論理学についての覚え書』、『トラシイ氏の論理学への注釈』などがある。ビランがトラシイに関心を持つようになったのは一八〇五年ころと推定されているが、一八一五年以降はトラシイへの言及は姿を消す (cf.Introduction, Œuvres, Tome XI-3)。そして、この一〇年間に、ビランの思索は最も直接に経験に与えられる自我の記述という問題から、この自我に基づいて信認される実体の解明へと展開していく。したがって、問題関心の変化に対応して、トラシイを論じる際の重心が移動することになる。ここでは実体あるいは本体が議論の中心となっている。

23 Introduction, p.XIV

第3章　アポステリオリな立場

——『自然の諸科学と心理学の諸関係』——

はじめに

メーヌ・ド・ビランは一八一三年から一五年、おそらくは一六年にかけて書かれた『自然諸科学と心理学の諸関係』[1](Rapports des sciences naturelles avec la psychologie) の中で、「道理にかなう認識のただひとつの手順は、最初の関係すなわち知られた原初の事実から出発して、絶対へと到達することにある。そして、絶対は観念あるいはなんらかの確定された認識の対象としてではなく、信認 (croyance)[2] の対象として、その本性からして不確定であり、すべての現実の認識または事実の認識の内に要素となる原理として入り込むけれども、それ自身はこの認識を構成することはない」(p.81) と述べている。ここで、ビランは二つの意見を主張していると言える。①認識は原初の事実から絶対へと進む時にのみ正しい手順を踏んだと言える。②絶対は認識の対象ではなく、信認の対象である。

ところで、一八一三年に書かれたアンペールあての手紙の中ではつぎのような発言がなされる。「まず問題となるのは、私たちが私たちの外部に絶対的に、それについて持っている実際の知覚から独立して存在していると信じている対象や事物は、ただ現象についての知覚の原因としてのみ存在すると信じられているのかどうかを知ることである。[3]」また、同じ手紙の中で、「絶対 (l'absolu) と本体的事柄 (le nouménal) を考えることは、私たちから独立してそれ自身で存在するような事物を考えることではけっしてない。そうではなく、私たちが自分の場所に置いた知覚を他の存在に移し入れることであり、いうなれば私たちから自己自身を奪いとることはできずにおこなわれる」[4]とも述べられる。

したがって、ビランが『諸関係』執筆当時に関心を向けていたのは、絶対的に、そして私たちの実際の知覚から独立して存在すると信じられている対象についての考察であり、特にこのような対象が現象の知覚の原因であるのかの探求であったと言える。そして、後の引用文に見られるように、絶対と本体的事柄の探求はあくまで原初の事実を出発点として、この基礎に立っておこなわれると考えられていたのである。

他方では、「もしなんらかの絶対が私たちに信認の対象としてもともと、そして必然的に与えられているのでなかったら、相対的な認識はないであろう。それは、私たちはまったく何も認識しないであろうということである」(p.80)と述べられ、同時に、「信認に基礎を置く精神の手順は、与えられたものとしての絶対から出発して知られた相対に到達することにある。これがアプリオリな形而上学の歩みである。それは私たちの認識の基本となる法則に反している」(p.81)と述べられる。

すでに、認識の基本となる法則は原初の事実から出発することであると明言されているのであるが、ここでは、そのような認識は信認の対象である絶対をその成立条件としていると断言される。けれども、認識はあくまで相対から絶対へと到るのであり、決して絶対から相対に向かうのではないことが強調される。そして、この後者の手順をたどる精神の歩みを認識の基本となる法則に反するとしつつ、アプリオリな形而上学と呼ぶ。

それゆえに、一八一三年以降のビランが絶対へと関心を向け、《実体の形而上学》[5]を構想する時、念頭に置かれていたのはアプリオリな形而上学の批判を通して明確にされるべきアポステリオリな形而上学であったと言える。このことから、『諸関係』は表題が示している自然諸科学と心理学の諸関係を扱いつつも、同時にアポステリオリな形而上学という考えを開陳することを目的としていると解釈することができる。

この解釈は『諸関係』の構成によってもその妥当性が明らかになると思われる。この著作では導入部でまず自然の科学と人間の科学が持つ観点の違いが論じられる。つぎに因果関係という原理についての説明がおこなわれる。これを受けて、アプリオリな形而上学が批判の対象とされるのであるが、批判の中心はこのような形而上学が本来区別されるべき二つの領域、認識と信認を混同しているという点に向けられる。そしてここでは特にデカルトとライプニッツが取り上げられる。そして最後にもう一度信認についてより詳細に言及された後、因果関係という原理の自然諸科学への適用が述べられることになる。

論考の力点は費やされた紙面の分量の上から判断しても、アプリオリな形而上学の批判、信認と認識の違い、そして因果関係の原理の適用という三つの問題に置かれていると言える。[6] このことから、自然諸科学と心理学の諸関係はアポステリオリな形而上学の構想の中で、あるいはこのような形而上学の構想に基づいて、特に因果関係の原理に関わる問題として扱われていると考えることができる。

ここでは、以上の理由から、ビランの構想するアポステリオリな形而上学とは何かを理解することを主な目的として、先の三つの問題を中心に『諸関係』を読み解く。しかし、はじめに論述の順序にしたがって、自然の科学と人間の科学についての概観がおこなわれている導入部から検討する。

自然の科学と人間の科学

（a）二つの科学の異なる性格

ビランはまず「事実を観察し、それを分類し、法則を措定し、原因を探求する。これが経験の哲学により精神にあてがわれた振る舞いの順序である」(p.1) と述べ、「あらゆる自然科学の偉大な進歩はとりわけ一世紀このかた、この経験と帰納という幸運な方法に負っている」(p.4) とする。

その一方で、「第一哲学あるいは人間の精神の現象についての科学に経験的方法の振る舞いを移し入れるというのは、虚しい主張となるであろう」(p.5) として、その理由をつぎのように列挙する。[7] ①内的観察は本質的に、その手段とその対象からして自然科学に基礎を提供するような観察とは異なる。②内的観察により見出される事実は自然学的分類を特徴づける類比や類似といった事柄を受け入れない。③空間の内に共在する現象を一つの観念または共通の用語のもとにまとめる観点は、時間の内に継続する精神の働きを識別する観点とは異なる。④思惟の普遍的で必然的な形而上学的法則は、偶然にして変化する自然学的法則と対比をなす。⑤自然学者が関わる現象の経験的な継起から考えられた自然学的原因は、心理学者が問題とする動力因とは本性上異なっている。

ここでのビランの意図は、自然の科学と人間の科学がその本性により大きく異なること、したがって前者で用いられ多くの成果をもたらした経験的方法がそのまま後者に応用されることはあり得ないことの確認であろう。もとより、二つの事象に違いがあってはじめてそれらに関係が生じるのであれば、考察の順序として、まず両者の違いを際立たせる必要がある。けれども、その論法はきわめて図式的であり、また使われている言葉も意味が十分に規定されているとは言い難い。やはり、導入部として詳細な考察は本文以下でおこなわれることを予想させる。

しかし、以下に述べるように導入部では同時に、いわば今後の研究の見通しを述べるに際して、その体系の礎であるとともに出発点であり、また人間の科学と呼ぶ学の実質内容にあたる心理学についての明確な記述がおこなわれる。言うところのアポステリオリな形而上学が言葉を換えれば、自我の心理学に実体を取り込むことで成立する学であるならば、その導入部であらためて心理学の規定がなされる時、まさに『諸関係』はこのような学の構想を目的にしていることを暗示するのである。

(b) 心理学の定義

ビランはその心理学をいくつかの心理学的用語の定義という題目により、一一の項目にわたって論述していく。①思惟し感じる存在が現実に意識的に知覚するあらゆる事柄は、この存在にとっては一つの事実(un fait)と呼ばれる事柄となる。②すべての事実は本質的に関係という性格を持つ。つまり、互いに区別されるけれども切り離されない二つの要素、知覚する主体と知覚される客体との合成体(un composé)である。③客体という名称のもとには、思惟する存在がその現実存在についての感情から区別されると認めるすべての事柄が含まれる。したがって、主体の内に生じる変容(modification)も、それが自我についての感情から区別される限り、自我との関係で客体とされ得る。④変容が客体とされる時には、変容が自我との関連で生じる、また自我以外の原因によるという二つの場合がある。前者は自我という内属の主体(sujet d'inhérence)とその様式(mode)の関係であり、後者は原因と結果という関係である。⑤自我が原因である変容は内的事実であり、自我以外が原因である変容は外的事実である。⑥外的であれ内的であれ、何らかの事実からその現象を抽象するならば、原因あるいは実体という概念が残ることになる。しかし、このような概念は意識の原初の事実、すなわち自我の現実存在という事実にその起源を求めることではじめてその実在性を保証される。⑦抽象により原因、実体からきりはなされる現象を直観(intuition)または情動(affection)[8]と呼ぶ。また。魂から身体への働きかけという事実から、あらゆる現象的要素を分離する時に残る事柄を直接的で内的な意識的知覚と名づける。⑧このような意識的知覚が内的現象あるいは情動と結びつくと感覚を構成するのであるが、自我が働いて感覚が生じる場合が能動的感覚、自我が働かない時が受動的感覚である。そして、前者を間接的[9]で内的な意識的知覚、後者を単純に感覚と呼ぶ。⑨意識的知覚が外的現象または直観と結合する場合には、意識的知覚は一般に表象と言われる事実を形作る。この時表象にはつぎの三つがともなう。A自分自身を表象する主体の内的意識　B空間がその分離不可能な形式であるような外的現象としての直観の認識　C直観という現象を惹き起こす原因である一つの存在、実体についての概念または信認。⑩自我は表象や情動の動力因となることはあり得ない。しかし、それらを自身にもたらすために、その活動により力を添えることができる。この時は、原因の一部と表象の主体が同じ意識の事実の中で同一になり、外的空間に必然的に関係づけられる直観から区別される。これが能動的表象である。これに対して、自我がまったく力を添えることなく情動や直観を体験する場合には、原因と表象の客体は空間において同一となり、時間において自身を意識的に知覚する主体から区別され、切り離される。これが受動的表象である。前者は外的な意識的知覚と呼ばれ、後者は知覚と言われるであろう。⑪直接的および間接的である内的な意識的知覚は本質的に、主体の実在性と感じられた内的現象(phénomène intérieur)の原因の実在性をともなっている。他方で、外的な意識的知覚は客体の実在性の信認、あるいは外的原因の信認をともなっている。けれども、外的原因の概念は二次的な明証性しか持たない、つまりこの概念がそれを正しいとするために基礎を置く内官の事実から引き出された明証性しか持たない。

これら一一にわたる定義の中で最も重要であり、ビランの考えの基本となるのは最後の定義であると思われる。内的な意識的知覚が主体の実在性と内的現象の原因の実在性を保証するというのは、まさにすぐ後で言われる内官の事実である。そして、外的原因はこの内官の事実にその明証性を負う。

ただ注意が必要なのは、原初の事実からここで言われる内官の事実への展開である。一方では、ビランは《内官の原初の事実》という言葉の使い方により、とりわけ主体の実在性の保証を念頭に置く。それに対して、他方では、内官の事実は主体の実在性を内的現象の原因の実在性として保証する。つまり、ビランはその体系の出発点を自我の明証性とともに、原因の明証性に置くことになる。自我が意志を核心とし、意志は行為の原因に他ならないとすれば、本来自我の明証性は同時に原因の明証性でもある。

しかし、『諸関係』では、「揺り動かすことができるであろう懐疑的な議論は存在しない」(p.11) 確固とした確信は、「私たちが現実に存在しているのは、同一で永続的な主体として、つまり私たちが意志的に作り出すいくつかの様式や現象の自由な原因、そして意志することも、働きかけることもなく感じる他の様式の受動的原因としてである」(p.11) ことを知らせる。

したがって、ここで言われる内的現象とは、意志的行為だけではなく、たとえば体感といった主体の内に自発的に生じる現象も含む。内官の事実が教えるのは、単に能動的原因である主体ではなく、またビラン自身が様式 (mode) と呼んでいるような現象に対する内属の主体、受動的原因という主体である。内的な意識的知覚はすぐれて主体の実在性をともなうとして、この主体は能動的原因であるとともに受動的原因でもある。このように、内官の事実は深く原因という考えと結びついている。

さて、定義の④と⑤をここで参照するならば、外的な意識的知覚では内属の主体とその様式という関係はあり得ないと言える。[10] 考えられるのは、「外的原因、それなくしては私たちの意志が産み出さない直観という現象が現実化することも、私たちの感官に現れ始めることもないであろう」(ibid.) と言われるように、原因と結果の関係、すなわち因果関係だけである。したがって、ビランが外的な意識的知覚には外的原因の信認がともなうと言う時、原因である客体とその結果として主体の内に生じた直観という因果関係がすでに想定されていたと推測することができる。ここから、客体の実在性、いうなれば実体が問題にされる場合には、その不可欠の前提条件として因果関係という概念が吟味されることになる。

また翻って、ビランは客体の実在性に関わる科学が自然の科学であり、主体の実在性は心理学あるいは人間の科学が問題にするとして、前者の基礎づけを後者がおこなうと考えていたと言える。なぜならば、客体の実在性について確信するためには、主体の実在性が前もって確証されていることが求められるからである。

このように、ビランが人間の精神の現象についての科学である心理学を第一哲学と呼ぶ時、その念頭には自然学を基礎づける学としての心理学、すなわち形而上学があったのである。この時から、ビランの心理学は現象とともに実体を目ざす学へと進展していくのであり、そしてこのことを可能にしたのが、因果関係の原理であり、信認という考えである。したがって、『諸関係』の導入部でおこなわれた心理学の定義は、出発点を確認しながらも、この著作の論旨と結論を見取り図のように示しているといえる。そして、つぎにこの作業を引き継ぐ形で自然の科学と人間の科学の関係が言及される。

(c) 二つの科学の関係

ビランにしたがえば、科学は「事実の三つの秩序」(p.12) に対応して三つに区分される。①外的事実の科学である自然学 (physique)。外的事実は「現象あるいは直観と…中略…それらの原因についての概念という二つの要素、二つの関係項」(ibid.) に分解されうる合成体である。②有機体としての内的現象の科学、つまり生きた自然の科学である生理学 (physiologie)。この科学が対象とする事実、内的事実は、動物的感覚による現象または情動とこれらの事柄が様態 (modalité) として内属する主体についての概念から構成される。③内官の原初の事実とそこから直接に派生する事柄に関わる心理学。内官の原初の事実は主体がおこなう努力とその相関項である身体との関係、あるいは原因である意志とその結果としての有機体の運動との関係である。

ビランはこのような区分をおこないつつ、また一方で「生理学は自然学の分科である」（p.13）として、基本的には自然学と心理学という二つの科学を考える。そして、自然学についてつぎのように述べる。「自然学あるいは自然の科学は直観により表象される外的事実の学である。外的事実は自然学ではまずそれ自身において考察される。つまり、単純にして絶対的であり、それらを知覚する主体、それらが内属する実体[11]またはそれらを産み出す動力因[12]とは関係がないかのように考察される。」（p.12）

ところで、先に述べられた心理学の定義の②と⑪を思い起こすならば、またいみじくも引用文が示しているように、外的事実は二つの関係項の合成体というよりむしろ三つの関係項からなると言うべきである。三つの関係項とは、現象または直観、それらの原因についての概念、そして現象や直観を知覚する主体である。ビランは外的事実を内的事実および原初の事実と同列に論じ、二つの関係項からなるとしたため、その一つをある時は知覚する主体とし、ある時は現象の原因についての概念とする。

このようにビランの記述には混乱があると言える。[13]しかし、いずれにしても確かなのは、ビランが自然学は〝直観により表象される外的事実〟の学、つまり外的現象の科学であるのにもかかわらず、そこでは現象の原因と知覚する主体が視野に入れられていないと見なしていることである。この点については、「この二重の関係はまさしく常に、確かなことであるが、思惟の親密さの中に存続している。しかし、それは認識の最初にして基本であり、深く習慣となっているがゆえに、精神は見失い、現象的直観にだけ結び付こうとする。そして、精神はその類似や可感的類比、継起と結合の秩序を探求し、同時に、繰り返された経験は現象的直観を法則に換える」(ibid.) と述べている。また、このような見解は自然学の一分野とされる生理学に対しても述べられる。[14]「この科学は同じように他を受け入れない仕方で、情動または生命や有機体の現象に傾注する。」(p.13)

では、心理学は何に傾注するのか。ビランは「心理学は私たちが何らかの認識を持つ場合に、その資格が正当であるかを問うことを提言する」(p.14) と述べ、「この第一科学はまずあらゆる事実に共通する形相的諸要素に傾注する。この場合には、変化し得る個々の現象は捨象される」(ibid.) と述べる。明らかに、心理学は認識の基礎付けをおこなうと考えられている。それゆえに、心理学が関わるのは何よりも形相的諸要素、すなわち自然学が捨象した関係項、原因の概念と知覚する主体である。

また、ビランは心理学が「現象の科学に基礎を与える」(ibid.) 場合、この作業は「現象の科学を意識あるいは自我の現実存在の明証にして動かし難い事実に基づかせる」(ibid.) ことによりおこなわれると主張する。原因の概念と知覚する主体は自我の意識の中で探究され、この意味で「心理学はまったく内的な第一経験に基礎を置く」(p.15) のである。

自然学と心理学という二つの科学は、前者を後者が基礎づける関係にあると考えられていることを確認して、最後にビランのつぎの発言を検討する。「心理学を原初の事実または要素的概念についての科学に限定することで、この科学は外的な対象を持つ派生した諸科学に説明あるいは分析の仕方をまさに提供し得るであろう。」(p.17)

これらの言葉は、心理学はとりわけ原因の概念と知覚する主体に関わるとして、このことはあくまで認識の領域に属するという考えを明瞭に示している。心理学は自然諸科学を基礎づけるとして、それは後者が内的であれ外的であれ現象を対象とする限りにおいてである。これらの科学が実体を対象とする時には心理学は役割を終え、形而上学が登場する。

ビランはすでに私たちの認識は現象のみに関わり、実体は認識の領域を超えた信認の対象であるとしつつも、実体の想定がなければ認識は成立し得ないことを主張していた[15]。この観点から、現象の領域では心理学が自然学を基礎づけるとして、実体の領域では自然学は形而上学により基礎づけられるのである[16]。

そして、私たちの精神の歩みは現象から実体へと、認識から信認へと進むのであれば、このような形而上学は心理学から出発して構想される、まさにアポステリオリな形而上学でなければならない。言葉を換えれば、心理学は知覚する主体すなわち認識する主体に、形而上学は信認する主体に関わる。また、認識主体は信認主体を想定してはじめて成立しつつも、後者が理解されることができるのは、ただ前者を通じてだけである。

因果関係についての一般的考察

(a) 因果関係と継続の関係

ビランはライプニッツの言葉の一部を導入部の冒頭で Corporeae machinae mentibus inserviunt と、また導入部の最後で quod in mente providentia est in corpore fatum と引用する。[17] このように、ビランの念頭には必然性が支配する外的世界と自由な内的世界という区別があり、この区別に対応して自然学と心理学の区別が考えられていたとも言える。したがって、二つの科学の関係を理解するためには、やはり因果関係がその要石となる。

ここでまず問題となるのは、因果関係 (causalité) と継続の関係 (rapport de succession) の違いである。すでにビランは、コンディヤックが私たちの認識をすべて感覚により説明しようとする時、それによっては認識の起源が示されないと批判していた。[18] このことを引き継ぐと思わせつつ、つぎのように述べる。「私たちは常に項の限りない並びにおいて、最初の項にまで、ただ時間の秩序の中だけではなく、その上に発生の秩序の中で上昇することを余儀なくされるという傾向は、私たちの内に、感覚の欲求以外の欲求、それだけでは決して必然的で条件付けられない最初の項という概念にまで上昇しないであろう想像力以外の能力があることを十分に証明する。」(p.36)

この引用文で重要なのは、ビランが現象の一繋がりの中で最初の項を考える場合、時間のうえで最初である (primus tempore) ことと、発生の秩序のうえで最初、つまり本性的に上位である (prius natura) こととを区別している点である。そして、この区別にしたがって継続の関係と因果関係とが識別されることになる。

ビランはやはりコンディヤックを思い浮かべているのであろう、「魂のひとつの現象である感覚（情動的印象あるいは直観）を観念の起源、悟性の能力としての認識の原因または発生原理と見なすことは不可能である」(p.37) と述べる。ビランの立場では、感覚は時間に関しては最初であり得る。けれども、発生に関しては最初ではあり得ない。なぜなら、「現象はその資格において、それを開始させる原因を要請する」からである (ibid.)。

では、この場合（魂の現象である感覚）には原因は何であると考えられるのか。「この原因はここでは、私たちが絶対的秩序において魂に帰属させる自我の固有の力、または帰納により自我の力に倣って考えられ、そして私たちが物質的実体に移し入れる外的力である。」(ibid.)

引用文から明らかなのは、ビランは原因として第一に自我の固有の力を念頭に置き、外的力はあくまで帰納により自我の力に倣って (à l'instar de celle du moi) 考えられ、物質的実体に移し入れられると見なしていることである。ここから、因果関係はその実在としての存在様式はともあれ、少なくとも認識の水準では、自我を範型として理解されると主張されることになる[19]。

ここで自然学と心理学との関係という問題を思い起こすならば、自然学者は外的現象を観察し、「それらの継続という秩序を経験にしたがって」(ibid.) 把握することに専念する。したがって、ビランは「彼らは原因、実体の絶対的実在性を仮定するにしても、それらの本性を見極めること、どのような資格で私たちはその実在性を認識する、あるいは信認するのかを知る必要はない」(ibid.) とする。それに対して、心理学では、「ある現象の動力因を捨象することはほとんど可能ではなく、この原因は原初的に自我と同一化される限りこの科学の主題そのものとなる」(ibid.) のである。

ビランの心理学が認識の起源を問う時、認識は感覚に始まるとしても、その感覚自身は何らかの原因によって生じるのであれば、必ずその原因を問わなければならない。そして、この原因は自我あるいは自我にならって理解された外的原因であるとされる。このことを確認しつつ、ビランの因果関係についての考えの特徴を整理すると以下のようになる。

①因果関係は継続の関係とは異なる。したがって、「私たちは現象の継起を原因性の法則（因果律）にしたがわせることによってのみ経験可能にする」[20]と断言することはできない。なぜならば、自然学においては、因果関係は現象と実体、実体と実体の間に想定されるだけであり、現象と現象の間には経験されないからである。②自然学では因果関係は認識の対象ではなく、信認の対象である。それゆえに、感覚界（mundus sensibilis）は現象だけしか含まないとするならば、「因果律は現象界以外では意味を持たず、使用されることはできない」[21]と考えるのは事態を転倒して理解しているのである。③心理学においては、原因は自我であることから、因果関係は現象間の関係として直接に経験に与えられる。この意味で認識の対象である。④自我の核心は意志であり、意志は自由に行動する能力であることから、心理学での因果関係は自由に基づく因果関係であり、自然界を支配すると想定される必然性[22]とは根本的に異なる。けれども、後者は前者を範型として理解される。

（b）因果関係という概念の性格

ビランの考える因果関係はアプリオリという性格を持つ純粋悟性概念（Kategorie）として経験の可能性

を基礎づけるのではなく、経験に与えられる、あるいは経験そのものであり、この意味で経験に基礎を置く概念である。このことに関連して、ビランは「因果関係の原理あるいはそれを言い表す命題はとりわけ総合的である。すなわち、主語と属詞の同一性を断言するに限られるのでは決してなく、後者を言い表す時には、前者にそれには含まれていない、そして他の源泉に由来する要素を付け加えるのである」(p.42) と述べている。

因果関係では原因と結果との間に本性上の違いがあり、このことにより因果関係は継続とは区別される。この考えにしたがえば、因果関係の概念は結果の分析により原因を見出すことで獲得されるのではなく、結果に原因が付け加わるという意味で総合的であり、それゆえにアプリオリではあり得ない。

ビランは因果関係という概念の性格を明確にするために、ここで一般的観念（抽象）と概念の違いに説き及ぶ。一般観念についてはつぎのように言われる。「可感的性質は多様な客体から抽象される。そして、この多様な客体について、思惟する主体はそれらの類比的な性質や属性、たとえば形、色、固さなどを比較することで類似を意識的に知覚する。その時から、主体はこのような類似を、それらの間に同様の類比的関係を持っているあらゆる客体に適用できる一般的あるいは共通の用語で表現する。」(p.45) 一般的観念は、一言では、諸事物の類似に基づいて形成された人為的観念であり、類や部類という考えがこの例である。

これに対して、概念は「経験の対象や現象への普遍的な適用からは独立して (indépendamment de leur application universelle aux objets ou phénomènes de l'expérience)、その個別的で現実的な範型 (leur modèle individuel et réel) を意識の事実の中に (dans le fait de conscience) 持つ」(p.43) と言われる。ビランが概念と言う時、考えられているのは原因、実体であるとして、すでに見てきたように、これらは自我の具体的経験に基づいて形成される。ビランの立場では、概念は経験の対象や現象に普遍的に適用される、この限りで概念であるとしても、その基礎は個別（具体的経験）にある。

したがって、「一般的観念あるいは範疇 (catégorie) は第一にして基礎的な概念ではない。また、概念は一般的観念ではない」(p.47) と主張される。ここで確認できるのは、因果関係は徹底的にアポステリオリな性格を持つと考えられていることである。加えて、「一般的観念は人為的統一の象徴、ドイツの人々が言うような概念の図式と見なされるかもしれない」(ibid.) と言われる。因果関係は概念ではあっても、概念の図式ではないのである。[23]

ビラン自身がこの点をつぎのように明言している。「①真実であるのは、あらゆる範疇は論理的[24]、人為的で経験に依存した価値しか持たないことである。それ故に、もし概念が一つの性格や異なる価値を持つのであれば、概念は範疇ではない。②けれどもまた真実なのは、概念は感覚の偶発的観念と本質的に分離される現実的、絶対的、必然的という性格を持つ。」(p.48)

概念は経験に基づくといっても、この経験はいわば外的経験ではなく自我の内的経験、内官の原初の事実である。このことから、ビランは概念に絶対的、必然的という性格を主張する。ところで、先の引用文でビラン自身が認めているように[25]、自我の内的経験はすぐれて個別的であったはずである。なにゆえに、本来個別的である経験に基礎を置く概念がそのまますぐに現実的な性格はともあれ、絶対的あるいは必然的な性格までを持つことができるのであろう。ここにビランの哲学を根本で支える一つの前提が見出される。つまり、ビランが自我と言う時には、個別的自我と同時に常に普遍的自我である自我一般が念頭に置かれている。ビランの出発点である経験とは、他ならぬ《私》の経験なのである。

したがって、ビランの考える概念には一種の曖昧さがともなうと言うことができる。概念はその起源を個別的経験に置きつつ、何らの媒介（抽象、帰納あるいは演繹）を経ることなく普遍的に経験の対象や現象に適用されることになる。けれども、起源における個別、適用における普遍というこの曖昧さははからずも生じた事態では決してなく、一種の決意とともに敢えて引き受けられた事態である。この点に関連して、「二つの意見がある。一つは、概念はその本質からして絶対的で普遍的であり、この資格により生得的であることを望む。一つは、あらゆる一般的または普遍的観念の中に、純粋な人為、欠くことのできない素材としての感覚や外的経験の産物に対して結局は働きかける私たちの精神が作り出した作品しか見ない」(p.49) と言われる。

これら二つの意見に対して、一方では、概念は生得的ではなく経験に基づくことが示される。他方では、概念と一般的観念は区別され、後者は確かに人為にすぎないとしても、前者は単なる人為あるいは言語の習慣による産物ではなく、実在性という性格を持ち得ることが主張される。ビランの概念に関する考えは曖昧であるというより、むしろ両義的であり、この両義性がまさにビラン本来の意図、すなわち調停的立場を可能にするのである[26]。

アプリオリな形而上学

(a) 一般的理解

ビランは論を始めるにあたって、つぎのように述べる。「私たちの時代では、とりわけ近代形而上学の真なる父と見なすべきデカルト以来、形而上学者たちは存在が即自的に、絶対においてどのようであるかについての存在論的思弁を放棄したように思われる。」(p.53) また、「私たちの精神が必ず必要としている概念の体系を等閑に付し、感官の分析、人間精神の能力の分析に着手することで、…中略…私たちは人間精神をありのままに表現する代わりに、それを部分的側面の一つにおいて示すにすぎない観念的な理論に達し得ただけである」(p.54) と述べる。

ここで確認できるのは、ビランは同時代の哲学は「存在を私たちにとってあるように、また私たちの認識する仕方との関係において」(p.53) 考察することに専念している、しかしこれでは不十分であると考えている点である。ビランにしたがえば、「絶対的実在や本質的理拠 (ratio essendi)」(p.54) については、「人間が問いただし、信認することを余儀なくされる」(ibid.) からである。

その一方で、「ロック、コンディヤックの理論、そしてほとんどすべての形而上学者は実際、拒絶し得ない、それ自身で明証な所与として、本性的にいくつかの能力をそなえた霊魂と、私たちがそれについて持っている表象的観念から独立したいくつかの第一性質をそなえた物体の実在的で絶対的な現実存在を仮定している」(p.55) と言われる。ビランは、いわゆる経験論者を含め同時代の形而上学者たちは、私たちの認識に与えられる事柄のみを探究するとしつつ、実際には認識を超えた領域に属する事柄をあらかじめ仮定していると見なす。

したがって、ここで問題となるのは、人間の精神をありのままに表現するために、それにとっては必然的要請である絶対的実在や本質的理拠を理にかなう仕方で取り込むということである。このために必要なのが認識と信認の区別であり、それぞれの領域に属する事柄の確定である。

では、この作業はどのようにおこなわれるのか。ビランは「人間の精神に属するあらゆる概念と信認の起源と性格を、意識の原初の事実とそれ自身で比類なく同一化する最初の概念の内に探ることによる」(p.66) と主張する。ここで言われる最初の概念が因果関係の概念であることは言をまたないであろう。

そして、「私は実体、力、あるいは原因という概念は感覚の観念でも、他の概念と同様に抽象でもないことを証明しようとした」(ibid.) として、ここでの作業の意図を、「このような概念は決して生得的ではなく、すべての経験から決して独立しているのではないことを理解させる」(ibid.) と明言する。この見通しにしたがって取り上げられるのがアプリオリな形而上学であり、具体的にはデカルトとライプニッツである。

（b）デカルト

デカルトの学説を検討するにあたって、最初に基本となる考えが確認される。「相対的な事柄は先立って現実に存在する一つの絶対をあらかじめ仮定している。しかし、この絶対は私たちがそれを認識するに到るとすぐに、あるいは私たちがそれを認識するということだけで、絶対的である事をやめ、必然的に相対的という性格を持つ。それゆえに、私たちが絶対的な事柄について何らかの確実な認識あるいは観念を持つと言うのは、この絶対的な事柄が存在することを信認し、それを私たちの精神から切り離し得ない、あらゆる認識に先立って現実に存在する最初の所与であると認めることを妨げ得ないとしても、矛盾を含むのである。」(pp.80-81) このように基本となる考えを確認しつつ、まず、デカルトの cogito を分析していく。

（c）cogito

はじめに、「有名な原理である Je pense, donc je suis を提言しつつ、デカルトは最初の個人的認識から、他方では生得観念の資格で確立した一つの絶対についての概念あるいは信認を演繹する必要を感じていたと思われる」(p.88) と言われる。ここで〝最初の個人的認識〟とは、ビランの用語では、自我についての意識であり、私たちの個人的な現実存在に関する直接的で意識的な知覚である。また、ビランがこのような意識や知覚は思惟と呼ばれる事柄の基礎であると考えていることは、「自我や意識なくしては決して思惟はない。まさに思惟である内的で意識的な知覚なくしては決して自我はない」(p.89) と主張されていることから明らかである。

したがって、デカルトの原理はビランによって、「私は現実に存在する、あるいは現実に存在していることとの意識を持つ。故に私は存在する」(ibid.) と言い換えられる。そして、このように言い換えると、ビランの論点はきわめて明瞭になる。この原理の前半は自分自身を意識的に知覚し、思惟する限りでのみ自分自身に対して現実に存在する自我に関する認識を言い表す。それに対して、後半は絶対的存在、「自分自身を自我と言う主体は持続する実体、即自的事物であるという信認」(ibid.) を含意する。

ビランのこの後半部についての主張は、デカルト自身「私は一つの実体であり、そのあらゆる本質、本性は思惟することのみであり、存在するためにどのような場所も必要ではなく、またどのような物質的事物にも依存しない[27]」と述べていることから、妥当性は疑い得ない。

ところで、ビランは述べている。「デカルトがその出発点に忠実なままであったら、または内官の事実の明証性にしたがうという手順を続けていたら、つぎのように言うに違いなかったであろう。私が自分自身に対して現実に存在するのは、私が自分自身を現実に存在していると感じ、あるいは私が思惟している時間と同じだけである。わたしは常に思惟しているのではない。また、常に自我の意識を持っているのではない。それゆえに、私が現実に存在すると言う時に私が意識的に知覚し、認識するのは存在、すなわち自我の意識から独立して現実に存在すると見なされ、信じられている魂という持続する実体ではない。」(pp.89-90)

ここに見られるように、ビランがcogitoを分析する時、そのすべてが批判の対象となっているのではない。確かにデカルトの原理では、前提であるje penseのjeと結論であるje suisのjeは記号の上で一致するにすぎない。また、ビラン自身が「承認されるべきは、事実の真理：〝私は思惟する〟と、絶対的真理：〝私は思惟するものである〟は同じ類には属さない、また、同じ本性ではないということである」(p.94)と言っているように、前者から後者を演繹する事は不可能である。

しかし、ビランが言うように〝その出発点に忠実なままであったら〟、デカルトの原理は人間の精神の歩みの正しい手順を示しているとも考えられるのである。つまり、最も直接にあたえられる自我の意識から出発して、存在や実体という概念に上昇するという過程である。もとよりこの場合には、認識と信認の区別とともに、存在や実体は認識の対象には決してならないことを認める、いわば認識能力の自制[28]が必要とされるのであるが。

したがって、ビランの念頭にあるのは、デカルトによる自我の意識の発見を確保しつつ、その哲学をアプリオリではなく、アポステリオリな方向に向けることであると言える[29]。そして、このような試みに可能性をもたらしたのが、デカルトが混同したとされる認識と信認の区別なのである。

さて、ビランはデカルトの原理にもう一つの難点を指摘している。それは抽象的で一般的な命題(proposition générale abstraite)と普遍的命題(proposition universelle)の混同である。ここで言われる抽象的で一般的な命題とは、「その論理的主語が、私たちが自ら類似するいくつかの対象を観察し、その個別的で種に関わる差異を捨象することで形成した部類や類に属する用語」(p.97)であるような命題で、普遍的命題は「その現実の主語は普遍的で必然的であり、私たちの精神に常に現前している」(ibid.) 命題である。

デカルトの原理が個別的な事柄の認識である je pense から、帰納により、抽象的で一般的な命題である je suis に移行するのであれば問題は何もない。けれども、デカルト自身は je suis により普遍的命題を意味していたことは明らかである。ビランはデカルトが考えていた命題をつぎのように表現する。「思惟する、またはその個人的な現実存在を認識するためには、そしてそのような現実存在を認識する以前に、一つの事物、一つの実体がなければならない。私は思惟する、私は自らを認識する。故に私は一つの事物、一つの思惟する実体である。」(ibid.)

一般的に言って、個別から普遍を演繹[30]することは不可能であり、可能なのは個別から一般を帰納することである。ビランの言葉で表現すれば、私たちが個人的な自我について持つ意識からそのまま普遍的で必然的な概念へと上昇することはできないのである。あるいは、認識の対象である個別から信認の対象である普遍を演繹することはできない。この点については、「私たちは普遍的命題（絶対的必然性という性格をともなう）を個別的な事柄の認識から形成すると言ってはならない。反対に、私たちが普遍的性格を個別的命題に付け加えるのは、この普遍が個別的命題から独立して与えられ、私たちの本性に内在する信認という先立つ原理の効力が働く限りである」(ibid.) と言われる。

デカルトの原理を分析しつつ、ビランが示したのは、デカルトが認識と信認の区別をおこなわなかったこと、またこれにより帰納と演繹を取り違えたことである。そしてビランは、デカルトがこの区別に気がついていたならば、その哲学はアポステリオリな方向に進み、その原理は人間の精神をありのままに表現したと確信する。したがって、ビランはデカルトが放棄した出発点である自我の意識を受け継ぎ、これに忠実であることで、デカルトの哲学を反対の方向へと鋳造し直そうと試みたと言うことができる。

(d) 存在論的証明[31]

ビランは次のように述べている。「デカルトにしたがえば、魂が自身の内にそれについてのどのような原型も持たない事物に関して生得的な観念がある。神、無限、最大、全能など。そして、デカルトが直接にこれらの観念の客観的で形相的な実在性を結論づけるのは、まさしく私たちの魂はそれが決して作ることのない、またそれ自身の内に何らの範型も見出すことができないこのような観念を考える能力を持っているという理由による。」(p.121) ここで問題とされているのは、デカルトがたとえば「私たちが自身の内に神あるいは一つのまったく完全な存在の観念を発見するということのためには、…中略…私たちはこの観念は非常に完全な一つの存在、すなわち真に存在する、または現実に存在する神によるのみであると認めるよう強いられる[32]」と述べているような、私たちは神の観念を持っている、故に神は存在する、という主張である。

ところでビランは、『諸関係』と同時期に書かれたとされている『デカルトの形而上学的省察についての注釈[33]』の中で、第三省察から「より完全である、すなわちそれ自身においてより多くの実在性を含んでいる事柄は、より完全でない事柄からの帰結やそれへの依存ではありえない」という章句の引用をおこないつつ、つぎのように述べている。「この真理から、デカルトは無限の観念と神の完全は有限で不完全な私たちの精神の作品ではあり得ないと結論する。ここから、この観念は一つの原因、私たちの精神より卓越し、現実存在がそれに帰属するような一つの対象を持たなければならない。したがって、神は存在するということになる。この推論はまったく説得的ではない(34)。」

ビランは「観念あるいは映像（image）と概念との混同がデカルトの形而上学の主要な誤りである(35)」と述べ、また「確かなのは以下のことである。私たちは実在する現実存在、実体、原因、延長、数に関して概念または信認を持っている。けれどもこれらについて、私たちの精神には何らの観念または映像もない(36)」と主張する。

ビランにしたがえば、観念は対象を表象するけれども、対象の実在性を私たちに知らせることはない。この実在性に向かうのは概念である。しかし、概念は表象することはない。この点については、「概念は私たちに何も表象しない。概念は私たちにただその名前が意味する事物や存在の絶対的で必然的な実在性を保証するだけである。そしてこの時には、私たちはこれらの事物やその属性を表象したり、想像することはできないであろう(37)」と言われる。

ここで、ビランの基本となる考えを確認するならば、観念は認識の領域に属し、対象の表象をおこなう。そして、あらゆる認識は自我を出発点とするのであるから、あらゆる観念は自我を範型として形成される。したがって、無限と完全という観念は有限で不完全である自我に基づいている。それに対して、概念は信認の領域に属する事柄についてその実在性を断言するのであり、またそれ以上には及ばない。なぜなら、信認の領域に属する事柄は経験を超えているのであり、概念によりそれらを表象したり、想像したりするのは不可能だからである。

デカルトによる神の存在証明は結局のところ、認識の領域と信認の領域との混同にすぎないとも言えるのであるが、では、なにゆえにこのような事態に到ったのであろう。ビランは、「デカルトがおこなう因果律という関係の使用は常に曖昧である。なぜなら、同じように結果の列に実体、変容そして現象を加えるからである[38]」と述べている。

ここでのビランの主張は二つの点に要約できると思われる。①デカルトは観念の産出と存在の産出を混同している。②観念の産出の原因として自我以外の他の原因に訴える必要はない。デカルトとビランが共有している思想的背景にしたがえば、神は世界の創造主として、とりわけ存在の産出の原因であると考えられる。前者は観念の産出と存在の産出をともに神に帰している。後者が正しいと考える認識の領域から信認の領域へ、経験に与えられる現象から経験を超えた実体へと進む手順では、存在の産出という実体間の因果関係を認める可能性は一つしかない。まさに認識と信認の両者を超える信仰 (credo) の領域においてである。そして、もし後者に神の存在証明を求めるとしたら、存在の産出の究極原因としての神以外には考えられない[39]。それに対して、観念は私たちの認識能力の範囲内で産出されるのであり、自我以外にその原因を探ることはもとより必要ないのである。

ここで『諸関係』にもどるならば、ビランのつぎの発言に出会うことになる。「自我あるいは最初の関係である意識から出発することで、私たちは明瞭にどのようにして絶対、存在、実体、力という概念が自我や意識から分析と反省された抽象により派生するのかを理解する。反対に、その出発点を生得的と仮定された絶対に置くならば、絶対から相対を派生させることはできない。」(p.122)

ビランは無限と完全という観念は、有限で不完全である自我を出発点として抽象により形成されると考える。デカルトは無限と完全という観念は私たちに生得的であると仮定する。そして、このような観念の起源を説明する窮余の策として、神をいわば高みから到来させる。デカルトによりその存在が証明される神は、一種の機械仕掛けの神であることは指摘されるべきである。

二人の哲学者は自我の意識からともに出発したとしても、その隔たりはあまりに大きい。そしてビランにしたがえば、この隔たりは、デカルトが認識と信認、帰納と演繹との区別に注意を払わなかったことに加えて、観念と概念との区別をないがしろにしたことによる。この点を確認しつつ、ビランはライプニッツへと向かう。

(e) ライプニッツ

ライプニッツを検討するに際して、ビランは基本となる立場を確認する。「自我は出発点、支点、少なくとも絶対的実在性の信認が結びつくあらゆる概念の本質的媒介でなければならない。」(p.122) この言葉はライプニッツ批判の一つの見通しを示している。つまり、ライプニッツの体系は自我から出発していない、そしてその結果としてここで言われる本質的媒介についての理解を欠いているのである。この点について、ビランは「ライプニッツが私たちは至る所に存在を見る、なぜなら私たちの魂は一つの存在だからであると発言する時、どのようにして魂はそれが一つの存在であることを知る、あるいは信認するに到るのかを言わない」(p.124)と述べている。

では、ライプニッツはなにゆえにこのような発言をすることができたのか。ビランは述べている。「私はライプニッツの哲学の中に、以下のことを証明するのにとりわけ適切であると思われる一つの例を取り上げる。原初の事実の彼方に、したがって自我の外に出発点を置くならば、原理の科学はそれ自身が原理や基盤を持ち得ない、また仮説あるいは誤謬推理に基づくだけである。」(p.131)したがって、問題となるのは、ライプニッツが基づいているとされる仮説の解明である。

(f) 予定調和

ライプニッツは予定調和という考えについて、『単子論』[40]では、「この体系は物体[41]はあたかも精神がまったくないかのように(不可能なことではあるが)働きかけ、また精神はあたかも物体が何もないかのように働きかける、そしてこれら両者は互いに影響し合うかのように働きかけるようにするのである」と述べる。

また『諸実体の本性と相互関係についての新学説』[42]では、魂と身体の統一という問題を扱いつつ、この両者をまったく同じに動く二つの時計にたとえて論を進める。そして、同じ動きをすることの説明として、A互いの影響、B補助の介在の想定、C予定調和という三つの説を挙げる。ライプニッツは、Aは通俗的哲学の、Bは機会原因論の説明であるとして、最も説得的なのはCであるとする。「先行的な神の巧みは、はじめからこれらの実体のそれぞれを、完全にして多くの正確さをともなって規則づけられた仕方で形成したのであるから、それぞれがその存在とともに受け取った固有の法則にしたがうだけで、それぞれは他と互いに一致する。」

ここで明らかなのは、ライプニッツが予定調和と言う時、このような関係はあくまで実体の間に想定されているということである。[43] たとえば、ライプニッツは「単子は単純な実体に他ならない」[44] とし、また自我はそのままで実体であると理解している。「反省という行為は私たちに自我と呼ばれている事柄を考えさせる。そしてこのようにして自分自身を考えることで、私たちは存在、実体を考える…以下略。」[45]

したがって、ライプニッツの体系では自我と魂とは区別されないのであり、すべての議論は実体に関しておこなわれる。ビランがライプニッツは自我の外に出発点を置くと言う時、念頭に置かれているのは、私たちの経験に与えられる限りの自我である。ライプニッツは自我から出発している。ただ実体である自我から出発しているのである。この点を確認したうえで、ビランの主張を検討していく。

ビランは述べている。「ライプニッツは予定調和という仮説的原理にしたがって結論する。生得的であれ、獲得されたのであれ、概念あるいは観念の資格で私の魂の中にあるすべての事柄は、私の魂がその鏡であるような外的実在の世界に対応している。このことは、私たちの魂の中にある概念と外部にある実在との間の予定調和という仮説に関しては真実である。けれども、何が私たちにこの仮説の真理を保証するのであろう。」(p.125)

この発言で明らかなのは、ビランが予定調和あるいは仮説的原理と言う場合、意味しているのは、概念や観念と外的実在との対応関係である。もとよりビランの立場では、実体の間に想定された予定調和については、いわば判断を停止しなければならない。恐らくこの理由によるのであろう、問題とされるのは副次的予定調和(46)である。このように、ビランによるライプニッツ理解には一種の偏りがあることは否定できないと言える。しかし、この点を留保しつつ、ビランの主張に耳を傾けてみる。

ビランは「この哲学者は言っている：私は自我の内に、原因と結果という概念を発見する。故に、それらの間では原因が結果に対してあるような実体がある」(pp.124-125) と述べる。そして、「直接に主観的因果関係から客観的因果関係へと、または原理から魂の外部への適用に移行する。そしてこの時には、どのようにしてこの絶対的原理が一つの概念になるのか、他の現実存在に適用される以前に魂や自我により認識されるのかを言わない」(p.125) と主張する。

ここでビランにより先に言われた〝自我は絶対的実在性の信認が結びつくあらゆる概念の本質的媒介である〟という言葉が重要になる。ビランの立場では、私たちに固有の力の内的感情である主観的あるいは個人的因果関係が範型となり、客観的因果関係、つまり対象に移し入れられた力という概念が成立する。そして、この内的感情は、自我（相関項との関係で把握される努力の主体）の内的で意識的な知覚を構成する。したがって、自我なくしては力の概念はなく、力の概念なくしては客観的因果関係を信認することはできない。

また、魂の概念は自我の意識に信認が結びつくことで成立する。「別個に考えられた魂の絶対的実在性という概念の以前に、意識の原初の事実に結びつく最初の信認がある。そして、意識の原初の事実では、働きかける力の感情は働きを受け取り、それにしたがう固有の項についての感情から切り離されない。」(ibid.) ここでも、自我なくしては魂の概念はなく、魂の概念なくしては魂の絶対的実在性を信認することはできないのである。

ところで、ビランがライプニッツを精読したのは一八一一年から一八一九年にかけてと推定されているのである）、一八一九年に書かれたとされる『ライプニッツの哲学説についての叙述』では、つぎのように述べている。「はじめに純粋に存在論的な観点に位置することで、ライプニッツはそこにすべての概念作用と、外的あるいは内的な本性を持つ事実そのものまでを導いていく。真理、絶対的実在は抽象的な事柄の中にしかなく、感じられ、判明ではあるけれども常に雑然として区別されないその表象という具体的事柄の中には決してない。(48)」

ここで存在論的観点(49)と言われるのが、アプリオリな観点であるとして、ビランはこの論考を書いた時点では、ライプニッツの体系がまったくアプリオリな形而上学であり、実体に始まり実体に終わる哲学説であることを諒解していたのである。このことは、「この観点では、数学は形而上学または実在の科学とその表現あるいは命題の形式によってのみ異なり得るであろう(50)」という言葉が端的に示している。

しかし、『諸関係』が書かれた時点では、アプリオリな形而上学としてライプニッツを批判するとしても、後に現れるような諒解は未だ判然とはおこなわれてはいなかったと思われる。たとえば、「私たちが実体の実在性を結論づけるのは、普遍的にして客観的な因果関係からではない。反対に、因果関係はこの普遍的という資格では、すでに信認の原理により絶対的実在性が帰属させられた実体の間でしか考えられない。唯一の原初の関係は自我という個別的因果関係であり、外的な因果関係がそれに適用される前に、概念はここから抽象と反省により派生する」(p.154) と述べつつ、「これが私たちの認識の体系における発生の秩序であり、この認識の体系を信認の体系に統合する親密な絆である。そして、後者は前者と平行して進み (marche parallèlement)、前者から派生することはあり得ない」(ibid.) と断言する。

ここで、引用文の最後の箇所に注目すると、ビランは〝認識の体系と信認の体系は平行して進む〟と考えていたのであり、この考えにしたがって、認識の体系を主観的因果関係、信認の体系を客観的因果関係と置き換えるならば、この二つの種類の因果関係も同様に平行して進むと言うことが出来る。

さて、ビラン自身が取り上げているライプニッツの言葉、〝私は自我の内に、原因と結果という概念を発見する。故に、それらの間では原因が結果に対してあるような実体がある〟を、この二つの種類の因果関係が平行して進むという観点から捉え直してみる。

ライプニッツ自身は《故に》という表現で、前件から後件が派生すると考えていたとして、ここで《故に》をあえて前件と後件の平行関係の表現と解釈することは決して不可能ではないと思われる。そして、ビランが意図したのはまさにこのような解釈であろう。現実には、「ライプニッツは認識の進展の論理的説明を探究したのに対して、ビランはその経験的説明を探究した」[51]と言われるように、両者の間には越え難い違いがあったのであり、またビランはこのことを十分に理解していた。

しかし、ビランのデカルト批判が言葉の厳密な意味での批判であるのに対して、そのライプニッツ批判はいわば批判的継承の試みである。ビランの基本姿勢はライプニッツの考えを自分自身の体系に適合するように組み替えることである。そして、この姿勢はつぎの動力因と目的因という問題でも示される。

（g）動力因と目的因

この問題を扱うに際して、ビランは述べている。「なにゆえにライプニッツは、もし私たち自身が原因ではなく、あるいは魂と区別される自我が一つの原因ではないとするなら、どのようにして私たちは因果関係についての何らかの概念を持ち得るのであろうと自問しなかったのであろう。」(p.136) ここでのビランの主張は二つの事柄に関わる。ライプニッツは私たちが因果関係という概念を持っていると考えている。けれども、このような概念の範型を魂から区別される自我に求めようとしない。

また、つぎのように述べている。「ライプニッツは、もし私たちの外部に因果関係に置かれているような実体または存在がないとしたら、どのようにして因果関係という普遍的で必然的な関係が私たちの精神に与えられるのであろうと問う。そしてここから、実体の絶対的実在性が結論されると主張する。」(ibid.) ビランは、ここでは、ライプニッツが因果関係は何よりも実体間の関係であると考え、またこの関係が私たちに実体の絶対的実在性を知らせる[52]と主張していることを示す。

このような意見に対して、検証しなければならないのは、果たしてライプニッツ自身は、ビランの主張しているような因果関係を念頭に置いていたのかどうかということである[43]。たとえば、ライプニッツは「被造物は完全さを持つ限り外部へ働きかけ、不完全である限る他から働きかけを受け取る[53]」と述べる。

この発言を取り上げるならば、原因と結果という考えが表明されていると言うことができる。しかし、他方では、「原因と結果は同じ内容を持つ二つの知覚であり、その内容を前者は展開し、多様に示し、後者は包蔵、統一という状態で示す[54]」と主張されている。

結論として、ライプニッツは、「被造物の間では、能動的働きと受動的働きは相互的である。なぜならば、神は二つの単純な実体を比較しつつ、それぞれの中に、一方を他方に適合させることを強いるような理由を見出すからである。その結果、ある点では能動的な事柄は別の考察点にしたがえば受動的である[55]」と述べている。

このように、ビランの意味での因果関係、言葉を換えれば動力因をライプニッツの体系に読み込むことはきわめて困難であると思われる[56]。では、ビランはどのような論拠に基づいて、いわば強引な試みを敢行したのか。この問題を解決するための一つの手がかりは、ライプニッツのつぎの言葉である。「精神は目的因の法則にしたがって、欲求、目的、手段により働きかける。物体は動力因あるいは運動の法則にしたがって働きかける。そして、この二つの領域界、動力因界と目的因界はそれらの間で調和している。[57]」また、「Causæ efficientes pendent a finalibus[58]」という主張である。

これらの言葉により確かめられるのは、ライプニッツは少なくとも物体の世界では動力因が働いていると考え、また動力因は目的因にその基礎を置くと考えていることである。特に後者に関しては、「身体の変化は魂の変化を導くのではない。反対に、身体の変化を決定するのは、魂あるいは中心的で、支配的であり、常にその基盤において同一である単子の発展である[59]」と言われる。

ここで、ライプニッツの身体と魂の関係を、ビランの原初の事実と重ね合わせるならば、因果関係が浮かび上がる可能性はあると言える。そして、身体と魂はともに実体であるとするなら、ライプニッツは実体間に因果関係を想定していたと言えないこともない。しかし、一方でこの薄氷を踏むような解釈をおこないつつ、ビランはつぎのように述べている。「魂は決して一つの動力因ではない。そして、ライプニッツは予定調和の体系には魂に因果関係を断言することを嫌う。」(p.138) また、「もし魂がそれ自身の内に因果関係を見出すのであれば、それは魂が自分自身が何であるかを意識的に知覚する限りではなく、魂が事物をあるがままに表象する限りである」(p.139) と主張する。

ビランの論法は以下のように整理できる。ライプニッツによれば因果関係の概念は魂の中にある。しかし、魂自身は因果関係を持たない。したがって、因果関係は魂の外部にある実体間の関係であり、魂はこの関係を表象しているのにすぎない。「もし、因果関係の概念が私たちの精神に、原因と結果という関係にあるような実体がある限りでのみ現実に存在し得るのであれば、これらの実体は私たちの魂の外に現実に存在するのでなければならない。そして、因果関係の原理はこのような実体の表現であると同時にその証拠である。」(p.140)

ところで、先に言及した『叙述』ではこのように言われる。「もしあなたが因果関係という真なる原理を捨象し、産出的原因の位置に十分な理由を置くのならば、現象の繋がりを可能な限り遡ったとしても、そこに神すなわち意志することで作用と創造をおこなう至高の知性的人、力を発見することはないであろう。[60]」

『叙述』が書かれた時点では、ビランは自身の企てが不可能であることを納得したと思われる。したがって、もしここで引用した文が説得力を持つと思われるとしたら、ビランはライプニッツを虚心坦懐に読むことで、はじめてその体系を正当に評価できる立場に立ったと言えるのかもしれない。

結局、『諸関係』では、ビランは一方ではライプニッツをアプリオリな形而上学として批判しつつ、他方ではアポステリオリな形而上学の構想という主題のもとで、ライプニッツから自由に曲想を取り、それを自由に変奏しようとしたと思われる。しかし、仮にこのような試みがいわゆる調停的立場という動機によるとしても、ここでは調停はむしろ曲解として姿を現すと言うことができる。

信認について

アポステリオリな形而上学が原初の事実から出発して、実体にまで到る学であるならば、このような学の成立には自我と魂の区別とともに、自我から魂への移行という問題の解決がその不可欠の要素となる。そして、この解決の鍵となるのが信認という考えである。ここでは、まず、ビランの言う原初の事実とは何かを確認しつつ、原初の事実と信認との関係を探ることから論考を進めていく。

(a) 原初の事実と信認

ビランは自我の核心は意志であるとし、意志に基づいておこなわれる努力とその相関項である身体との関係は、私たちの意識に最も直接に与えられるという意味で、意識の原初の事実であるとする。このことを確認すると、「原因である努力の感情と、その結果である特定の変容の感情は、分かち得ないけれども区別される意識の事実に属する二つの要素である」(p.107) と言われている。

さて、ここで意識に属する二つの要素は分かち得ないけれども区別される（indivis mais distincts）と述べられていることに着目するならば、これら二つの要素は少なくともそれぞれ別々に理解され、書き留められるはずである。このような行為は「反省と抽象という能力を使うことにより」(ibid.)、また「記号により」(ibid.) おこなわれると言われるのであるが、ビランはそのことにより派生する事態をつぎのように述べる。「二つの切り離された概念が生じる。一つはあらゆる特定の努力から独立し、その持続は実現された行為が決してない時にも働きかける傾向であるような一つの力という絶対の概念である。他は物体的で受動的であり、努力により変容され、動かされることができる、しかしその持続はすべての変容や実現された運動から独立している一つの実体という絶対の概念である。」(ibid.)

ビランの発言を整理するならば以下のようになる。原初の事実を構成する二つの要素を区別して理解する時、一つは力の概念が、他は物体という概念が生じる。そして、両概念がともに関わるのは、経験に与えられる現象からは独立した、持続する実体であり、この意味で絶対である。

ところで、私たちの経験する現象から反省と抽象という能力により、また記号を助けとして現象の背後にある実体という概念を形成するというのは、きわめて日常的な行為であると思われる。たとえば、ビラン自身が「一般的に、人間の精神は決して現象にとどまることはできないであろう」(p.36) と述べている。

では、何がこのようないわば一般的行為に特別な意味をもたらすのであろう。

ビランは、「これら二つの概念は、必然的な信認という資格で反省的精神の中で確立される」(p.107)と述べ、必然的信念(croyance nécessaire)という考えが提出されるのであるが、注意するべきはこの必然的という言葉である。まず、ビランはここで言われる二つの概念についてつぎのように述べる。「これらはその原理を思惟し、感じる精神の本性の中に持っている。」(p.108)けれども、このことから、「これらは生得的でアプリオリであり、また概念として内的や外的なあらゆる経験から独立しているとは結論されない。」(ibid.)では、二つの概念が私たちの精神の本性に根ざしつつ、アプリオリではなく経験に基づくとして、このような概念の成立に与る信認は必然的であるとは何を意味するのか。

ビランの立場では、原初の事実は意識の直接経験であるのに対して、実体の概念は直接には経験に与えられない。また、最も理にかなう、その意味で最も自然な精神の秩序は、経験から出発して経験を超えた領域に到るという手順である。それゆえに、信認は精神がその本来の傾向にしたがうならば必ず生じる働きであると言える。また、信認は精神に必ず生じるという理由でその本性に属すると考えられる。

信認は精神の本性に属する働きとして、本来日常的であり一般的である。しかしビランは、このような働きに必然性という性格を賦与することで特別な意味を考え、哲学的な概念化を試みているのである。[61]

続いてビランは、信認に関連してつぎのように述べる。「ほとんどすべての形而上学者たちが仮定したように、魂という実体(l'ame substance)が人間の自我(le moi humain)と同一であるなら、信認の探究は無用となり、対象をまったく持たなくなるであろう。」(ibid.)これらの言葉が示しているように、信認は原初の事実から出発する時にその固有の意味を持つのであるが、自我と魂が区別されることではじめてその役割が明確になる。

ここで自我と魂の区別を確認しなければならない。自我は「現実に存在し、運動と固有の身体に示される努力をともなったあらゆる能動的様式の直接の原因として、内的経験の内で自分自身を自覚する。」(p.110) 魂は「思惟する、また持続する実体として、現実の意識の外にある。」(p.111) この区別に基づくならば、魂は原初の事実とはまったく異なるのであり、それゆえに精神の歩みの入り口に位置することはできない。魂の概念は「おそらく人間の精神が上昇し得るであろう (puisse s'élever) 抽象の最後」(ibid.) なのである。そして、ここで言われる s'élever がまさに信認の働きである。

では、結論として、信認は人間の精神の働きでどのような位置を占めるのであろう。この問いに対してはつぎのように言われる。「私たちがすでに情動的現象、直観的現象そして自我（意識の原初の事実と認識の原理あるいは基礎）という名称のもとで区別した三つの要素に、今第四の要素として信認を加えることができる。」(p.113)

ビランは主体の内に生じる変容を内的と外的に分けるのであるが、前者は主体が原因の変容、後者は主体以外が原因の変容である。そして、内的変容を情動、外的変容を直観と名づける[62]。この両者は言葉を換えれば感覚与件であり、ここに自我が加わることで認識が成立する。したがって、私たちの精神の働きが感覚に始まるとして、自我とともに認識が成立するならば、信認は「認識の体系に結びつくことにより、この体系に私たちが承認することを妨げ得ない、またこの体系なくしては生起しないであろう絶対という性格を刻印する」(ibid.) のである。このように、信認は認識の体系が必然的に要請する絶対的実在をいわば保証することで認識を補完する。

ただ注意するべきは、信認が第四の要素として、認識を構成する三つの要素に加わるというのは、あくまで認識の水準においてという制約である。このことはつぎのように説明される。「意識の相対的事実はまさにその基礎や原理を絶対の中に持っている。なぜならば、何らかの絶対的実在がこの事実の以前にある限り、私たちはそれを考えるようになるとすぐに、それを信認することを妨げ得ないからである。しかし、私たちが絶対的実在を信認し、考え始める時には、絶対の概念やその信認は順番として、原初の事実または最初の関係に基づく。なぜならそれらなくしては、信認の原理とは言わないまでも、信認の非決定な対象の概念があり得ないであろうからである。」(p.115)

ここに見られるように、信認という精神の働きと信認の対象である絶対的実在は明確に区別されている。この区別はまた認識の水準と実在の水準の区別でもある。ビランは、信認は認識の後に位置し、認識を補完するとしても、信認の対象である絶対は認識に先立ち、認識を基礎づけると考える。

(b) 自我と魂の関係

ビランの体系の中で、信認という考えがどのような意味を持ち、私たちの精神の働きでどのような位置を占めると見なされているのかを確認した後、論考の対象となるのは自我と魂の関係である。なぜなら、信認という考えはこれら両者の区別によりはじめて問題となるからである。また、ビラン自身が〝ほとんどすべての形而上学者たちは両者が同一であると仮定している〞と述べているように、形而上学をアプリオリとアポステリオリに分かつ岐路はここにあるとも言えるからである。

自我と魂の関係について、ビランは「意識を持ち、自分自身を原因であると認識する自我は、いまだ魂についての何らの概念も持ち得ないであろう」(p.118) と述べる。その一方で、「二つの異なる時間の中の、たとえば自我の眠りのはじめとおわりを区画する間隔の中の記憶により認められる自我の同一性は、自我が相対的な時間の間で現実に存在するのを止める時にも、一つの存在または絶対的に持続する実体についての必然的な信認を導くに違いない」(ibid.) と述べる。また、「このような信認の権威だけで、存在の絶対的実在性を確証するのには十分である」(ibid.) とする。

このように、記憶により認められる自我の同一性が絶対的に持続する実体、すなわち魂への移行の媒介となることが言われ、またこのような精神の歩みは信認のみにより支えられると主張される。では、自我は信認により確証される存在とどのように関わるのか。この点についてはつぎのように言われる。「自我は一方では、そして現在現実に存在していることを自ら知る限り、このような存在と同一化される。しかし他方では、自我がこの存在に経験によって自分自身にはふさわしくないことを知る絶対的で永続的な持続を帰属させる時には、この存在から区別される。」(ibid.)

ここでビランは、自我 (le moi) は現実に存在する (exister) と、それに対して信認の対象である存在 (un être) は文字通り存在する (être)、あるいは持続する (durer) と考える。また、引用文の前半が示しているように、現実存在 (existence) はその基礎を存在 (être) に置くと見なす。したがって、認識は現実存在に、信認は存在に向かうとして、やはりこの観点から見ても、認識はその基礎を信認に置くことになる。

つぎに、自我と魂が持つ（と信認される）性質の関係を問うならば、このように言われる。「私たちが概念と呼ぶ事柄を構成するのは、それ自身が必然的で普遍的な信認の対象であるので、別の仕方ではなされ得ないままにおこなわれた抽象である。」(pp.118-119) もとより、自我から出発して魂に移行するのであれば、魂の概念は自我から抽象されることになる。「あらゆる概念は、自我についての意識の原初の事実から抽象されたとして (comme abstraite) 考えられる。」(p.119) しかし、ここでとりわけ重要なのは、ビランの「それは、自我に固有に帰属するとして、自我により認識された事柄を私たちが分離する時に残存する事柄である。つまり、自我の感情や思惟の外にあるように魂に帰属すると認識され、信認された事柄である」(ibid.) という発言である。

ビランが考える魂の性質は、端的に言って、自我にあらざる性質である。いわば消極的規定とも言えるのであるが、自我と魂を区別する立場に最も適合するのはこのような規定である。自我と魂はその存在様式を本来異にしているのであれば、自我に見出される性質は魂の内には信認されない。信認されるのは、自我に基づいて考えられつつも、自我には見出されない性質である。「自我は自分自身の外部に移し入れられることはできない。自我はそれがない所では自らを意識的に知覚することはできない。」(ibid.)

さて、魂の性質は三つ挙げられている。「絶対的な (absolues) 実体、持続、因果関係」(ibid.) である。そして、これらの性質の中で、問題となるのは最後の絶対的な因果関係であると思われる。ビランは「自我の因果関係についての直接的で内的な意識的知覚がなければ、私たちは絶対的な力という概念を持たないであろう。したがって、存在や実体の概念も、それらがこのような知覚から派生する限り持たないであろう」(ibid.) と述べている。

すでに言及したのであるが、ビランにしたがえば、魂の性質は自我に基づいて考えられるけれども、自我が持つことのない性質である。しかしながら、少なくとも引用文を見る限り、自我と魂はともに因果関係という性質を持っていると考えられている。それに加えて、存在や実体の概念はこの因果関係から派生すると言われるのである。

ここで、《絶対的な》という言葉に注目してみる。この言葉が《実体に関する》という意味を持つのであるならば、自我の因果関係は現象間の関係であり[63]、魂の因果関係は実体間の関係である。したがって、自我と魂は因果関係という同じ形式で、まったく内容の異なる性質を持つのである。ビランは「自我は出発点、支え、あるいは少なくとも絶対的実在の信認が結びつくあらゆる概念の本質的媒介でなければならない」(p.122) と述べる。この考えにしたがえば、因果関係という概念に関して、自我は魂の範型でなければならない。そしてこの範型とは、形式の同一、内容の差異なのである。

いずれにしても、形式に限られるとはいえ、自我と魂は因果関係という同じ性質を持つと考えられていることは確かである。ここにビランの微妙な立場が現れているとも言えるのであるが、自我と魂はその存在性格を本来異にしていることを考慮するならば、このような事態は不可避であったのかもしれない。

(c) 魂への移行

自我から魂への移行という問題については、すでに絶対的実在や実体の概念がもたらされるのは、「反省と抽象という能力による」(p.107) と言われているのであるが、この説明では不十分であると思われる。ここではより詳細な論及を求めていく。

ビランは「外的原因の観念は自我の因果関係の感情から帰納されるのと同様に、絶対的力あるいは魂という実体の概念は存在と外的実体の概念から帰納される」(p.123) と述べる。ここで言われる自我の因果関係は、原因である意志とその結果として生じた身体の運動との関係であり、外的原因の観念はこのような自我の因果関係を範型として作られる。この考えはすでに何回となく明言されているのであるが[47]、この引用文で注目するべきは、後半の部分の〝魂という実体の概念は外的実体の概念から帰納される〟という箇所である。つまり、ビランの考えでは、魂の概念は直接に自我から帰納されるのではないのである。

このことに関して、「自我はそれが原因である能動的様式のもとでのみ自分自身を自覚する。同様に、他の現実存在をそれが原因ではなく、その努力なしに開始して持続する受動的様式のもとでのみ知覚するであろう」(ibid.) と言われる。また、「したがって、外的な現実存在ははじめには原因でしかない。これが最初の信認であり、原理から事実への移行である」[64] (ibid.) と主張される。

また、ビランは自我が自分自身で産み出すことなく体験する感覚を「受動的感覚」(ibid.) と呼ぶのであるが、このような感覚について、「この受動的感覚を自我以外の原因に結びつける最初の帰納は、(原因である)自我の感情 (le sentiment du moi cause)[65] が魂という実体または絶対的力の概念に近づく以上に、この自我以外の原因がおそらく抽象的記号によってのみ異なる外的実体 (substance étrangère) の概念に近づく。そして私には思われるのであるが、分析は外在性 (extériorité) という概念をこの自我の感情と魂という概念との間にある本質的媒介として認めるべきである」(pp.123-124) と述べている。

ここで原初の事実に立ち返るならば、原初の事実は意志とそれに対する抵抗との相関関係である。そして、この相関項を切り離す時には、意志からは力 (force) という概念が、抵抗からは物体的実体 (substance corporelle) という概念が由来すると言われていた (p.107)。このように、ビランにとり最も身近な実体は corporelle なのである。また、引用文が示しているように、〝外的な現実存在ははじめに原因である〟と考えられるのであるならば、経験に受動的感覚が与えられた時、その原因として第一に認識されるのは外的な現実存在である。したがって、現実存在であれ実体であれ、ビランは étranger や extériorité という言葉によそよそしい distant という意味は想定しない。むしろ身近な proche という意味を込めているのである。実体が問題となる時には、そこに最初にあるのが物体的あるいは外的実体である。実体とはまさに外在性である。魂が少なくとも実体である限り、魂という概念に到るのには外在性という媒介が必要となる。

この考えを支えるのは他ならぬ原初の事実であり、意識の事実は主体だけではなく、まったく同じ資格でその相関項についてもその明証性を保証するという立場である。ビラン自身はつぎのように述べている。「まず始めに言うのであるが、絶対的実在の信認は原初的に意識の事実と一つになるべきである。つまり、切り離された要素のそれぞれに結合され得る以前に、同じ関係の内に一緒に置かれた主体と努力の相関項とに結びつくべきである。」(p.127)

結論として、自我から魂への移行は二つの媒介を必要とする。一つは自我自身であり、一つは外在性である。前者は魂の性質の理解に関わり、後者は魂の実在性の確信に関わる。しかし、いずれにしても魂の性質とその実在性はともに信認の対象であり、自我から魂への移行は認識から信認へという異なる二つの領域の間でおこなわれるのである。

ビランはこの異なる二つの領域に関連して、「おそらく事物の本性あるいは私たちの認識手段が関わる事物そのものにより、私たちの精神に課せられる本質的な境界がある。そして、踏み越える試みが決しておこなわれないように、これらの限界を確定するのはとても大切であろう」(p.131) と述べている。また、この境界や限界については、「私たちが知り得ること (ce que nous pouvons connaître) と常に知ることがないと意を決すべきこと (ce que nous devons nous résoudre à toujours ignorer) との区画線である」(ibid.) とする。ここで言われる区画線が、認識と信認の明確な区別であることは疑い得ないと思われる。

因果関係から実体へ

信認という考えをめぐり論及を続けたビランは、最後にこの問題の締めくくりとも言える問いを発する。「実体の不可視で外的な世界の実在性が、前提あるいは必然的で先立つ原理としての因果関係の原理から、理にかなって演繹[66]され得るためには、この関係がはじめに具体的に相関項とともに与えられ、相関項のそれぞれが抽象的に、関係の外部で、実際にまた絶対的に現実に存在すると考えられ、信認されるに先立つ

ことが必要ではないであろうか。」(p.143)

ビランの言う因果関係の原理を、その性格に即して確認するならば、何よりも厳密に現象の間に見出される関係である。この理由として、私たちの経験に具体的に与えられるのは、現象間の因果関係だけであることはすでに主張されていた。ここでは、これに加えて以下のような理由が挙げられる。「原因から結果へという関係は、実際に私たちにとり、それ自身においてまたはその存在の絶対の中で考えられた実体が、存在することを開始する限りで、同じ原因から結果へという関係のもとで考えられた他の実体とともに持ちうる関係では決してない。このような無からの創造は、信認という資格、少なくとも概念という資格以外では、私たちの精神によってその本性に異質であるとして変ることなく斥けられる。」(p.145)

もう一つの性格は、因果関係の範型は自我に求められるということである。「私たちにおいて、運動あるいは意志的活動の中に因果関係を発見する。」(p.164) したがって、自我から魂への移行は、認識の対象であるとともに、この領域で経験される因果関係を実体の世界、信認の領域へ適用するという側面を持つ。

では、この適用はどのようにしておこなわれるのか。ここでこの節の冒頭の引用文に戻ると、〝(因果関係を構成する) 相関項のそれぞれが抽象的に、関係の外部で〟と言われている。ビランは前提条件として の因果関係が与えられている場合、実体はこの関係の相関項を抽象的に (in abstracto)、そして関係の外部で理解することで精神の対象となると考えている。

そして、このようにして理解される相関項について、「魂と身体という概念は、原初の事実をその区別される二つの項に分析あるいは分離することで形成される」(p.153) と述べる。原初の事実は二つの項に分離されるという考えに、実体は因果関係を通じて把握されるという考えを総合するならば、因果関係から実体としての魂と身体という概念が形成されることになる。また、ビランは「これらの概念は直接に、また原初の事実を抽象した行為そのものにより、普遍的、必然的そして絶対的な性格を持つ。この性格のもとで、私たちは不可視の力の世界と実体の世界を考える」(ibid.)とする。

ところで、ビランはすでに先立つ著作[67]で、「同一性はとりわけ自我に帰属し、自我においては時間の形式のもとで認められるだけである。類似は常に私たちの外に表象された対象をともなって具体化される。類似は対象においては空間の形式のもとで認められる。けれども、ここには自我はもはやない」と述べ、同一性と類似を区別していた。

その一方で、「哲学の進歩を最も遅らせたと思われるのは、現象の類似関係に基づく類や部類という観念と、私たちが見ることも想像することもないけれども、それについては確固として確信している現実存在[68]のあらゆる確実性が基礎を置く反省による抽象的観念とを混同することであった[69]」と主張していた。

このように、ビランは一般的観念と抽象的観念を区別するのであるが、特に前者に関しては、明確にされるべき違いが、「それが多少とも拡がりのある集合を表している対象のいくつかの類比や類似にしたがって形成された類という観念と、同様に一般的と呼ばれながらも、私たちの外に現実に存在する何らの対象にも関係づけられず、対象に何も聞きただすことなく確立された別の観念との間にある[70]」とする。また、後者については、「自我すなわち内的な範型をその起源とする[71]」と述べる。

このような区別と信認との関係を考えると、信認によりもたらされる概念は一般的観念の性格とは相容れないと言える。なぜならば、このような概念は経験を超えているという意味で、対象の類似にしたがって形成されることはあり得ず、また対象と無関係に形成されるのならば単なる無意味となるからである。

したがって、実体の概念は抽象的観念の性格を持つ。そして、抽象的観念は同一性が帰属する自我を起源とするのであれば、実体の概念は普遍的であると考えられるのである。「一つの事実から抽象されたことにより生得観念に属さず、感覚あるいは外的直観の間のどのような類似関係にも基づかないことで一般的観念にも属さない概念が持つ普遍的で必然的な性格は、自我という起源により説明される。」(p.131)

ビランは「自我は原因から結果へ、意志された努力から感じられた運動へという関係のもとでのみ自分自身に対して現実に存在し始める」(p.152)と述べつつも、また、「意志され、意識的に知覚された努力を考えることは、それを引き起こす現実的、絶対的、持続的な力なくしては不可能である。その結果である運動を意識的に知覚し、感じることは、力が示される延長し受動的である実体なくしては不可能である」(p.153)と述べる。

自我あるいは原初の事実は因果関係に他ならないとして、このような因果関係はやはり実体間の因果関係を想定してはじめて理解されると考えられている。「魂と固有の身体は実際に、判然と現実に存在している。原因から結果への関係はこのことの表現であり、証拠である。」(ibid.)[72]

しかし大切なのは、「私たちが実体の実在性を結論づけるのは、普遍的で客観的な因果関係によってではない」(p.154)ということである。出発点はあくまで自我であり、個別的な因果関係である。ここから抽象と反省により実体の概念が生じ、信認がこれらの概念にその実在性を賦与する。この過程を経て、因果関係は普遍的で客観的という資格で実体間に適用されることになる。個別から普遍へ、現象から実体へ、結論として認識から信認へ、「これが私たちの認識の体系にある生成の秩序であり、この体系を信認の体系に統一する内的紐帯である。後者は前者と並んで歩みを進める。しかし、前者から派生することはできない。」(ibid.)[73][74]

ビランは自我を範型とする因果関係は「まったく主観的な起源を持つ」(ibid.)とし、このような観点は「観念論を利するように思われる」(ibid.)と述べる。同時にまた、「他方で私たちの観点では、自我を構成する最初の関係はすでにそれとともに、身体などの必然的な現実存在をともなっている」(ibid.)と主張する。これらの言葉が示しているように、原初の事実に基づく自我の哲学は一方では主観的な観念論を利するとしても、他方ではたとえば身体を自我の必然的な構成要素として認めることで、客観的な実在論への通路を確保しているのである。

信認という考えが何よりも実体の概念をもたらすのであるなら、ビランはこの考えを体系に取り込むことで、より明確に観念論と実在論の調停という立場に立つことになる。この意味で、《信認》はビランの調停的立場の表現であり、またその根拠でもあると言える。

因果関係の二つの秩序

『諸関係』では最後に、いわば表題で示された問いに答えるかのように、因果関係の二つの秩序が論じられる。そしてここでも、議論は原初の事実から始まる。はじめに、「努力は不可分なしかたで身体の慣性あるいは筋肉感を含んでいる直接的な感情であり、私たちがデカルトとともに魂と身体の結合と呼ぶべき事柄はそこにある」(p.161) と述べられる。ビランにしたがえば、このような〝魂と身体の結合〟は意識に最も直接に与えられる事実であり、まったく内的に把握される。それゆえに、この事実を内的に明確に意識している主体から、外的な表象の客体へと移しかえるというようなことは不可能である。

このことを確認しつつ、ビランはその一方で、「現象として明らかな運動を生じさせるあらゆる最初にして有効な原因は、衝撃力という概念の下でのみ理解され得る。なぜならば、このような力はまさしく私たちが身体を動かし、身体により外的物体を動かそうとする意志のあらゆる働きの中で示す力であるからである」(p.163) と主張する。このように、自然界に見られる運動を引き起こす原因や力の最も基本的な類型は、私たちの自我感と同一視されるような努力感に見出されることが言われる。

では、どのようにして自我を構成する力は外界の事物、外的実体に移し入れられるのであろう。言い換えるならば、最初に私たちの内で把握された動力因という観念は、どのようにして私たち以外の存在に帰せられるのであろう。

この点については、ビランは「このことは帰納という原理によりおこなわれる。そして、この原理は私たちの個人的な現実存在という原初の事実に、そこに含まれることはないにしても、直接に結びついている。この原理は私たちの本性の法則である」(p.164) と述べる。

ここで言われる〝本性の法則〟は、認識から信認へという人間の精神が持つ傾向であり、この傾向を最も顕著に示すのが帰納という原理であると考えられる。人間の精神は意志に基づく運動や行動をおこなう時、自分自身の内に因果関係を発見する。そして、自分自身に意志的ではない変容が生じた場合に、このような関係を適用し、帰納により結果としての変容から原因である外界の存在を措定する。「私たちは自分自身の自我が一つの原因、力、主観的統一であると自覚する、またはこのように現実に存在する限りでしか、自然の中には諸原因、力、統一はないことを知っている。」(ibid.)

ところで、ビランはすでに動力因と物理的原因を区別し、[75] 後者は連続する運動の単なる結合にすぎないのであるから、前者は心理学的因果関係に見出され、範型として自然界に移し入れられると考えていた。この立場から、ここでヒュームが言及されることになる。

そして、「深遠な懐疑論者のヒュームがこの原理（因果関係）の現実的にして本性的な基盤を崩すために用いたすべての推論は、完全にこの仮説（物理的原因）に適用されることに注意してください」(p.167)と言われ、また、「次のことは真実である。あらゆる動力因の真なる範型を発見するために、ヒュームが言うように、自己(soi)の外に視線をさまよわせ、それぞれの外官に尋ね、感覚によるすべての観念から演繹された一連の三段論法や形式上の推論から始めることが問題なのではない。その眼差しを内部に戻し、活動あるいは努力の内官（感）(le sens intime)にただすことが問題なのである」(ibid.)と言われる。

また、続いてヒュームに言及しつつ、物理的原因について、「実験での原因が正確にそれに対応するべき結果の中に認められるのは、それが可能な時にはいつでも、どれだけ（combien）ということの評価による。私たちがまたいくつかの類似し、それらの間に何らかの恒常的関係、数的関係を持つ結果は、同一の原因に帰属していると決定し得るのは、ただそのような評価による」(p.169) と述べる。

ビランにしたがえば、物理的原因は帰するところ、連続する運動や同時に生起する運動の量的評価、統計的頻度を使って、それらの原因を類推したにすぎない。それゆえに、物理的原因は産出的原因、つまり動力因を包み込むことはできない。

ここで、ニュートンが例として取り上げられ、つぎのように言われる。「惑星間の曲線運動の量と、異なる高さから地球の中心へと落下する物体の運動量を比較することで、ニュートンは最も賢明な帰納により、これら二つの種類の現象は、私たちはこれらの間に何らかの共通点があるとは想像しなかったであろうが、完全に類似した法則にしたがっていること、またその結果、一つの同じ原因、自然全体に拡がっている引力あるいは重力に帰せられることを発見した。」(ibid.)

そして、このニュートンの発見に対して、「帰納と連続するまたは同時に起こる現象の比較により、それらを産み出すと見なされる共通の原因にまで遡った後に、この自然学者はどのような種類の概念をこの原因に関して作り上げたのか」(ibid.) と問う。

ビランは自然学での原因と結果という関係の探究は、結局のところ、《どれだけ》の評価にとどまり、《どのように (comment)》が究明されないままであると考える。しかし、他方では、この《どれだけ》と《どのように》との間に物理的原因と動力因の境界があり、この境界を越えると、「私たちは目的において無謀であるとともに、結果において虚ろな仮説や思弁の不毛な領野に入り込むことになる」(p.170) と確信する。なぜなら、「動力因はどのような仕方でも、類似した現象の分類に入ることはできず、またそのような現象の法則を表す数量的計算のどのような形式にも入ることができない」（p.171）からである。

したがって、もし自然学者が物理的原因、外界に生起する事柄の継起と結合の秩序を決定することにその使命を限定する、つまり現象を観察し、分類しつつ一般的法則を措定することだけをおこなうのであれば問題はないのである。けれども、ビランは実際には自然学者は動力因を常に想定していると考える。

この例として、ここでもニュートンが、特に万有引力が取り上げられる。まず、万有引力は「観察と経験が重さを持つ物の落下のそれぞれ個別の場合、または個々の惑星のそれぞれの運動の内に検証し、計算を援用した帰納が一般化し、法則とした可能な限り最も一般的な事実の記号である」（p.179）とする。そして、「しかし、引力という言葉はその上に別の価値（効力）を持っていないのであろうか。一般化された結果の概念とは異なる概念をともなっていないのであろうか」（ibid.）と問う。

ビランは引力という言葉には、計量的方法により一般化された事実に加えて、もう一つ別の内容が含意されていると考える。この内容とは動力因に他ならないのであるが、自然学者は心ならずもこの概念を使っていると見なされる。ビランにしたがえば、人間の精神は現象の背後に隠されていると想定される何物かに訴えかけるという傾向を無視することはできない。それゆえに、自然学者はこの人間の精神の本来的傾向により、動力因という概念を暗黙のうちに前提としているのである。

ビランはまた、「自我が原因として構成される原初の事実から、あるいは外的力を私たちに理解させる帰納[76]から出発するなら、精神の自然な進展は媒概念である運動という仲介により、原因から可感的結果へと下降することにある」（p.209）と述べる。ここで動力因は原因から結果へと進むことで理解され、物理的原因は結果から原因へと遡及することで把握されることを考慮するなら、精神の自然な進展は動力因に向かうと考えられるのである。

ビランによる因果関係の二つの秩序、あるいは動力因と物理的原因の区別という問題の提起は、心理学と自然諸科学との関係についての考察に帰着する。そして結論として以下のように言うことができる。①心理学はどのような場合にもその所与を自然諸科学からは受け取らない。また、その方法にしたがうことはない。[77] ここでいう方法とは、観察し、分類し、法則を定立し、原因を探究するという方法である。なぜならば、心理学の所与は意識の原初の事実と、この事実に結びつく基本的概念であるのに対して、自然諸科学は客体にのみ関わり、主体とその意識に基づく事柄は遠ざけておくからである。②自然諸科学は物理的原因を探究するとしつつも、動力因を捨象することは不可能である。その一方で、心理学は動力因の起源を確定する。③自然諸科学は外的事実の後を追う。心理学は現実存在の客観性の条件を設定する限りで外的事実の手前に位置している。

したがって、心理学に課せられるのは、「自然学が盲目的信頼とともに基づいている最初の所与の正しさを立証し、盲目的におこなう物理的原因と動力因の置き換えに根拠を示し、なぜ認められるかを認識することとなくしたがう方法の基礎を明らかにする」(pp.213-214)という役割である。そして、ビランの構想する形而上学とは、このような役割を担うという意味で第一哲学である心理学に他ならない。「人間の精神に属するあらゆる種類の観念や考え方の起源に位置し、心理学はすべての科学のそれぞれの領域を画定し、決して越えてはならない境界を了解する…以下略…。」(p.214)

ここで最後に、ビランのアポステリオリな立場の礎石ともいえる考えをもう一度確認して置く。ビランは「自我の最初の意識的知覚は原因と結果との最初の関係の意識的知覚と同一であり、あるいは意志された努力と同じ起源を持つ」(p.154)と、特に自我(moi)を斜字体で強調しつつ述べ、また「経験的心理学と第一哲学に基礎を提供するのはこの重要な命題である」(ibid.)と主張する。

ところで、ビランの思索の航跡をそれぞれの時期を画する著作により振り返ると、第一主題を提示する『思惟の分解』は〝自我の最初の意識的知覚〟の記述であり、『試論』をいわば展開部として、『諸関係』は第一主題を再現しつつ、第二主題を提示する〝原因と結果との最初の関係〟を出発点とする因果関係の論考である。そして、思索全体の調性が自我であり、その主音は〝意志された努力〟であると言える。

ビランの著作では、初期を除けば、常に自我という言葉が横溢し、一種の飽和状態となっているのであるが、この点からも、ビラン哲学とは自我の哲学に他ならず、その体系は自我を出発点とする形而上学の試みであると考えられる。

経験的心理学が『思惟の分解』で意図され、第一哲学が『諸関係』で構想される時、源となる泉は自我の意識的知覚である。したがって、アポステリオリな立場とは、この意識的知覚に最も根源的な基礎を置く立場である。

【注】

1　Maine de Biran, Œuvres, Tome VIII, J. VRIN, 1986　ここでの引用はすべてこの本による。引用個所は後の

ページ数で示す。また、以後『諸関係』と略記する。

2　この訳語は主体の側の働きである croire が客体の être を是認し、定立するという意味を表すために用いられる。

3　Maine de Biran, Correspondance philosophique Maine de Biran-Ampère, Œuvres, Tome XIII/1, J.VRIN, 1993, p.377

4　ibid., pp.377-378

5　cf. Introduction de Bernard Baertschi, Œuvres, Tome VIII, p.VII

6　全体で二一八ページの内、この三つの問題に一六六ページが使われている。

7　ここでの箇条書きによる列挙は、筆者がビランの pp.5-11 の記述に基づき作成した。

8　ビランは変容を外的と内的とに区別するのであるが、前者を直観と後者を情動と言い換えている。

9　p.10 の原文では aperceptions internes {im}médiates となっている。文脈から判断して、括弧内の文字は除いて読むことにする。

10　この点については、たとえば「（現象を産み出す）原因は定義の8で見たように、受動的表象では永続する外的客体と、能動的表象では一部分主体と同一化されるけれども、いずれにしても内属や変容とその主体、性質とその永続的客体というような関係とは本質的に異なる関係を形成する」(p.18) と言われている。

11　この記述は不適切であり、ここでの混乱は後に修正される。注10を参照。

12　ビランは原因を動力因 (cause efficiente) と物理的原因 (cause physique) に区別する。前者については、「あらゆる動力因の真の典型を理解するには、…中略…視線を内部に転じ、活動と努力について内官に問いただすことが問題なのである」(p.167) と述べ、後者については、「物理的原因あるいは単なる継起する運動の結合」(p.166) と述べる。ここで、アリストテレスによる原因の区別（形相因、目的因、始動因、質料因）との比較をするなら、動力因は前の三つの原因に、物理的原因は質料因に対応すると言える。ビランの動力因は引用文が示しているように、自我を範型として理解されるのであれば、ただ始動因にとどまらず、また形相因や目的因でもある。この点は見落としてはならない。

13 すぐ後ではきわめて明確に三つの関係項を列挙している。「客観的に知られ、表象される何らかの事実の分析は、私たちに三つの要素となる関係をもたらす。つまり、直観と知覚する主体、知覚された客体、それに加えて現象を産み出し、開始させる原因との関係である。」(p.18)

14 ビランは「異なるだけではなく、それらの間で対立する人間の科学の二つの観点」として、「自然学者(naturaliste) の観点」があり、この観点では人間の考察は「印象を受容する能力により、それをとりまくあらゆる事柄に必然的に依存している」という側面からのみおこなわれると述べる。その一方で「心理学者の観点」があり、ここでは人間は「外から観察する外的観察者に対してだけではなく、自分自身に対して存在している」として考察されるとする。(pp.25-26) そして、「生き、感じ、意志して働きかける同一の存在についての科学のこれら二つの観点は、外的と内的という事実の二つの秩序がそれぞれに対応する直観と直接的な意識的知覚という能力の間に以前に確立された本質的区別に基づいている」(p.26) と主張する。これに加えて、前者は「私たちの自然学的世界、すなわち必然性の世界を構成」し、後者は「倫理的、叡智的世界である意志の世界を構成する」と述べることで、心理学の倫理学への展開を示唆している。(ibid.)

15 ビランはこの点について、「私たちの現今の自然学者たち自身、幸運にも一面ではその科学の目的と真の進歩にまさにふさわしい経験と帰納という方法により導かれている。けれども、必然的に他面では、ある実体、彼らが主に傾注しようとする現象の原因や不可視の動因の実在的にして絶対的な現実存在を信じ、仮定するように仕向けられている」(p.20) と述べている。また、自然学者があらかじめ実体や原因の実在性を想定することは何ら問題ではなく、問題は実在性以上の何らかの事柄を知り得ると主張することであると述べる。「自然学者がその方法の原則に反すると考えられるのは、はじめに検証せずに、その本性によりあらゆる観察と経験の外に位置する実体と原因の実在性を信じ、認める時では決してない。その科学の境界を実際に越えるのは、原因に関してその現実存在以上の何かを知ると主張する時である。」(p.21)

16　自然学が究極的には形而上学により基礎づけられることについては、「自然学は外的対象あるいは外的現象の科学である限り、あらゆる科学の最初の条件にまではまったく遡らないのであるから、それに対立したり、その適用を変えたりする権限を決して持たないような条件や法則にそれ自身でしたがわなければならない」(ibid.)と言われる。

17　Cf.Leibniz, Epistola ad Hanschium de Philosophica Platonica sive de Enthusiasmo Platonico, éd. Dutens, Tome II, part.1, p.224　なお、この引用は本書p.3とp.27でおこなわれている。

18　たとえば『思惟の分解』Œuvres, TomeIII, J.VRIN, 2000では、「判断する能力と知覚する能力はその起源をまったく情動的な変容と理解された一般的感覚(sensation en général)の内に持つことは決してない」(p.130)と言われている。

19　このような因果関係の理解には当初から批判があり、ビランはそれに対して反論をしている。この様子を伝えるのが、『原初的意志と運動の間の因果的結合についての直接的な意識的知覚に反対する、そしてこの起源からの因果関係という普遍的、必然的原理の導出に反対する議論への返答』(Œuvres, XI-3, J.VRIN, 1990)である。ここにその要点を紹介しておく。まず、意志と運動との関係は因果関係なのであろうかという議論に対して、この議論は「意志された努力と運動は二つの外的な出来事のように継起する二つの事実に分割されると仮定している」(p.321)と述べる。そして、意志と運動は「二つの要素により構成されたただ一つの事実、二つの項に関わるただ一つの関係である」(ibid.)とし、「自我はその結果の中で自分自身を意識的に知覚する原因である」(p.323)と主張する。つぎに、自我は因果関係の範型となり得るのかという議論に対して、「(意志と運動の関係という）この原初の事実から派生したあらゆる事柄は同じ性格（必然性と不易であるという）を分有するに違いない」(p.331) と述べ、またここで言われる派生については、「自我の因果関係を自我でない事柄に移行させる最初の帰納」(ibid.) によると述べている。

20 Immanuel Kant, Kritik der reinen Vernunftl, Werkausgabe III, Suhrkamp, p.227 Immanuel Kant, Kritik der reinen Vernunft II, Werkausgabe IV, Suhrkamp, p.451

22 このような因果関係の区別は、カントの自由による原因と自然による原因の区別を思い起こさせるかもしれない。Cf. 前掲書 p.488

23 この意味では、カントの Kategorie はビランの catégorie と notion を混同した考えであるとも言える。

24 ビランは論理的という言葉を事実的に対立するという意味で使う。この点でライプニッツを踏襲している。

25 p.43 からの引用文を参照。

26 ビランの立場では、現象に関しては、因果関係は実在するとともに経験に与えられると考えられている。それに対して、実体は経験される現象を結果とし、因果関係によりその原因として信認の対象となるのであれば、実体は因果関係を通してはじめて信認の対象となることができる。したがって、因果関係は実体の信認可能の条件であると言える。ビランは現象と実体の区別に、認識の領域と信認の領域の区別を対応させる。そして、認識の領域では因果関係は経験の所与であるとしつつも、信認の領域では因果関係に信認可能の条件であるという性格を残しておく。これは明らかに、カントの Kategorie をアポステリオリな方向に向けると同時に、その経験可能性の条件という機能を信認可能性の条件という形に変えて保持しようとする調停的立場である。したがって、「ビランの範疇は何よりも物自体の客観的構造であることを意味する」(Bernard Baertschi, L'ontologie de Maine de Biran, Editions universitaires Fribourg Suisse, 1982, p.272) という解釈は妥当ではない。また、「常に依拠していた実在論を維持するために、メーヌ・ド・ビランはカントの立場を拒絶することへと導かれた」(op.cit.,p.274) という断定は、ビラン本来の意図にそぐわないと言うべきである。ただ、確かに『思惟の分解』の時点では、カントの Kategorie を実在論の立場から批判することに力が注がれ、調停的立場は見られない。たとえば、つぎのように言われている。「因果関係や同一性などの範疇の用語は抽象的に、また絶対的価値として理解されているので精神の内にどのような観念ももたらさない。これらを努力を生じさせる自我という能力 (puissance-moi) に関係づけよう。」(p.67)

27 Descartes, Discours de la Méthode, J.VRIN, p.91

28 1816年の『日記』には、「私に固有である哲学体系は、人間の知性的部分を人間を倫理的であるようにする事柄、すなわちただそれだけが自我、人格を構成するのである意志と自由な活動に結びつけるという利点を持つ」(Journal, III, éd. Henri Gouier, Edition de la Baconnière, 1954, p.134) と書かれている。このようにビランは人間の精神の働きを認識能力や反省的思惟に限定しない。認識能力を補う、むしろ認識能力を働かせる力として意志と自由な活動を考えている。その一方で、同じ年の『日記』で、「もし、私たちが移ろいやすい情動性なしでいることができ、あるいは情動性を意志の支配下に置くことができるのであれば、私たちはより平静で、より賢く、より幸福であろう」(p.238) と書いている。このように、ビランは意志に対して自制や情動の抑制という働きを強く求めていたと考えられる。したがって、認識能力の及び得る範囲を確定し、その越権を規制するというのは、一面では認識能力に意志による制御を行使したと理解することができる。ビランによる認識と信認の区別は、ただ単なる理論理性に関わる問題ではなく、実践理性との深い関連を持っている。むしろ、生活の術 (art de vivre) としての知恵の働きの問題なのである。

29 『思惟の分解』では、カントに対する場合と同様に、調停的立場より批判的立場が先行している。たとえば、「デカルトの体系では、思惟の主体、あるいは抽象において、つまり条件なしに絶対的な仕方で措定された自我は、自身に帰属する運動や行為に関してだけではなく、受け取る印象や客体に関係づけられるような変容に関しても、現にある動因として見なされることはできなかった」(pp.102-103)と言われる。

30 グイエは述べている。「第一原理であるという理由により、デカルトの原理は直接的に明証であり、どのような推論の助けによっても証明され得ない。その定式が含んでいる〝故に〟(donc)が私たちにこの事をおおい隠してはならない。つまり、デカルトの原理は三段論法ではなく、一つの直観である。」(Henri Gouhier, Discours de la Méthode, p.90, note 2)この解釈をビランの「認識と信認という二つの要素は私たちが事実の認識と呼ぶあらゆる事柄の内で親密に結合している」(p.98)という発言と関連させてみる。ここで事実の認識(connaissance de fait)を事実の直観(intuition de fait)と置き換えるなら、デカルトはグイエを仲立ちにしてビランの発言に最も明証であるような具体例を提供していることになる。

31 デカルトによる神の存在証明を存在論的証明と呼ぶことについては、グイエにより「デカルトによる証明は、私たちがカント以来、存在論的証明(l'argument ontologique)と名づけている証明である。なぜなら、それは神の観念からその現実存在を結論するからである」(op.cit., p.96, note 1)と言われている。またグイエは、「この証明は聖アンセルムスがそのプロスロギオンで提唱した証明を繰り返したのであり、聖トマスによっても、カントによっても受け入れられなかった」(op.cit., p.96, note 3)と述べている。カントが存在論的証明を拒否した点に関して、ビラン自身は『デカルトの形而上学的省察についての注釈』で、「カントはとてもよく現実的可能性と論理的可能性を区別した」(Œuvres completes, XI, Slatkine, 1982, p.109, note 2)と述べ、カントの発言として、Kinker, Essai d'une exposition succincte de la Critique de la raison pure から、「思惟において可能であることがすべてそのことにより、現実において可能であるとは限らない」(ibid.)という言葉を引用している。

32 Descartes, Les principes de la philosophie, J.VRIN, 1999, p.56 また別の著作では、「私が一つの完全な存在について持っていた観念を調べることに再び着手した時、私はそこに現実存在が含まれているのを発見した」

と述べる。Discours de la Méthode, J.VRIN, 1970, p.96　なお、『哲学原理』の解題者ギ・デュランダンは、「プラトンにとってと同様にデカルトにとっては、観念は単なる精神の産物ではなく、精神が発見する一つの実在である」(op.cit., p.56, note 1)と述べている。この意見にしたがえば、ビランとデカルトはすでに観念そのものの理解を異にしていたといえる。前者は観念を精神の産物と、後者は一つの実在と考えている。

33 Commentaire sur les méditations métaphysiques de Descartes, Œuvres complètes, XI, Slatkine, 1982,

34 op.cit., p.96

35 op.cit., p.92

36 op.cit., p.93

37 op.cit., p.92

38 op.cit., p.96

39 この意味で、偶有的存在と必然的存在の区別に基づいて、存在の究極原因としての神を証明する聖トマスの論証が最もふさわしいと言える。

40 La Monadologie, Delagrave, 1987, p.186

41 ここでは les corps を物体、les Ames を精神と訳す。

42 Système nouveau de la nature et de la communication des substances, Flammarion, 1994, p.85

43 単子はそれぞれの視点にしたがって宇宙を表象する。また、単子の表象と宇宙の物体の運動との間には予定調和がある。ライプニッツは当然このように考えている。Cf. La Monadologie, p.187　しかし、このような予定調和は実体間の予定調和によりはじめて可能となる。

44 op.cit., p.141

45 op.cit., p.155

46 注43参照

47 Maine de Biran, Commentaires et marginalia dix-septième siècle, Œuvres,Tome XI/1, J.Vrin, 1990, Introduction, pp.X-XI

48 Exposition de la doctrine philosophique de Leibniz, dans, op.cit., p.139

49 この言葉に関連して、ライプニッツの神の存在論的証明に対する意見を参照してみる。まず、「事物の本質はとりわけ事物の可能性を形作る事柄にすぎない。したがって明らかなのは、その本質により存在するということは、その可能性により存在するということである」(Sur la démonstration cartésienne de l'existence de Dieu du P. Lamy, dans, Système nouveau, p.168) と述べる。そして、「もしそれ自身による存在が不可能であるなら、同様にすべての他に依存する存在も不可能である。なぜなら、それらは結局それ自身による存在によってのみあるからである。それ故に、何も現実に存在することができないであろう」(ibid.) と主張する。少なくとも、神の存在証明に関しては、ビランとライプニッツは考えを同じくしていると言える。

50 op.cit., p.139

51 Henri Gouhier, La Monadologie, pp.155-157, note 2

52 ビランの立場では、因果関係を実体に関する認識可能の条件とする考えは当然斥けられる。この点については注26を参照。

53 La Monadologie, p.169

54 ibid.

55 op.cit., p.170

56 たとえば、因果関係 causalité という言葉は使われない。使われるのは consécution や définition causale という言葉である。Cf. La Monadologie, p.154 および Discours de métaphysique, J.VRIN, 1975, p.71

57 La Monadologie, pp.184-185

58 op.cit., p.181

59 ibid.

60 ビランとライプニッツはともに神の存在証明に関して、聖トマスの論証に与するとしても、両者は力点を置く所を異にしている。前者は存在の究極原因としての神を考え、後者は必然的存在としての神を考える。注39および49を参照

61 ここにビランの一つの特徴を見ることができる。私たちの日常的経験を哲学的に考察することで、そこに普遍的な意味を探るという姿勢である。

62 この点については、本章第二節「自然の科学と人間の科学」の中の心理学の定義と注8を参照

63 ビラン自身は以下のように述べている。「私たちが必然的に、また人間精神の原初の法則の普遍的、恒常的な適用として理解する因果関係は、生起する現象と、それを生起させる働きかける力との関係に他ならない。」(p.145)

64 この表現 Telle est la première croyance, ou le passage du principe au fait は適切とは言い難い。Telle est une première connaissance, ou le passage d'un fait à un autre と言い換えるべきである。

65 ここでビランは sentiment を現在一般的である État affectif qui est la manifestation d'une tendance,d'un penchant という意味より、むしろ古風な Conscience de vivre,par opposition à l'état d'une personne qui a perdu connaissance の意味で使っている。それゆえに、ルソーの影響の余韻を感じるとも言うことができる。(cf. De la langue française, Larousse, 1977, p.1638)

66 ビランは論考の結論にあたる部分で、「実体の実在性は因果関係から、原理からの帰結として演繹されるのではない。そうではなく、自然にして自発的な能力により、私たちの因果関係あるいは私たちの現実存在につ

いての最初の意識的な知覚とともに帰納されるのである」(p.150) と述べている。このような結論に到るまでの経過は以下の叙述で示される。

67 Essai sur les fondements de la psychologie, Œuvres, Tome VII/2, J. VRIN, 2001, p.246

68 ビラン自身は existences と書いているのであるが、おそらく substances の誤りであろう。

69 op.cit., p.329

70 op.cit., p.339

71 ibid.

72 ここでは existent と書かれているが、sont が正しいと思われる。ただ、ビランはこれら両者の実在性を強調する意図であえてこのようにしたとも考えられる。

73 ビランは『試論』の中で、「人々は私たちの思惟が一般的用語を使う時、そのような思惟の真の対象は何かを問う」(p.329) と言い、「ある人たちは古き実念論者の一派とともに、これらの用語はそれにともなって現実の対象の概念をもたらすと主張する。他の人々は唯名論者とともに、思惟には記号以外には何もなく、記号なくしてはこの一般的観念は私たちの外部にも、その精神の中にも、何らの基礎を持たないであろうと主張する」(ibid.) と述べる。そして、「私には思われるのであるが、もし反省的な抽象的観念と類似関係に基づく一般的観念との間に先立って設けられた区別という基盤に注意を向けるならば、論争に最終的に終止符を打つ手段があるであろう」(ibid.) と主張する。ビランは「コンディヤックにより信認され、その学説の基盤をなす唯名論は広く一般的に私たちの間で採り入れられ」(ibid.) と言っているように、自分自身を唯名論者と見なす。その一方で、一般的用語が抽象的観念を意味する時に限り、このような用語は現実の対象の概念をもたらすと考えることで、実念論と立場を同じくしようとする。ここにも、ビランの調停的立場が現れていると言える。

74　ここでは dériver は déduire と同じ意味で使われている。注65を参照

75　注12を参照

76　帰納という言葉にビランが固有の意味を持たせていることは明らかである。個々の具体例の観察によりそれらに共通する事柄を探るという一般的意味とともに、具体的経験に現れた事柄から直接には与えられない事象を探るという精神の働きを示すために使っている。そして後者の用語法は、時には現象から本体への移行に際して、時には結果から原因を知る働きに対して適用される。この場合には、帰納は異なる水準にある事柄に関しておこなわれると考えられる。それに対して、類比は同じ水準にある事柄、たとえば現象と現象の間でおこなわれる。したがって、自分自身の内に生じる意志的ではない変容を結果として、その原因である外界の存在を措定するのは帰納であり、自我に見出される因果関係を範型として実体間の因果関係を想定するのは類比である。

77　このことに関連して、ビランはすでに神経繊維の運動が観念を生み出すという心理・生理学的並行説、特に精神の働きを脳の特定の部位に局在させる機能局在論を批判している。たとえば、つぎのように述べている。「もし、感情に関わる能力が知的能力と同様にその座を脳の中に持っているとしたならば、私たちが自分自身の内に感じる運動と決断力との二つの原理の間にある対立と争いはどこから来るのであろう。つまり、意志するという能力、真の運動する力はある時はストア派の賢者の場合のように、反対の方向に引っ張る情念、本能そして欲求の力に対して優勢であり、ある時は理にかなう感情の場合のように、それらの力と釣合い、ある時は一種の運命により引きずられていると感じるような真に不幸な情念の場合のように、それらの力により支配されるのである。」(Discours à la société médicale de Bergerac, Œuvres, TomeV, J.VRIN, 1984, p.80)

また、「いわば内部を外部により説明するという目的を持つであろうあらゆる仮説がどれほど空虚で無謀であるかが分かる」(p.210) という発言もしている。

第4章

形而上学としてのビラン哲学

心理学から人間学へ

メーヌ・ド・ビランの一八一八一年一二月の日記にはこのように書かれている。「近代の哲学者は抽象や限定により、有限から無限を、偶然から必然を浮き彫りにすると主張するのであるが、その空虚な思惟の中で迷い、矛盾という力によってしか唯物論と懐疑主義を逃れることができない。[1]」

ここで、有限、無限、そして偶然、必然という言葉で何が表現されようとしているのかを、文脈に即して理解するために、続きの部分を参照してみる。「無限、永遠、そして空間の中と同様に持続の中での非決定は、魂はその存在の基礎に関して、それ自身に対して与えられているように、私たちの魂に対して与えられている。人格の意識的知覚、あるいは意識の原初の事実とともに、決定された事、有限が始まるのであるが、これらは無限の限定により、また非決定に、限界なしに魂に与えられる時空の中での局在化により考えられ、表象される。[2]」

これらの言葉により確認できるのは、無限、永遠、そして非決定は魂に与えられていると、その一方で、有限や決定は意識の原初の事実、つまり自我とともに始まると考えられていることである。したがって、実体の領域は非限定であり、非限定が限定される時、実体は現象として現れると理解されることになる。認識は原初の事実から出発するとして、言葉を換えれば、有限から無限へ、限定から非限定へと進む。

ビランの立場では、実体は信認 (croire) の対象であり、決して認識の対象とはならないが、信認は認識を補完するのであり、信認なくして認識は成立しない。実体と現象との関係は、一般に、その用語が示しているように、存在者とその現れの関係であると考えられ、ビラン自身この解釈にしたがい、この解釈に基づいて認識と信認という学説を展開した。しかし、新しい理解の仕方が加わってきていることは否定できない。この両者は、全体と部分との関係と考えられている。

ところで、ビランは認識の秩序と存在の秩序を区別しつつ、前者では現象がまず与えられ、そこから実体へと進むのに対して、後者では実体が最初に想定されると考えていた。また、二つの秩序の関係では、認識の秩序に先立って存在の秩序があり、存在があって始めて認識があり、決してその反対ではないと主張していた。確かに、ビランの体系では、経験に直接与えられる現象が最も明証的であり、実体はあくまで信認の対象として経験を超えている。けれども、認識に対する存在の優位を認める立場は揺るぎなく、体系の出発点である自我に、一方であらゆる明証性の基礎となる自己意識を見出すとともに、他方では自己意識を成立させる不可欠の要素としての身体の現前を確認するのである。

したがって、実体と現象が全体と部分との関係にあるとするならば、存在と意識、あるいは存在と認識は、やはり全体と部分の関係にある。私たちは《意識なくしては何事も知りえない》のではなく、《意識の存在なくしては何事も知りえない》のである。

ビランが先の引用文で、〝近代の哲学者は抽象や限定により、有限から無限を〟導き出そうとすると批判しているのは、意識の優位性に基づいて、意識の明証性から存在の明証性を引き出すと主張する立場であり、明らかにデカルトとカントが念頭に置かれている。このように、ビランは近代の認識論的傾向の哲学とは明確に異なる立場に立っているのであり、そこに調停的または折衷的な態度を認めるとしても、その基本は存在論なのである。

ビランがその体系を確立したと言われている中期の思索を、心理学と呼んでいたとしても、それが近代的意味での心理学ではないことは明らかである。つまり、ビランは他の要素から分離された心を扱う術、技術を構想したのでは決してなく、心の働きそのものが可能となる根拠、その存在論的根拠を問おうと試みたのである。それゆえに、現象から実体へ、そして実体から実体の原因へと思索が展開していくのは当然であり、むしろこのような発展こそがその体系を、固有の意味でのビラン哲学にしているのである。

心理学から人間学[3]への発展を、発展ではなく飛躍と見なす解釈は、すでに言及したように、ビラン哲学を近代の哲学という枠組みの中で理解しようとする姿勢の現れである。ただ、このような姿勢が一つの誤解に基づくのは明らかであるとして、少なくとも中期ビランに認識論を求めることは必ずしも誤りであるとは言えない。

たとえば、心理学に自然学の認識論的基礎づけという役割を与える試みに他ならない『諸関係』は、認識論の書であるといっても過言ではなく、ここにはビランの強い認識論的関心がうかがわれる。しかしながら、その哲学の傾向と本性を混同することは厳に慎まなければならない。ビラン哲学とは、言うなれば、傾向の認識論、本性の存在論である。

ビラン哲学を形而上学として理解する時、その心理学と人間学の関係はより明瞭になる。心理学が現象と実体との区別、認識と信認との区別、そしてこの両者の本来の領域の確定による認識の理論であるなら、人間学はこの経験界で獲得された理論の超経験界への適用であると言える。

この適用に際して、特に重要なのは類比という考えであろう。経験界で可能な事柄を、経験界で可能であるという理由により、一義的に超経験界に適用するとしたら、当然齟齬が生じることになる。実はカントの『超越論的弁証論』は、経験界で使用される範疇が、超経験界に属する問題である神の存在や霊魂の不滅などのいわゆる形而上学的問題に一義的に適用される場合、悟性能力の越権的使用となり、そこに二律背反が生じることを示している。ただカントは類比に関する考察を十分におこなうことなく、一義的な適用が不合理であることから、短絡的に形而上学そのものの成立を否定する。

ここで推測されるのは、ビランの心理学と人間学とに断絶を主張する立場には、カントと同様の発想が影を落としているのではないかという点である。ビランにとり、因果関係という概念はその体系の要ともいえる考えなのであるが、この概念の重要性を認めることはあっても、この概念が類比的であることはほとんど見落とされた。

現象から実体へ、実体からその原因へという存在の秩序での遡及は、因果関係を類比的に理解する場合にのみ可能となる。もし、ビランが因果関係をその範型である自我に限り、経験界で獲得されたこの概念をそのままの形で超経験界に適用したならば、ビランの人間学はまさに悟性能力の越権的使用となるであろう。

カントの形而上学の可能性を問う試みは、人間の認識は一つの領域（カントでは現象の領域）から出発するとして、認識は果たしてこの一領域に限られるのか、それともそれ以上に出ることができるのかを問うことである。言葉を換えれば、類比的認識の可能性を問うことに他ならない。

ところで、カントによれば、範疇（カテゴリー）とは判断の形式、それ故に悟性使用の形式であって、決して物自体、存在するものの様式ではない。したがって、範疇は悟性に固有の形式として、あらゆる悟性の働きを規定する。悟性が経験界を超え出る時も例外ではない。範疇はあくまで一義的に超経験界に適用される以外にない。

形而上学はとりわけ類比的認識に基礎を置いていることを考えると、カントの試みは、元来類比を受け入れることの不可能な体系が、類比的認識の可能性を問い、そして否を主張するという、不毛な試み、あるいは大仕掛けな同語反復にすぎないと言える。

ビランの因果関係は自我の存在様式であり、この様式を構成する原因と結果という基本となる関係は、認識から信認、信認から信仰へと領域を変えることで、それに対応する項目の性格が現象から実体、そして究極の第一原因へと変化するのであるが、関係そのものは不変である。ビランの体系が発展する原動力の一つが、因果関係についてのこのような考え、つまり類比であるならば、その体系を形而上学と呼ぶことに何ら問題はなく、形而上学の不可欠の構成要素である経験界と超経験界という二つの領域の探求で、前者に向かうのが心理学であり、後者を扱おうとするのが人間学である。

存在の類比と原因の類比

カントが範疇を悟性使用の形式と考えた背景には、私は思惟する (Ich denke) という意識の明証性、または自己意識の明証性を認識の基礎づけと考えるデカルト以来の発想があったことは疑い得ない。そこで、存在の明証性を認める立場に立つならば、カントとは異なるどのような考えが生じるのかが興味の中心となる。

存在の明証性に基づく範疇は、アリストテレスが存在のあり方、様式を分類した十個の範疇に代表される。さて、これら範疇は存在の様式を表すのであるが、また一方では、認識は認識能力が存在する事柄に向かうことで始めて成立するという事情から、人間に与えられた認識能力のそれぞれには、どのような存在の様式が適合するのかを示す役割を持つ。当然、範疇は悟性にだけ対応するのではない[4]。

ここでビランの体系に戻るならば、その始まりがさまざまな感覚能力の分析であり、終わりは超感覚的認識の可能性への言及であったことに気がつく。また、認識能力と意志能力の区別を取り払うとともに、悟性といった一つの限られた認識能力を中心とする立場を斥ける。確かに、ビランは能動性と受動性という観点から、私たちの持つ能動的能力に優位を置く。けれども、能動性と受動性の区別は能力そのものではなく、その機能についておこなわれ、少なくとも、認識能力と意志能力とに、あるいは認識能力の間にその能力自身の本性的な優劣関係が設定されるのではない。

したがって、類比という考えが受け入れられることになる。ところで、類比が可能となるためには、ある一つの基礎となる領域で範疇が獲得されなければならない。この時、感覚による経験が基礎となるのは、ビラン自身が繰り返して引用している言葉《すべて知性においてある事柄で、感性の中になかったのはない》が示している、人間認識の本来の性格による。アリストテレスが物質世界の感覚的経験により、範疇を導き出したのは当然であるとして、カントでさえ超経験的領域への類比の可能性を否定しようとしたのは、まさに感覚的経験の領域で獲得された事柄に他ならない。

ビランは感覚から出発して、感覚的経験を探求した後に、ここで把握された因果関係という原理を、実体間の関係に適用するのであるが、この時、認識の水準から信認の水準へという段階の変化が生じる。適用が決して一義的ではなく、常に段階の変化をともなうのは、類比の最も重要な性格である。

ただ、見落としてはならないのは、ビランにとり類比とは、あくまで原因の類比 (analogia causae) であって、存在の類比 (analogia entis) ではないという点である。既に言及したように、ビランは認識の秩序と存在の秩序を区別し、私たちに最初に与えられるのは認識の秩序であるとしつつも、本来先立つのは存在の秩序であると明言していた。しかしながら、この認識の秩序はまた、認識の直接の対象である存在する事物、Dasein の秩序であるのに対して、存在の秩序は Sosein の秩序であることに思い及ばない。

どのような Sosein も Dasein の Sosein であり、またどのような Dasein も何らかの Sosein の Dasein である。したがって、範疇は存在する事物から導き出されるとしても、それは存在の様式 (modus essendi) を表すという意味で Sosein に関わる。そして、存在の様式は普遍的である。それに対して、Dasein は存在の領域を表すとともに、認識の対象として個別的な知ることの様式 (modus intelligendi) として与えられる。

ビランは自我の把握に際して、身体の現前を主張するのであるが、この場合問題となっているのが具体的に経験される個別的自我であるならば、身体は知ることの様式として与えられ、あくまでも個別という性格を持つ。ここでもし、身体の現前を存在の様式として主張しようとするのであれば、当然に範疇という媒介を必要とする。

けれども、ビランはこの媒介をまったく意に介することなく、個別的自我は同時に普遍的自我であるとして、個別的自我を存在の様式として公準化しつつ、その構成要素である意志と身体をも同じ性質のもとで理解しようとする。このような知ることの様式から存在の様式への、また個別から普遍への無媒介な移行は、明らかにビランが存在の類比という考えと無縁であったことを示している。そして、その体系は基本的に存在論という性格を持つとしても、やはり同時代の哲学の影響を色濃く残しているのである。

たとえば、カントは Ich denke が個別的な事柄であるにもかかわらず、ここからやはり無媒介に意識一般である超越論的自我の統覚を考える。普遍性の基礎は認識対象ではなく認識主観に求められ、経験的所与は感覚的な個別にすぎず、認識主観が唯一それらに普遍性を賦与すると主張する。

個別的な je pense をそのまま普遍的であると見なすのが、デカルトにまで遡る近代哲学の特徴であるならば、ビランはカントとともにデカルト主義者であり、近代の哲学者である。je pense ならぬ je veux を普遍的と考えているからである。しかし、いわゆるデカルト主義者と明確に異なるのは、普遍性の基礎を単に主観（ビランでは認識主観というより、むしろ意志および行為主体）の側に置くのではなく、同時に対象の側にも置いている点である。ビランにとり、身体は主観的であるとともに、また客観的である。つまり、身体は意志の相関項として自我の形成に与ると同時に、意志に対する抵抗として自我ならざる事柄でもある。

ビランがcorps（身体）はまたcorps（物体）でもあり、身体の現前を通じて物体の現前を確証すると主張するのは、意識と存在の明証性をどちらも認め、また両者の明証性に程度の違いはないと考えていることを示す。そして、このような考えが調停的立場を可能にしたのは言うまでもない。したがって、ビランの調停的立場は、近代哲学の立場では、その批判対象である伝統的スコラ哲学の残滓を引きずっていることになる。その一方で、充実した意味での存在論であるためには、その根本で不十分さを残しているのである。

ここで、アリストテレスにまで遡って考察してみると、アリストテレスは一〇個の範疇を枚挙している。実体、性質、分量、関係、能動、所（受）動、時間、空間、状態、所属である。これらがカントの言うように、決して無秩序に並べられたのではないことは、実体範疇を中心にして、それとの関連でその他の範疇を考察する時に明らかになる。

実体がens in se, ens per se（それ自身において、それ自身による）という存在様式によって特徴づけられるとすれば、性質、分量、関係はens in alio, ens per se（他において、それ自身による）という意味で属性であり、能動、所動、時間、空間、状態はens in se, ens per aliud（それ自身において、他による）という意味で偶性である。そして、所属はens in alio, ens per aliud（他において、他による）という特徴を持つ。

このようにアリストテレスの範疇が実体、その属性・偶性・所属というきわめて組織化された体系であるとして、その体系の基礎となるのは se,aliud,in,per という考えに他ならない。そこで、これらの考えを、《同じものが同時に、そして同じ事情のもとで、同じものに属し、また属さないということは不可能である》という原理と関連させてみる。その時、se には同一律が、aliud には矛盾律が、in には理由律が、per には因果律が対応することになる。そして、本来実体範疇に関わる同一律と矛盾律に関しては、アリストテレス以降近代哲学でも、特に問題は起こらなかったと思われる。問題となるのは、後の二つである。

たとえば、ライプニッツは、私たちの思惟は二つの原理に基づくとして、矛盾の原理と十分な理由の原理を考える。前者は真理や存在の必要条件を、後者は十分条件を示すのであるが、それというのも、ある事柄がそこに矛盾を含まないからといって、それだけでは必ずしもその事柄が実在していることにはならないからである。矛盾を含まない無数の可能な事柄の中から、特にある一つの事柄を決定する理由が必要となる。

ライプニッツはこのように、同一律と矛盾律、そして理由律を認めるのであるが、因果律はどうなるのであろう。十分な理由の原理がまた適合、調和の原理と呼ばれ、十分な理由は事柄全体の調和の中に見出されると考えられていることから、ライプニッツにとり、原因はとりわけ目的原因であると推定される。したがって、因果律は理由律に含まれて理解されていると言うことができる。

けれども、ライプニッツがこのことで、ratio と causa を混同していると断定するのはやや性急である。なぜなら、二つの思惟の原理とともに、真理に二つの種類があることを明言しているからである。推論の真理と事実の真理であるが、推論の真理は必然的命題、事実の真理は偶然的命題に対応するとして、前者はratioに基づくのに対して、後者はcausaに基づくからである。

したがって、一方では理由律に因果律を含めつつも、他方では偶然的命題を認め、原因による事柄の生起を真理であると考え、因果律を暗黙の裡に容認しているのである。ただ、理由律を重視して、因果律を軽視する傾向は明らかであり、この点は、ライプニッツが真理として念頭に置いているのが、とりわけ主語の概念の中にそれに関する述語がすべてふくまれるような分析判断であることを示している。

分析判断を中心に考え、主語に含まれていない述語を付け加える綜合判断を副次的であるとするなら、当然主語と述語の総合的関連に関わる偶性は軽視され、また演繹論理が帰納論理に優先することになる。ライプニッツでは、やはりratioがcausaに優先し、主語と述語の関連はあくまで思惟の原理として、アリストテレスのように存在の様式に基礎付けられている訳ではない。

ビランの場合に戻るならば、そこでは因果律が重視され、原因と言われる時には、とりわけ動力因が考えられている。この点は、ビラン哲学に最も特徴的なのが、能動性と受動性という偶性により、思惟する能力の働きを区別する手法であることとも関連する。ビランは偶性から実体へ、述語から主語へと進むのであり、それゆえに判断とは綜合判断であり、演繹論理よりむしろ帰納論理が優越する。

体系の基礎を、属性に対応するratioよりも、偶性に対応するcausaに置く時、当然経験主義的傾向が生じる。あるいは、経験主義的傾向が理由律ではなく因果律へと導いていくのかもしれない。したがって、ライプニッツを理由律へと導いたのがその合理主義的傾向であるならば、ビランのライプニッツへの親近感にもかかわらず、両者には本来大きな隔たりがあったのである。そして、隔たりは、前者にとっては、主語と述語は存在の様式であるのに対して、後者では推論の形式であるという点で決定的になる。

ところで、ライプニッツの推論の真理と事実の真理には、必然的命題と偶然的命題が対応する。必然的命題は主語の中にすべての述語が含まれるのであるから、主語の同一性が保障される限り、それらの述語ではない反対の述語はすでに主語の中にはなく、これを述語とすることは考えられない。したがって、述語は必然的に規定されるとともに、主語は sosein の ens in se, ens per se（実体）であることから、述語はまたこのような主語、本質としての res に内在するという意味で一般的、普遍的である。

偶然的命題では、これに対して、主語の中にない述語が主語に付け加わるのであるが、この時主語は原因（causa）であり、述語は原因された事柄（causata）として、両者は因果関係に置かれる。この点で主語と述語はまったく無関係である訳ではないが、述語は主語（実体）の外にある以上、少なくとも偶然性は免れず、また普遍性を持つことはできない。

ライプニッツは理由律と演繹論理に基づき、普遍から出発しつつも、偶然性と個別性を取り落とすことのないように、事実の真理を認めたのであろう。一方で、ビランは因果律と帰納論理に基づき、個別から出発するのであるが、個別から普遍への移行に際して難問に直面する。そこで、因果律の内に理由律を取り込む、つまり因果律に必然性と普遍性を認めようとする。しかし、ここでもまた、この試みは無媒介におこなわれる。ライプニッツが理由律に因果律を含めようとするのに対して、ビランは前者を後者に吸収しようとする。いずれも、伝統的存在論の立場からしてきわめて強引な手順であり、特にビランの場合、個別から普遍へと、無媒介にそして根拠なく移行しようとするのであり、無謀というべきである。

ビランの哲学が存在の明証性を出発点とし、その基本は自我の存在様式への問いであるという意味で、本来存在論という性格を持っていることは論をまたない。しかし、注意しなければならないのは、その哲学は決して伝統的存在論に比肩するほどの体系性を備えてはいないという点である。ビランの哲学は本性の存在論ではあっても、体系の存在論ではない[5]。

それゆえに、ビランの哲学を全体にわたって見通すことのできる、ふさわしい呼び名は存在論ではなく、形而上学[6]に他ならない。その哲学が心理学と人間学という大きく分かれる二つの分野で構成されていることを考えると、ビランの思索とは、心理学により自我の存在様式を解明し、それに基づいて形而上学的問題を肯定的に扱う試みであり、体系の形而上学である。

また、その思索を人間の科学[7]と呼ぶことも妥当ではない。この言葉が経験を重んじる学という範囲を超えて、実証的な学を意味するのであれば、ビラン中期までの思索を包み込むことはできても、後期は取り込めない。むしろ、この言葉の使用が後期ビランの理解を妨げると思われる。したがって、形而上学という呼び名の使用は、とりわけ後期ビランを積極的に評価し、体系の最も重要な部分の一つとして認めようという決断でもある。

同時代のビラン、時代を超えるビラン

伝統的存在論が存在である限りの存在を扱い、存在の類比に基づく体系を特徴とするとして、ビランの

思索が少なくとも存在である限りの存在に向かうのではないことは明らかである。ビランが問題とするのはあくまで人間である限りの存在、あるいは自己意識を持つ限りでの存在である。

デカルト以来の近代哲学が存在から自己意識へと関心の中心を移動させたことで、哲学は存在の学ではなく、意識の学になった。このような事態を伝統的存在論の側から見ると、本来存在である限りの存在を扱うべき哲学が、人間である限りの存在の学へと、その対象を限定したと言える。そして、カントが論理学を認識主観に基礎づけることで、それに先立って探求された形而上学を論駁しようとした試みは、見方を変えるならば、人間である限りの存在の学では、形而上学を構想することは不可能であることの証明とも考えられる。

これに対して、ビランは、人間である限りの存在の学に基づきつつも、そこから形而上学の可能性を主張しようとする。この試みを支えているのは、認識主観ではなく、意志主体として把握された自我であるのは多言を要しないとして、興味深いのはその動機である。ここで、ビランの調停的立場がただ単に同時代の哲学、いわゆるデカルト派の合理論とロック派の経験論にのみ関わるのではないことが理解される。この二つの学派に関わる調停に限るならば、カントがおこなっていると言える。

ビランにとって調停するべきは、同時代の哲学とともに、いやそれ以上に同時代とそれに先立つ時代の哲学なのであり、この点でカントとは明確に一線を画することになる。カントは同時代の哲学の調停により、先立つ時代の哲学を論駁しようとする。あるいは後者を目的として前者をおこなうのである。

ところで、ビランのこのような動機はなにゆえに生じたのか。一つには、その哲学の基盤が意識の明証性とともに、存在の明証性にあることによる。これについてはすでに何回ともなく言及したのであるが、内的要因として第一に挙げなければならない。そしてもう一つ、外的要因として考えられるのはやはりライプニッツの影響である。

ライプニッツは『形而上学序説』[8]で、神学者や私たちがスコラと呼んでいる哲学者の省察は侮るべきではないということ、という表題のもとで述べている。「これらの存在（実体と形相）の空虚さを長い間確信してきたが、私自身が、近代の人々が聖トマスやその同時代の他の偉大な人々を正当に評価していないことを認めさせる探求をおこなった後では、意に反して、またまるで力づくによるかのように、これらを再び取り上げるように強いられた。」(p.40)

たとえば、実体について、ライプニッツは同じ著作の中で、「いくつかの述語が同一の主語に帰属し、この主語が他のどのような主語にも属さない時、私たちはこの主語を個別的実体(substance individuelle)と呼ぶのは真実である」(p.35)と述べている。この実体の定義は一般的定義であり、ライプニッツが主張したいのはつぎのことである。「一つの命題が同一的(identique)ではない時、つまり述語がはっきりと主語の中に含まれていない時、述語は主語の中に潜在的に含まれていなければならない。これが、哲学者たちが《述語は主語の中にある》と言うときに内在(in-esse)と呼んでいる事柄である。」(ibid.)

すでに言及したように、ライプニッツは理由律を重視して、因果律を軽視する、あるいは前者の中に後者を吸収させてしまうのであるが、このような考えを基礎づけるのが、引用文に示されている主語と述語との関係についての解釈である。ライプニッツにしたがえば、顕在的と潜在的との区別はあるにしても、主語の中に述語は常に含まれているのであり、主語に述語が後から付け加わる、いわゆる綜合判断は原則的に認められる余地はない。

この一種の極端な解釈に対しては、様々な議論があるとしても、(9) ここで指摘されるべきは、この解釈を導くに至ったライプニッツの調停的立場である。一方で、真理と命題を同一であるとしつつ、分析的判断の中に綜合的判断を吸収させるという合理主義の立場をとりながらも、他方では、アリストテレス以来の実体と形相(10)という考えを維持しようとするのである。

確かに、ビランがライプニッツの意図を十分に理解していたかどうかは疑わしい。そのライプニッツの体系には言葉の充実した意味での原因がないという批判は、因果律の軽視に対しては正鵠を得ているとしても、なにゆえに因果律が軽視されることになったのかという根拠を問うまでには及ばない。しかし、ビランがライプニッツから実体を体系に取り込もうという意図を学んだことは疑い得ない。ビランはライプニッツの調停的立場という意図を理解しないまま、または誤解したまま、実体という考えを通してこのような立場を視野に入れることになる。

屈折しているとともに興味深い、この二人の哲学者の関係は、両者の実体把握の違いを検討することでより明瞭になると思われる。元来、アリストテレスは実体に二つの意味を考えていた。一つは、他のいかなる主語の述語とはなりえない、究極の主語、一つは分離してあり、これと指し示すことのできる個物である。

ライプニッツが実体あるいはモナドについて述べている内容、たとえば個別的実体はそれぞれの仕方で宇宙全体を表出している、また個別的実体の概念はそれに起こり得るあらゆる事柄を包み込んでいるといった内容は、結局のところ、主語の中に述語は顕在的であれ潜在的であれ、内在しているという考えの表明に他ならない。それ故に、ライプニッツにとって、実体とはとりわけ主語であると言うことができる。

それに対して、ビランの場合は、自我は個別的人格であり、そして自我は実体である魂の現れと言われているのであるから、アリストテレスのもう一方の定義にしたがって、実体は個物、むしろ個体と考えられていると思われる。[11]

したがって、師の持つ二つの側面を二人の弟子がそれぞれの特性に応じて選び取るという形で、ライプニッツは実体を主語として、ビランは個体として理解する。先に述べたように、ビラン自身がライプニッツとの彼我の隔たりを十分に理解していたかどうかは疑わしい。しかし、ライプニッツから、結果としてその内容に大きな違いが生じたにしても、少なくとも、同時代の哲学とそれに先立つ哲学との調停という立場を学んだことは疑い得ない。これにより、ビランは同時代の哲学の調停とともに、同時代と先の時代の哲学との調停を試みることになる。

ところで、ビランは『覚え書』[12]で、「私たちが破壊あるいは死と呼んでいるのは、生命の原理を包み込んでいる紐帯を破ることでしかない」(p.252) と述べ、「死は生命によって吸収されるであろう」[13](ibid.) と述べている。この時、念頭に置かれているのは明らかに魂の不滅である。

ビランが認識から信認へ、信認から信仰へと移行するというのは、言葉を換えれば、人格から個体、そして個体の生命の原理である魂の不滅へと思索の重点を変えていくことに他ならない。『新試論』[14]にはつぎのような言及が見られる。「汎神論、観念論そして懐疑論の焼き尽くす深淵。そこには数世紀以来、すべての人間科学の二つの固定点を見失ったあらゆる思弁が落ち込んでいる。二つの固定点とは、人間の人格、下位の極、そこから私たちが出発する点と、神の人格、上位の極、無限という領域に敢えて身を投じる人間の精神の無謬にして必然的な導きである。」(p.175)

人間の人格、つまりは自我が出発点であることは、最も基本的な事柄の再確認であるとして、重要なのは、神の人格 (la personnalité de Dieu) という言葉である。ビランは神という時、何よりも原因としての神を考えていた。しかし、ここではもう一つの要素が加わる。現象・自我・人格から実体・魂・個体へと論を進めていくと、実体の原因・神・人格という結論に至る。神はやはり自我を範型として理解されつつも、ビランの実体観を強く反映する。また、汎神論が批判される。

原因と結果はその本性が異なるという理由から、ビランが汎神論を斥けるのは当然であるが、その実体観とも相容れない。実体はとりわけ個体 (individu) として理解され、神は実体を創造する原因であるとともに、それ自身が究極の個体として、まさに分割不可能であると考えられている。

そして、汎神論の最も由々しき難点は、この説では個体の生命の原理である魂の不滅が証明できないことである。ビランは「どのようにして私たちは以下のことを証明するのであろう。有効であるために、能力は無限でなければならないと、またその結果として、ただ一つの能力、唯一の力しかなく、私たちが不都合にも個別の、人格的あるいは個体に限定された力や原因と呼んでいるあらゆる事柄は、その影、実在のない仮象、存在のない変容でしかないということを」(pp.205-206) と論難する。

ビランの自我が能動性という力を核心としているのであれば、引用文で言われているように、神という一つの力だけが存在し、自我に備わる力はその影でしかないとすると、論証の出発点そのものが毀損され、結論として魂の不滅に至ることは不可能になる。この点については、「実際、原理として、意識の原初事実の性格、つまり自由な能動性、または原初にして自我を構成的する因果関係を否認し、十分に理解しない体系の表現や形式が何であれ、このような体系は抗し難く、あらゆる迂回にもかかわらず、神自身の現実存在も含めて、すべての個々の現実存在を焼き尽くす深淵に落ち込み、自らを失うに違いない」(p.206)と述べている。

さて、魂の不滅という問題に関して、ビランはカントとの違いをより明確にする。カントが形而上学を論駁するに際して、特にこの問題を批判材料として取り上げたのは、やはりその実体観の反映であると思われる。

カントは、悟性があらかじめ何かを結合しておかないならば、悟性はまた何も分析することはできないという理由で、分析される事柄は、悟性により結合された限りで表象能力に与えられるとする。それ故に、原則的には綜合判断のみが可能なのであり、ライプニッツが考えたようなあらゆる述語を含む主語を受け入れる余地はない。

その一方で、実体はそれ自身が関係を含むのではなく、関係の条件であるという理由から、実体を範疇表の関係という綱目の中に編入させる。したがって、実体は特別の地位を失うとともに、範疇表は量、質、関係、様式といった属性にかかわる概念に基づいて構成されることになる。カントのいわゆるコペルニクス的転回が、存在の周りを意識が回ることから、意識の周りを存在が回ることへの転換であるなら、存在が回る時に実体は重すぎるのであろう。実体を個物あるいは個体として理解することはもとより不可能である。

このように、アリストテレスがおこなった実体の二つの定義をどちらも受け入れることなく、特に実体を個物と考える定義を斥ける以上は、カントが魂の不滅を論証することはきわめて困難であると思われる。したがって、たとえば魂の不滅という問題が解決できないという理由で形而上学を論駁するとしたら、本来解決不可能であるように仕組みを作り、それによりまさに解決不可能であることを証明しているのである。

ビランの思索が、その到達点で魂の不滅を取り上げていることは意義深い。この問題を肯定的立場から論じることが、その哲学を形而上学として性格づける点は、カントとの比較で明らかである。しかし、より重要なのは、ビランがアポステリオリな形而上学という理論を自ら実践したということである。

ビラン哲学が私たちの具体的経験の記述から始まり、この時当時の生理学説の大きな影響を受け、一種の唯物論的傾向が顕著であったことは、『習慣論』[15]が示している。けれども、その哲学の展開は到達点として超自然的な事柄に向かう。カントは論理学を認識主観の働きにより基礎付けることで、形而上学を論駁しようとした。ビランは具体的経験の記述がいわば自己を超出する形で経験を超えた領域へと進むことを示す。

ここまで、ビランが同時代の哲学から学び、またその制約を受けつつも、同時代を超えるという性格を持つことを考察した。しかし、同時代を超えるといっても、先立つ時代へと超えるのであり、いまだ次の時代との関連は考察されていない。ビラン研究の最後に課題となるのはこの問題の検討である。

ミシェル・アンリは『哲学と身体の現象学』(16)と題されたビラン論の中で、まず、「範疇はまったく観念ではなく、世界を生きる仕方であり、自然的生の構造(une structure de la vie naturelle)である」(p.45)として、「範疇の理論はしたがって、ビラン哲学では、もはや理性や悟性の理論ではなく、現実存在の理論となっている」(ibid.)と述べる。

アンリは明らかにカントを念頭に置きつつ、ビランの範疇がどのような性格を持っているかを的確に表現している。そして、ここで重要なのは、その範疇が存在の理論(une théorie de l'être)ではなく、現実存在の理論(une theorie de l'existence)となっているという指摘である。

すでに触れたように、ビランにとっての問題関心は人間である限りの存在であり、決して存在である限りの存在ではなかった。アンリは、現実存在という言葉で、この点を明確にしているのであるが、このことからつぎのような結論を導く。「ビラン哲学はただ永遠哲学に与しているだけではなく、現実存在という原初の真理の解釈に至るほどに、永遠哲学より遠くに進んでいる。」(p.47)

ビランは現実存在の解釈という事により、伝統的哲学との類縁性を持ちつつも、それを超えると考えられているのであるが、ここではその理由を問わなければならない。したがって、現実存在という言葉の意味を、ビラン哲学に即して具体的に理解する必要がある。

人間である限りの存在が何よりも自己意識、意識的知覚(aperception)を備えた存在であるとして、このような定義からまず思い浮かぶのは、デカルト的な自我、Ego、Cogitoであろう。しかし、当然ここに何かが付け加わらなければならない。その現実存在がデカルト的自我と異ならないのであるならば、ビランは伝統的哲学と結びつくことはできないからである。

デカルトとビランの関係については、「ビランのCogitoはデカルトのCogitoと決して対立しない。《私はできる(je peux)》が《私は考える(je pense)》に対立する余地はない。なぜなら、反対に、努力に関するあらゆるビランの分析は、唯一の本質的結果として、この努力を主観性そのものの一様式として決定することであるからだ」(p.75)と述べられる。

ここで大切なのは、デカルトとビランはともに主観性の探求から出発しているという指摘である。確かにビランはデカルトのCogitoを批判するのであるが、それはCogitoそのものの批判というより、むしろそこに不足している事柄への言及であり、その不十分さの主張である。

このことを踏まえた上で、アンリはつぎのように述べる。「デカルトは反省というCogotoを、つまり超越論的な内的経験[17]である限りの反省、あるいは適切でない言語を使うならば、あらゆる反省に内在する、反省の存在そのものを構成する前反省的Cogitoを研究した。それに対して、メーヌ・ド・ビランはCogitoを運動あるいはその意図、つまり主観的[18]運動のすべての存在を形作る超越論的な内的経験の中で把握した。」(p.76)

では、両者の違いを決定的にし、前者に欠けていて、いわば後者が補うことになる事柄とは何か。アンリは「メーヌ・ド・ビランの教えはこれらの言葉に要約される。身体は主観的であり、Ego自身である」

(p.15)と、また「意識は《私は考える》であり、意識の生命のあらゆる変容は思惟、すなわち観念の決定でしかない」(p.71)と述べる。そして、「(デカルトの)主観性の内部では、行動のための、また身体のための余地はない。もし自我が純粋な思惟に還元されるのであるなら、自我は受動的変容の場所でしかなく、そこでは私たちの欲求は生まれることはあっても、実現されることはないであろう」(p.72)と主張する。

これらの言葉から、アンリはデカルトに欠けていたのは身体と、それにともなう行動あるいは運動であると考えているのが理解できる。したがって、言うところの現実存在とは、自己意識とともに身体を備え、行動をおこなう存在である。

ところで、ビランがその出発点で自己意識の明証性だけではなく、身体の現前により存在の明証性を認めることで、近代の哲学を超えて伝統的哲学に与していることは既に言及した。アンリ自身が、「まさに理解するべきは、(ビランの)主観性の決定という作業を仕上げる可能性は、ただ原初の真理を存在、超越論的自我をある(sum)として考え、論理的主語や無と考えない哲学にのみ属している」(p.78)と主張している。

では、永遠哲学より遠くに進むとは、どのような点に関して明言できるのであろう。アンリはまず、「自我の存在はもはやその本質が、延長の認識や事物の静観(contemplation)のなかで汲み尽くされるような純粋な思惟として決定されるのではなく、いまや行動と同一化されて現れる。そしてこの行動により、私は不断に世界を変化させる」(p.72)と述べる。

ここでは、遠くに進む理由の一つとして、自我の本質が静観にあるのではなく、行動にあり、行動により世界と実際に関わっていることが考えられている。この自我と行動との結びつきは、たとえばベルグソンによる自我の把握、特にその知覚理論[19]を思い浮かべるならば、ビランが近代の哲学から現代の哲学へと超え出ていくことの例証として十分に説得的であると言える。

続いて、つぎのように述べられる。「身体についての私たちの原初的知という問題は、同時に身体の存在論的本質の問題である。なぜならば、現象学的存在論[20]では、存在はただそれが私たちに与えられる仕方によって決定されるからである。」(p.79) ここでアンリは、ビラン哲学の一つの特徴である知ることの様式から存在の様式への無媒介の移行に言及しているのであるが、重要なのは、それを伝統的存在論の視点からではなく、現象学的存在論の立場で理解しようとする姿勢である。

伝統的存在論では、知ることの様式から存在の様式への移行、つまり個別から普遍への移行には存在の類比という媒介が必要であった。このことの背景には、やはり普遍性の基礎を対象の側に置くという考えがあったと思われる。けれども、ビランは普遍性の基礎を主観の側と対象の側の両方に置いているのであり、この点に注目しつつ、もしここに志向性という概念を導入するならば、難点[21]を利点に変える可能性が見出せるのである。

アンリは述べている。「メーヌ・ド・ビランが私たちに要求するのは、科学と現実存在の同一化であり、それは、現実存在はすでにひとつの科学であり、不完全で一時的なのではなく、あらゆる科学の起源であり、真理の起源であると理解することである。経験という源泉は真理の後ろに位置しているのではなく、経験は真理の固有の起源である。」(p.36)

ここでアンリは明らかに、現実存在を生活世界 (Lebenswelt) の意味で解釈しようとしている。そして、この解釈に基づいてつぎのように述べる。「自我の生命の中で最も深遠な志向性は運動であると言うことは、それは、私たちに原初的に与えられる世界はまさしく身体の世界であり、その存在がしたがって、起源において運動の超越的項でしかないような世界であると言うことである。」(p.101)

ところで、意識は常に何かに向かう志向的働きであるとして、志向的働きには、意識が外(アンリの用語では超越的項)へ向かう第一志向と、意識が意識自身へ向かう第二志向が区別される。デカルト以来の近代哲学はとりわけ第二志向を重視し、これにより与えられる意識の明証性をその基礎としたのであるが、ビランはまた、第一志向により与えられる対象の明証性を重視する。それ故に、ただ単に意識作用が明証的であるだけではなく、同時に意識対象も明証的なのであり、知ることの様式はそのまま存在の様式であり、前者の個別性と後者の普遍性は不可分に結合しているのである。

アンリの言う伝統的存在論と現象学的存在論の区別が、第一志向に基づく立場と第一志向、第二志向をともに基礎とする立場の違いであるなら、そして引用文で言及された運動が、この二つの種類の志向性の協働に他ならないのであるなら、ビラン哲学は確かに現象学的存在論であるといえる。

したがって、十分な根拠により、ビランを現象学の先駆者とすることは可能なのであり、アンリの研究は後の時代へと超出するビランを描くこと絶妙であると言える。[22] けれども、ビラン哲学は結果として現象学の予告をしたのであり、意図としてこのような構想があった訳ではない。その意図はあくまで同時代の哲学と伝統的存在論との調停である。

アンリ自身は、「世界は私の固有の現実存在と同様に確かである。ビラン哲学には、まさに一つの現象学的還元がある」(p.48) と主張しつつも、「しかし、この現象学的還元は、フッサールの何人かの注釈家におけるように、世界の存在を疑問としない。それはむしろこのような存在の中で根源的で、真の確実性に属する事柄を画定しようとする」(ibid.) と述べている。

また、ここまで引用された文章が示しているように、アンリがビラン哲学に対して使っている用語は、そのほとんどがビラン自身には無縁な言葉である。いうなれば、現象学という光をビラン哲学に当てた時、そこに思わぬ類縁性や、後に現象学で展開されることになる考えの萌芽が発見されたのである。

確かに、前の時代とともに後の時代へと超えていくビランを可能にする現象学、特に身体の現象学という視点は重要な意味を持っている。しかし、ビラン本来の意図とかけ離れた解釈や読み込みは当然慎むべきである。このことの再確認のために、この論題の最後に、ビランの自我という最も基礎的な問題に関するアンリの見解を検討してみる。

まず、アンリは「メーヌ・ド・ビランはその探求の主題として、自我 (l'ego) の問題を取り上げる。そして、この問題については、主観性 (subjectivité) という概念の存在論的分析によってしか解決できないことにすぐに気づいた。また、この分析はその進展の中で結果として、まったく新しい基礎に基づいて、身体の問題を措定することを強いる。身体の問題は正しく解釈され、位置づけられるなら、それが同一化する自我の問題に至る」(p.15) と述べる。

ビランの自我は、意志とそれに対する抵抗である身体との相関関係であるとして、このような自我は私の最も直接的な経験に与えられるという意味で、とりわけ個別的な自我である。また、自我は認識よりもむしろ行為をその主な働きとする点で、主観ではなく主体である。しかし、このような自我が個別的であると同時に普遍的であるのは、他ならぬ身体が存在の様式を伝えるDaseinとして客観的であることによる。したがって、ビランにとり身体は主観的であるとともに客観的なのであり、この身体の持つ両義性を発見したことが、同時代の哲学の調停とともに、同時代と先立つ時代の哲学の調停を試みるという構想を可能にしたのである。

さて、アンリの見解で最も顕著なのは、ビランの自我をそのまま主観性であるとする、つまり個別的自我はそのまま普遍的自我であるとする考えで、ここから、弱点と思われた個別から普遍への無媒介の移行を、反対に利点としつつ、ビラン哲学を超越論的現象学[23]とまで呼ぶ主張が生まれる。しかし、このような見解は、身体の持つ両義性を犠牲にして始めて成立することを見落としてはならない。

たとえば、アンリはつぎのように述べている。「有機的身体をあらゆる私たちの器官の総体、つまり私たちの超越的身体の統一の総体として解釈することは、まさにこの統一は主観的身体の原初的存在の超越論的統一以外の何物でもないことを示す。」(p.171)

ここで、超越的身体と呼ばれているのが客観的身体であるとすれば、アンリは一応ビランの自我に客観的身体が現前していることを認めている。しかし、結論として、このような身体の統一は主観的身体の統一に基づくとして、いわば前者を後者に還元する。したがって、アンリの解釈では、存在の明証性は意識の明証性に還元されるのであり、この意味で、ビランの自我とデカルトのCogitoとの間には本質的な違いがなくなる。そして、意識の明証性とともに存在の明証性から出発するというビラン哲学の根幹が揺らぐことになる。

また、超越論的という言葉で、個別的自我が同時に普遍的自我であることを示そうとする企ては、意識一般を想定するという限りでカントとなんら異ならない。アンリの念頭に常に置かれている、ビラン哲学を現象学にできるだけ関連させて理解しようとする意図は、時として妥当性を欠く解釈に至るのであり、結果として、ビランを同時代の哲学の仲間に引き込むことになる。

アンリのビラン研究は、先の時代へと超え出るビランを描こうとして、かえってビランを同時代に留置くという逆説に陥るのであるが、この原因は、やはりビラン自身が認めている存在の明証性を軽視することにある。それに加えて、ビラン哲学を超越論的現象学と定義する時、後期ビランに関わるもう一つの大きな問題が生じる。

アンリはその研究書の結論の部分で述べている。「絶対的主観性の存在論的性格は、実際超越論的内在である。このような内在により、主観性の領域は徹底した仕方で、超越的存在の領域に対立する。」(p.262) ここで、アンリがビラン哲学の出発点である自我を主観性として理解していたことを考えると、主観性は超越的存在、つまり経験を超えた領域とは相容れないのであるから、自我から出発して、経験を超えた領域に至るという試みは、少なくとも思索の自然な展開としては理解できなくなる。

また、アンリはつぎのように述べる。「超越論的志向性は内在的であると言うのは、まさに志向性は何らかの種類のそれより広い場所に没入しないと言うことである。超越論的決定の内在は、反対に、主観性は主観性の内で汲み尽くされることを意味する。なぜなら、このような決定は世界には属さず、このような決定を超える要素により取り巻かれないからである。」(pp.262-263)

もし、アンリが引用文で言われるような主観性によりビランの自我を特徴付けると考えているとすれば、明らかに錯誤であり、すでにビラン研究の範囲を逸脱している。たとえば、このような主観性により、自我に身体が現前することの認識→外界の物体の認識→実体の信認→実体の原因である神の信仰といったビラン哲学の進展をどのように説明できるのか。

ビランにとり、身体は主観的であるとともに客観的なのであり、この意味で主観性（アンリの用語を使うならば）は世界に属している。超越論的志向性はその意識作用としては超越論的であっても、志向対象は世界であることにより内在的なのであり、主観性はその外部にむかうという理由で世界に内在的である。内在という言葉を意識に内在するという意味で理解し、主観性は主観性の内を出ないと考えるのは、他ならぬデカルトの Cogito の発想である。

アンリはビランの自我について論じる歩みを進めるのにしたがって、いわば次第にビランから遠ざかり、結果としてデカルトの所へ戻ってしまう。この原因はやはり身体の持つ両義性を十分に理解しないからである。たとえば、「人間の存在が位置づけられた (situé) 存在であるのは、私たちの身体が超越的身体、つまり主観的身体の発見以前に哲学が理解していたような身体だからではなく、まさに反対に、私たちの超越的で、客観的な身体がそれに固有の十分に決定された意味で位置付けられるのは、私たちの絶対的身体が主観性である限りで、すでに世界との超越論的関係に置かれているという理由によってだけである」

（pp.267-268）と主張している。

しかし、ビランの自我が主観性であり、そこに現前している身体がアンリの主張しているように超越論的性格を持つのであるならば、そのような身体は何故意志に対する抵抗として現れるのか。また、ビランの考える意志が本来私の経験であり、きわめて個人的な体験であるならば、この意志と相関関係を形成する身体はどうして超越論的であり得るのか。

ここでもう一度、アンリのビラン解釈を振り返ってみると、その核心となるのは、個別から普遍への移行というビラン哲学の難問を、反対に利点として積極的に主張しようとする意図である。そしてこの時使われたのは、ビランの自我は主観性であり、超越論的であるとして、自我一般という概念により、個別と普遍という問題そのものを成立不可能にするという手法であった。

この手法は、一面ではビラン哲学と現象学とを繋ぐことのできる道筋を指し示すのであるが、他方では自我に現前する身体を主観的であると解釈することを強いる。アンリは決して身体の客観的側面を見落としていた訳ではない。けれども、主観的であることを強調せざるを得ない立場から、身体の持つ両義性、あるいは主観的身体と客観的身体との同時性、同等性を否定して、前者の時間的および本性的な優先性を主張する。そして、このような事態は身体の現前という事実を中性化しつつ、結果としてビランの自我をデカルトの Cogito に還元してしまう。ビラン哲学の基盤である、意識の明証性と存在の明証性をともに認めるという立場を、前者は後者に優先すると改変するならば、行き着く先は前者が後者を吸収するという事態に他ならない。

したがって、大切なのは、個別から普遍への移行という問題は、ビラン自身が十分に解決できなかった事実を認めることである。つまり、ビランは意識の第一志向と第二志向の協働により知ることの様式は同時に存在の様式として与えられることを自覚していなかったのである。そしてつぎに、実は身体のもつ両義性がこの二つの種類の志向性の協働である点を明確にし、身体の持つ主観的側面ではなく、客観的側面が現象から実体へ、実体から実体の原因へというビラン哲学の発展の源であった点を示すことである。

結論として、ビラン哲学を超越論的現象学と呼ぶことは、かりに両者に類縁性が認められる可能性が残されているとしても、やはり妥当性を欠くと言うべきである。それゆえに、ビラン哲学に最も似つかわしい呼び名は形而上学であろう。ビランが先立つ時代へ向かうにしろ、後の時代へ向かうにしろ、同時代を超え出るのは、その体系が形而上学という性格を持っているからである。永遠哲学より遠くへ進んでいるからではなく、同時代より、永遠哲学として遠くへ進んでいるからなのである。

【注】

1 Maine de Biran, Journal III, Baconniere, 1957, p.195

2 ibid.

3 ビランはその哲学の形成と発展の時期にあたる思索を心理学 (psychologie) と呼び、主として私たちの経験に与えられる領域を扱い、一言では《自我の哲学》を展開した。その後、これを受けて、人間学（anthropologie）の名の下で経験を超えた領域、特に宗教的体験を論じようとした。しかし、この試みは死によって未完となる。心理学という用語が使われた時期を中期、その後を後期と区分することができるのであるが、中期を代表する著作が、Mémoire sur la décomposition de la pensée『思惟の分解』、Essai sur les fondements de la psychologie『心理学の基礎についての試論』、Rapports des sciences naturelles avec la psychologie『自然諸科学と心理学との諸関係』であり、後期を代表するのが、Nouveaux essays d' anthropologie『新人間学試論』（『新試論』と略す）、Note sur l'idée d'existence『実存の観念についての覚え書』（『覚え書』と略す）である。

4　たとえば、「実体的範疇に対しては理性が、属性的範疇に対しては悟性が、偶性的範疇に対しては感性が、また適性範疇に対しては構想力がその認識作用の主たる役割を果すのである」（松本正夫、『存在の論理学研究』、岩波書店、p.56）といった対応が考えられる。

5　代表的なビラン研究者であるベルナール・バエルチがその著書に、L'ontologie de Maine de Biranという表題を与えているのは、まさにこの意味においてである。しかし、何故にLa métaphysique de Maine de Biranとしなかったのかという疑問は残る。恐らく、後期ビランに対する否定的評価がその理由であると思われる。Bernard Baertschi, L'ontologie de Maine de Biran, Editions universitaires Fribourg Suisse, 1982

6　存在論は存在である限りの存在を扱うとして、ここで言われる存在は、経験を超えた存在は含まれない。それに対して、経験に与えられる事柄から出発して、経験を超えた事柄を論証しようとするのが形而上学、特にアポステリオリな形而上学である。存在論と形而上学との混同は、仮にアリストテレスの著作の中で、第一哲学と第一原因の学が混在しているとしても、厳に慎むべきである。

7　もう一人の代表的研究者であるフランソワ・アズヴィはこの言葉を使い、ビランの哲学を、具体的経験の記述とその反省による実証的な自我研究として理解しようとする。また、この観点から後期ビランの把握を試みる。Francois Azouvi, Maine de Biran La science de l'homme, J.Vrin, 1995 たとえば、この著書では、「ビラン哲学は全体として、《浅薄な意味での》観察に対する、深い意味での反省という名による異議申し立てである」(p.461) としたうえで、「当初自我の中に見い出された固定点は、つぎに自我の外に、本体や義務という絶対の中に、神の内に探されることになる。しかし、この外在化の動きは反対の動きを受け入れないのではない。なぜなら、神の内に探し尽くされた支えを見ると同時に、意識の原初の事実を放棄しようとすることを拒否し、最後まで第三の生の経験を、経験的な心理学の中で記述しようと試みるからである」(p.463) と述べている。ここで、外在化（extériorisation）とそれとは反対の動き (mouvement inverse) と言われるのであるが、これらの言葉がアズヴィの見解をよく示している。やはり、アズヴィもまた、ビランが第三の生の経験（宗教的体験）をその心理学の枠内で理解しようとした努力を評価しつつも、心理学と人間学は反対の方向へ向かう性格の異なる、二つの別の領域と考えている。La science de l'homme, L'ontologie, L'anthropologie という表現を使うことはあっても、La métaphysique を使わないのはこの理由によると思われる。アズヴィがその解釈を一歩進めて、心理学と人間学は同じ方向にある、むしろ後者は前者の発展段階であるとするならば、形而上学という表現が現れると当然に予想されるのであるが。

8 G.W. Leibniz, Discours de métaphysique, J. Vrin, 1975

9 バートランド・ラッセルはライプニッツの哲学の主要な前提として五項目を枚挙している：1．あらゆる命題は主語と述語を持っている。2．主語は様々な時に現実に存在する性質である述語を持つであろう（このような主語は実体と呼ばれる）。3．特定の時の現実存在を明言するのではない真なる命題は必然的で分析的である。しかし、特定の時の現実存在を明言する真なる命題は偶然的で総合的である。後者は目的原因に基づく。4．自我は一つの実体である。5．知覚は外的世界、つまり私自身や私の状態以外の現実存在についての知識をもたらす。そして、つぎのように述べる。「ライプニッツの哲学に対する主要な反論は、最初の前提が4と5の前提と矛盾していることに見出される。また、この矛盾の内に、私たちはモナド主義への一般的反論を見出すであろう。」Bertrand Russell,a critical exposition of the philosophy of Leibniz, Routledge,

1992, p.4 このラッセルの主張と、ライプニッツがいわばあらゆる判断を基本的には分析判断としている点を照らし合わせると、実はライプニッツ自身がその哲学の前提と言われる事柄の間に矛盾があることを予感していたと思われる。つまり、知覚は自我以外の現実存在に関する知識を知らせるとして、この知識が真であるためには、主語と述語という命題を形成しなければならない。しかし、この主語と述語の結合が経験によるのであれば、目的原因に基づくとは言えなくなる。そこで、分析判断の意味を広げることで、この中に目的原因による綜合判断を含めたのである。ただ、このことによりライプニッツが解決しようとしたのは、前提の1と3と5との間の矛盾であって、ラッセルの言うように、1と4と5との間の矛盾ではない。

10 たとえば、「哲学者たちは形相、エンテレケイア、あるいは魂の起源についてとても困惑してきた。しかし、今日植物、昆虫、動物に関しておこなわれた精密な調査により、私たちは自然の中の有機的身体は決して混沌、腐敗から生み出されたのではなく、常にその中に疑いもなく何らかの前成がある種子により生み出されたことに気づいている」(La Monadologie, Delagrave, 1978, pp.181-182) と述べている。ここで言われる前成（préformation）という考えがライプニッツに形相の維持の根拠を与えたことは疑いない。

11 アリストテレスでは、存在である限りの存在を扱う立場から個物であるのに対して、ビランでは、人間である限りの存在を扱う立場から個体であると言える。

12 Maine de Biran, Œuvres complètes, Tome X-2, J. Vrin, 1989

13 同じ引用文は、『新試論』の序論の最後 p.26 でも使われるのであるが、出典はパウロのコリント人への第二の書簡である。

14 Maine de Biran, op.cit.

15 Mémoire sur l'influence de l'habitude　この著作はビランの初期に属し、ビラン哲学の形成以前（pré-biranien）と考えられている。

16 Michel Henri, Philosophie et Phénoménologie du corps, P.U.F., 1965 引用個所は引用文の後のページ数で示す。

17 expérience interne transcendantale この用語が示しているように、アンリにとり超越論的というのは、決して経験に先立って、経験を可能にする条件ではなく、最も原初的な経験を意味する。それ故に、超越論的内在(immanence transcendantale)という用語も使われることになる。アンリの超越論的という言葉のこのような解釈は、ビラン研究とともに形成されたというより、むしろすでにあった考えを適用したのである。たとえば、ここで取り上げている著作に先立つこと2年の『現れの本質』の中では、「あらゆる存在に現れること、《現象》となることを可能にするのは、可視性という場所であり、そこでは、あらゆる存在は実際に現前しているという資格で現れ出ることができる。すべての存在一般の超越論的地平である限りのこのような場所が繰り広げられるのは、存在自身の為せる業である。この超越論的地平、あるいは言うなれば、普遍的な現象学的地平の考察は、存在についての思惟と異ならない」(L'essence de la manifestation, 1963, P.U.F., p.24)と述べている。

ただ、このように超越論的主観性のないままに超越論的という言葉を使うのは、アンリでは特に顕著であるにしても、決してその独創ではなく、フランスでの現象学受容の一つの特徴である。この点について、ドミニク・ジャニコウは述べている。「サルトルとメルロ・ポンティは、フッサールの方法論的指示に対する彼らの自由裁量がどうであったにしろ、少なくとも、このフッサールの基本的霊感には忠実であり続けた。つまり、志向性の本質は、現象学的還元により現象の内在の中に、もし志向的超越があるのならば、それは世界の中で与えられるままに把握され、自然的態度の一時停止は別の世界への逃避や絶対的観念論の再構築へではなく、経験に対して(また経験のために)、超越論的後退の深化に至るということの探求である。」(Dominique Janicaud, Le tournant théologique de la phénoménologie française, Editions de l'éclat, 1991, p.25)

したがって、アンリのビラン研究は一つにはフランス現象学の一種の偏りを背景として生まれ、一つにはアンリの流儀による現象学解釈をビランに応用したとも考えられる。この意味で、内在的研究というより、むしろ超越的研究であり、このことによりいわば歪が生じていることは否定できない。なお、この点については本文で後に詳論する。

18 すでに言及したように、ビランにとり身体は主観的であると同時に客観的であり、一言では両義的なのである。アンリのこのような主張は明らかにビランの自我を誤解しているか、あるいは自身の解釈を押し通すために故意に客観的側面を看過したのである。

19 ベルグソンは次のように述べている。「始めにイマージュ (image) の総体があり、この総体の中に《行動の中心》がある。この《行動の中心》に対して、関心のあるイマージュが反射されるように思われる。知覚が生まれ、行動が準備されるのはこのようにしてである」(Henri Bergson, Matière et Mémoire, P.U.F., 1968, p.46)

20 アンリ自身は伝統的存在論と現象学的存在論の区別については言及していない。この両者を、前者は意識の持つ志向性の中で、第一志向を重視し、後者は第一志向と第二志向をともに重視するという特徴で区別するのは筆者の見解である。

21 この点に関して、メルロ・ポンティは述べている。「ビランの利点はその哲学の固有の原理を知的に所有することよりもむしろ、その記述のいくつかに基づいている。ビランは心理主義を乗り越え、主体の経験はロゴスの単なる適用ではないことを示そうとした。しかし、個別を救い出し、その普遍への移行と推移を示すことに成功しなかった。」(Maurice Merleau-Ponty, L'union de l'âme et du corps chez Malebranche, Biran et Bergson, J. Vrin, 1968, p.78)

22 アンリの研究は、ビランの思索を明確に身体の現象学という観点から解釈するという試みの一つとして、示唆に富んでいると言うことができる。しかし、このような試み自体に多くの問題があり、ビラン研究として妥当であるかは疑問とするべきである。

23　たとえば、「ビランがおこなっているのは、古典的で経験的な心理学に超越論的現象学を置き換えることである。そして、明らかなのは、このような現象学の打建ては、主観性の存在論の構築と軌を一にしているということである」(p.22) と述べている。

第5章　ビラン最後の思索

――『新人間学試論』『現実存在の観念についての覚え書』――

はじめに

メーヌ・ド・ビランは『自然諸科学と心理学との諸関係』の執筆を一八一六年に終えたと考えられている。そして、この時期を境にして、その哲学は関心の中心を宗教的体験 (expérience religieuse)[1] に向けることになる。[2] ここにビランの思索は新たな段階へと進むのであるが、一八二四年の死によってまた最後の思索ともなる。

今日『新人間学試論』と『現実存在の観念についての覚え書』[3] として知られる二つの著作はこの最後の思索を示す資料である。ここでは、この二つの著作と同時期に書かれた日記を中心にしつつ、いくつかの論文を補助資料として、ビラン最後の思索を解明することを目的とする。

しかし、特にここでとりあげる二つの著作に関しては、ビランの他のどの著作にもまして文献成立にまつわる複雑な事情があり、またこれらにより代表される思索をめぐっては研究者の間でさまざまな議論がある。それゆえに、はじめに文献成立の事情を概観し、つぎに先行研究を紹介することは、筆者自身の見解を示す上で、一つの準備段階として必要であると思われる。したがって、この論考は、文献成立の事情の概観・先行研究の紹介・文献読解という手順で進められる。

文献成立の事情

私たちが『新人間学試論』として現在手にするのは[4]、ビラン自身により完成された著作ではない。その見取り図と主要な部分が著者の生涯の最後にあたる一八二三年と一八二四年に書かれたという想定[5]のもとで、これらとともに関連するいくつかの原稿を後になって編纂した遺稿集である。そして、編纂にあたったエルネス・ナヴィルは一八五九年に出版されたこの著作によせる前言[6]の中で、文献成立の事情をつぎのように語っている。

まず、「一八二三年の一〇月以来、著者（ビラン）は『新人間学試論』の急ぎの見取り図をその日記に書きつけた。そして、何日か後になって、この計画を放棄することがないように膨大な著作に着手したのであるが、その最後の病気が現実の存在と同時に、その作業を終わらせることになった」(p.358) と述べる。したがって、問題は「自分自身の研究にすべてがささげられた一生の完成ともなるべきこの重要な著作に関して、現在何が残されているか」(ibid.) である。ナヴィルは「これは解決するより、提出するほうがはるかに簡単な問題である」(ibid.) と言う。

ところで、一八二五年に、ヴィクトル・クザンはビランの原稿目録を作成したのであるが、この時、着手された最後の著作の一部であると推定される二つの断章があることを指摘していた。けれども、一八四一年に、クザンはこの見解を改め（ナヴィルはこの動機についてはまったくわからないと述べている）、問題となっている二つの原稿のうち、一つを『直接的な意識的知覚』、一つを『生理学的事実と心理学的事実の区分についての考察』[7]という表題で出版した。そして、前者はベルリーンの翰林院により賞を授けられた論文そのものであり、後者は幾分かの修正を加えられた『コペンハーゲン論文』[9]と呼ばれる論文であると断定した。[8]

しかし、ナヴィルはこのクザンの判断に対して、「この二つの見解は、私たちが議論されている論文の原本について持っている知識の前では、決定的に力を失う」(p.360) としつつ、「これら二つの原稿の本来の性質と元来の目的を決めることが残されている」(ibid.) として、はじめに内容の側面から疑問を持つことになる。そして、「クザン氏が『直接的な意識的知覚』という名前を与えた断章は、いくつかの欠落に加えて、少なくとも非常に特徴的な三つの意味（方向）の変化を示している」(ibid.) と述べる。

そして、この〝非常に特徴的な三つの意味（方向）の変化〟に関しては、つぎのように言われる。「この著作の最初の部分は、デカルトからコンディヤックに至るまで、そうするべきであったように、内官の原初の事実の中に含まれる因果関係という概念から出発する代わりに、実体という抽象的概念をその基礎とした形而上学の諸体系の批判に向けられている。」(ibid.)「つぎに、観念論者と同様に唯物論者の見解の中で、意識の権限を十分に理解せず、意志するという単純な事実と欲求の複雑な現象とを混同する哲学者への短い反論が来る。」(ibid.)「著作の最後は、単純な印象あるいは意識なしの感覚から出発して、感官から最も遠ざかった概念、最も抽象的で、最も高められた概念に至る私たちの認識の自然な進展についての論考を含む。」(ibid.)

ナヴィルは、ここに示されているように非常に異質な三つの部分がただ一つの題名（直接的な意識的知覚）のもとで集められるのは不可能であると考える。しかし、これだけでは決定的にクザンの判断を覆すべき理由とはならない。

ナヴィルにとっては、「それによりこの断章の正確な執筆時期がはっきりと特定されるような物証を示すこと」(p.361) が重要であった。この時、「発見された原稿のページの一つが偶然にも一八二四年三月一三日の日付のある手紙の裏に書かれていた」(ibid.) のである。これにより、二つの原稿は実際にビランが構想した最後の著作の一部であることが確かめられ、一つは『新人間学試論』、一つは『現実存在の観念についての覚え書』という名で編纂されることになったのである。

このように、いわば編纂者の努力と僥倖により成立した二つの文献ではあるが、やはり読み解くうえで多くの問題があることは否定できない。たとえば、後者については、「相違と不統一はより一層はっきりしている。それらの間で脈絡のない考えが同じページに集められている。私たちはたくさんの引用を見出すのであるが、先立つ論文からであったり、著者が恐らく『新人間学試論』のために参照した何らかの他の論述からであったりする」(p.362) と言われる。

ビランが構想した最後の著作はその死により未完に終わったという事情に加え、私たちが現在手にする文献はあくまで断片であるという事実は、研究上の一つの大きな制約として、常に念頭に置かれるべき事柄である。

先行研究の紹介

この論考の冒頭で言及したように、現在私たちが一般に閲覧することのできる『新試論』と『覚え書』は、一つはティッスラン・グイエ版であり、一つはバエルチ版である。また、日記はグイエにより編纂されている。ところで、研究者が編纂者であるというビラン研究の特色どおり、これら三つの資料を中心にして後期ビラン研究[10]に一つの方向を示したのがグイエである。また、グイエの研究を基礎として新しい視点をもたらしたのがバエルチである。ここでは年代順に、まず前者の研究を、つぎに後者の研究を紹介してみる。

(a) グイエ

基本となる視座

アンリ・グイエが主としてビランの最後の思索に焦点を当てているのは、その研究書『メーヌ・ド・ビランのいくつかの転回』[11]の終わりの部分、〈キリスト教への転回〉(La conversion au christianisme) と題された章である。そして、特にこの中で〈心理学と神学〉(psychologie et théologie) という表題のもとで、はじめに研究の大枠となる考えとして、この時期のビランの念頭には、人間の科学を基礎づけるという意図があったこと、また宗教的体験を体系に取り込むのは、体系を人間の科学として完成させるためであったことを確認する。[12] つぎに、三つの項目にわたって自分自身の考えを述べていく。

①ビランの構想する人間の科学のおおもとは心理学であり、またここで言われる心理学とは自我の心理学である。そして、恩寵の問題に着手する時、ビランは、その問題の解決は人間の科学に属する与件とは矛盾しないことを知っていた。あるいは、「神学的説明は心理学的証言と決して矛盾してはならない」(p.386)のである。[13]そして、「この原則が自然と恩寵についてのビランの体系を支配している。」(ibid.)

②もし、原初の事実が本質的に能動的な主体のことであるなら、これに基づく心理学はそのままでは恩寵の神学には導かれない。なぜなら、恩寵のもとでは主体は本来受動的であると思われるからである。「真の精神の生は、心理・生理学的くびきから解放された存在を要求する。そして、この解放は高みからやって来る救いを仮定している。」(p.387)それゆえに、「メーヌ・ド・ビランがキリスト教の著述の中に関心を持つのは、神学よりもむしろ現象学であり、恩寵について、努力を語ったように、心理学から出ることなく語る。[14]」(ibid.)

③ビランにとり、恩寵は、グイエはこれを新しい原初の事実（nouveau fait primitif）と呼んでいる、特別にキリスト教的な体験ではない。「ビランはその哲学に、ただ一つ魂にその固有の性質にしたがって生きることを認める魂と身体との分離という、プラトン的主題を導き入れた。」(ibid.)したがって、ビランが恩寵という考えを取り上げるのは、「身体という牢に入れられた魂を解き放つためであり、アダムの子孫の贖罪をおこなうためではない。」(ibid.)

宗教的体験の位置づけ

グイエがビランの宗教的体験をどのように位置づけようとしているのかを端的に示すのがつぎの言葉である。「メーヌ・ド・ビランが恩寵のもとで理解している事柄は、明らかにストア主義とキリスト教（ビランの宗教哲学に歴史的な随伴物をもたらす）との引き続く比較の流れの中で現れる。」(pp.387-388)

ここで、ストア主義が言及されるのであるが、グイエは「ストア主義の倫理と努力の哲学との間では、予定調和が明らかであると思われる」(p.388) として、ビランの哲学が努力の心理学という水準にとどまる限りでは、暗黙の諒解として、「エピクテトスやマルクス・アウレリウスの勇壮さを当然の補足としている」(ibid.) と考える。けれども、ストア主義は人間の全体にわたる倫理的経験を説明しないという考えに至るならば、この立場は乗り越えられなければならない。つまり、人間の意志と能力との間にある隔たりを測ることのできる、「高みからの聖霊 (esprit) に息吹を与えられ、その訪れを受ける《魂の崇高な情念（受難）passion sublime》を叙述した」(ibid.) 事柄に向かうことになる。

この時、キリスト教が登場する。しかし、「ビランが追い求めている心理学的真理は、恩寵の神学の中で、まったく出来上がって与えられるのではない。キリスト教はストア主義と同様の批判に、反対の方向からではあるが晒されるのである。」(ibid.) グイエは、この点に関して、ビラン自身の言葉を引用する。(15)「ストア派の人々は、人間の意志に、遍く支配する力を、私たちを幸にも不幸にもする能力まで帰する。キリスト者は、人間の意志から、ほとんどすべての能力を取り除く。あらゆる完全、あらゆる善き性向は神から到来する。神の恩寵なくしては、私たちはことごとくの情念、悪にゆだねられ、私たち自身の内には何ら抵抗する術を持たない。これら二つの体系は行き過ぎている。」

たとえば、ビランの理解している内官の原初の事実は、自我を有機体という抵抗に対して働きかける超有機的力を備えた主体として顕かにするという特色を持つ。[16] したがって、「キリスト教やキリスト教のいくつかの傾向に反して、心理学は人間が性向や情念からは独立した力として定義されることを確証する。」(pp.388-389) つまり、魂と身体との結合のただ中で、「魂は身体に働きかけ、身体を支配することができるのである。」(p.389)

グイエはこのように論を進めて、一つの結論を導き出す。「メーヌ・ド・ビランはストア主義とキリスト教との調停を望んでいたのであろう。」(ibid.) ビランにとり、一方ではストア主義は意志の力を過大に評価する一つの極端な考えであり、他方ではキリスト教は意志の力を過小に評価するもう一つの極端な考えである。グイエはこのことをビラン自身の言葉を使って、「キリスト教的体験はストア主義的経験の価値を失わせるのではない。また、受動性という原初の事実は能動性という原初の事実を無効にしない」(p.388) と表現している。ここで確認するべきは、ビランの哲学の一つの特徴である調停的という立場が、宗教的体験という場面でも一貫して保たれているという見解である。

さて、グイエはつぎのように述べる。「ストア主義とキリスト教との調停は結果として、人間の地平では自由を救い、同時に神の地平では予定説を避けることになる。」(p.389) ここで念頭に置かれているのは明らかに自由意志と恩寵との関係である。ストア主義は意志に関連して取り上げられるという意味で、厳密には先に言及した第二の生に属する問題である。それゆえに、ストア主義とキリスト教との調停は第二の生と第三の生との双方にわたる事柄であり、また前者から後者への移行でもある。[17] しかし、グイエはもう一歩踏み込んで、第三の生の段階でも、言うなれば完全な宗教的体験に関して調停的立場が取られることを主張する。[18]

けれども、同時に「第三の生の心理学的経験は精神の受動性の経験であり、超越的力の介在により説明される」(p.393)としつつ、「ビランはそれ以上には進まない。神がその恩寵をそれに値する人々に授けるかどうかを知ろうとはしない、神のみが心情の秘密を知解し、恩寵に値する人を見抜く」(ibid.)と述べる。

グイエはここに見られるように、一方で第三の生を明確に宗教的体験と考えるのであるが、他方ではこのような体験は、ビランにとって、あくまで心理学的経験であると見なす。[19] したがって、たとえばここで「モリニスムについて語ることは正確ではないであろう」(p.395)、また「モリニスムは神学的立場の表現であり、ビランの哲学はどのようにしても神学的立場ではない。モリニスム、ジャンセニスム、トミスムはビランの哲学には異質のままである問題に答える」(ibid.)という主張がおこなわれることになる。[20] そして、ビランの哲学をこのような視点で理解した後、論点はビランとパスカルとの比較へと進んでいく。

パスカルとの比較

ビランははじめに自我を探求し、自分自身に固有の方法で自我を把握するに至るのであるが、また、これを出発点として思索を展開しつつ、最後に宗教的体験を問題にする。パスカルは自分自身についての思惟により神に導かれる。[21] 一見すると、ともに同じ道を歩んでいる。「ビランの心理学とパスカルの護教は軌を一にしているように思われる。」(p.395)

しかし、グイエは「メーヌ・ド・ビランは人間の科学を練り上げ、『パンセ』はキリスト教の護教の素材である」(ibid.)として、「努力の心理学は形而上学をもって任じている。『パンセ』の護教論は一つの形而上学を含むにしても、それは形而上学者たちの思惟の放棄が依然として一つの形而上学であるという限りのことにすぎない」(p.396)と述べる。

このように、ビランの哲学は心理学、人間の科学、形而上学という三つの言葉で表現されるのであるが、いずれにしても、そこで問題となるのは人間の経験であり、宗教的体験はそのような経験の中の一つであり、それ以上ではない。言うなれば、経験により宗教を問うのであり、あらかじめ受け入れられた宗教的真理にしたがって人間の具体的経験を吟味するのではない。ビランの出発点は自我であり、自我以外には何もないと言うことができる。

それに対して、『パンセ』が少なくとも護教論という性格を持つのであれば、パスカルの自我にははじめから常に神が寄り添っているのであり[22]、ここでの問題は宗教的体験というよりむしろ体験的宗教である。グイエは「パスカル、ビランともに神学者ではない。しかし、前者の護教論は一つの神学を前提とし、それを描いている。後者の心理学は神学を必要としない」(ibid.)と述べ、「一方は哲学なしの神学、なぜなら神学は護教論に内在しているからであり、他方は神学なしの哲学、なぜなら哲学は一つの心理学であることを望むからである」(ibid.)と主張する。

グイエの見解は、パスカルとビランとの間に共通点を探る、または影響関係を見つけるのではなく、その違いを強調することを特色とする[23]。そして、具体的には二つの論点が取り上げられる。一つは、パスカルの三つの秩序とビランの三つの生についてであり、もう一つは悲惨についてである。

はじめの問題では、まず「《三つの生》とパスカルの《三つの秩序》との近さの範囲を誇張するのは適切ではない」(p.394 note)と言われる。ここで、ビランの言う三つの生を顧みて、グイエは「動物的生は自己意識も自我も持たない。人間的生は心理・生理学的事実、つまり筋肉の努力の中で把握される意志により特徴づけられる。また精神の生は恩寵が意志に取って代わり、これにより精神を肉体から解き放つことで特徴づけられる」(ibid.)と述べる。このように、ビランでは、上位の生は下位の生をその要素として包摂しているのであり、三つの生の区別はいわば《存在の類比》とも考えられる。それに対して、パスカルの三つに分けられた秩序は、「ある秩序に属する大きさは、他の秩序に属する大きさとは関係がない」(p.394 .note)と言われるように、その非連続性と異質であることを原理とする《次元》に他ならない。形而上学者と数学者はやはり観点を異にしている。

つぎに悲惨については、「パスカルが認識する悲惨は罪深き被造物の悲惨である。それは神的な贖い主を呼び求めるのであるが、その功徳は許されない人間の過ちを贖うのである」(p.396)としつつ、「メーヌ・ド・ビランが認識する悲惨は受肉した魂の悲惨であり、それはその固有の生命にしたがって生きるための精神の努力に答える解放者である神を呼び求める」(ibid.)とする。

それゆえに、ビランの神は確かにイエスがその肉体となった御言葉である神に違いない。けれども、キリストの受難やその死はあまり重要性を持たない。「原罪とともに、ビランの視野からは、神に選ばれた者の選定やキリストの受肉の贖罪という意義は消え失せる」(p.397)のである。一言では、ビランの立場は

「神学のない心理学、原罪のない恩寵、救霊予定のない救い、贖罪のない受肉」(ibid.) である。

プラトンとの関係

グイエはつぎのように述べる。「一八一八年ころ、メーヌ・ド・ビランは現実存在の三つの段階を区別した。一八二〇年以来、これを《三つの生》と呼ぶ。」この三つの生については先に言及したのであるが、ここで補足をするならば、人間の固有にして自然の状態は第一の生と第三の生との中間の状態であり、この状態は自我が能動的であることにより性格づけられる。したがって、人間的生の以下でも、またその以上でも自我はその活動とともに消失する。人間的生の以下では、魂は本能にゆだねられ、以上では魂は真に神の影響にしたがう。そして問題となるのは言うまでもなく後者の場合である。[26]

では、ビランは何故に第三の生、精神の生という考えを持つことになったのか。グイエは「《精神の生》はビランが古代のプラトン主義とキリスト教的プラトン主義に負うところの人間学の図式の内部で定義される」(p.316) と述べる。

ここで古代のプラトン主義と言われるのが、魂と身体の分離という考えであるとして、明らかにするべきは、キリスト教的プラトン主義という言葉の具体的内容である。この内容は、「一八一八年からビランは《精神の生》の記述に専念する。フェヌロンは最もしばしば参照され、最も愛された案内人のひとりである」(p.403) という言葉で示される。キリスト教的プラトン主義とは、フェヌロンの考えと新プラトン主義である。[27][28][29]

では、ビランはフェヌロンや新プラトン主義から何を学んだのであろう。グイエは「ビラン哲学最後の根本問題はフェヌロンとの対話の流れの中で承認され、正確に提起される」(p.406)と述べ、「静寂主義の教えのビランによる表現が、精神の生という理論である」(ibid.)としつつ、ビランはフェヌロンから、「外的善と感覚的喜びを放棄する。これが動物的生に結びついているけれども、それには還元されない真の人間的生の条件である。もし、単なる人間的な生に卓越する精神の生があるなら、それは人間性の本質自身である能動的で意志的な自我を犠牲にすることによってしかありえない」(ibid.)ことを学んだと主張する。しかし、ここで言われる〝ビラン哲学最後の根本問題〟とは精神の生だけなのであろうか[30]。もし、精神の生だけが問題であるとしたら、ビランは十分な解答を得たことになる。

グイエは「メーヌ・ド・ビランが精神の経験の中で遭遇した事柄は、フェヌロンがとても正しく《自分自身の非所有である》と言っている魂であり、キリスト教の神秘家がその範型を私たちにもたらすのは、《福音による自己犠牲によって非所有である》魂の中である」(ibid.)と述べている。

けれども他方で、グイエは「神秘的体験は哲学の自然な誓願である」(p.363)と、また「メーヌ・ド・ビランは一種の哲学的キリスト教[31]を構築した。けれどもそれは、キリスト教哲学であるためには十分に哲学的でも、十分にキリスト教的でもない」(p.366)と述べている。したがって、「フェヌロンの祈りの心理学を表現する、これがまさに最後のビラン哲学の方向であると思われる」(p.409)と言われるように、ビランはあくまで心理学者、または観察する哲学者としての立場を保っていた。そして、このような立場とは、他ならぬストア主義とキリスト教とを調停しようとする立場[32]である。

そして、グイエの見解では、この試みはプラトン主義[33]を媒介としている。端的に言えば、「身体と結合した魂の心理学がビランを絶対という問題と信認の理論へと導いた。同様に、身体と分離した魂の心理学はビランを宗教的認識の問題と理論へと導いた」(p.366)のである。

このように、グイエは後期ビランをそれ以前の時期との連続の中で理解し、ビランの心理学者、哲学者としての一貫した姿勢を主張する。けれども、決して後期を特徴づける要素を見落としているのではない。「第三の生の記述がより大きな場所を恩寵に割り当てるのにしたがって、メーヌ・ド・ビランは、私たちは経験そのものの中に超越の印を承認できないかどうかを問う。この問題はただ心理学者の好奇心だけではなく、その懸念(inquiétude)を表現する。ただ新しい章を人間学に付け加えるという欲求だけではなく、《私がそれである人間》は恩寵を持てるのかどうかを知ろうとする欲求を表現する」(pp.366-367)と述べている。そしてこの懸念をめぐって、ビラン自身の最後の思索の紹介と、グイエによる後期ビラン研究の結論とも言える論考が展開される。

懸　念

グイエは「ビランが考えているような形而上学は生理学や化学と同じように実証的である」(p.411)とし、「事実が内的であるということは、それが打ち明け話あるいは告白の部類に属することを決して意味しない」(ibid.)としつつ、「恩寵により《自己放棄した》自我の探求でも、私たちは同じことが言えるであろうか」(ibid.)と問う。

ビランがその生涯の最後の時期に、宗教的体験に直面した時、このような体験を自らの哲学体系にどのようにして取り込むかで苦慮していたことは明らかである。[34] つまり、宗教的体験はビランの個人的な現実存在の問題であると同時に、その哲学上の課題でもあったのである。ここから、単なる個人的体験の場合に限れば看過が許されるであろう懸念や躊躇が解決するべき難問となる。「メーヌ・ド・ビランのすべての研究者が宗教的体験の範囲について、その躊躇を指摘した。」(p.412)

では、宗教的体験を哲学の課題として考察するとは、具体的にどのようなことなのであろう。グイエは「哲学は個人的な冒険の単純な一般化ではない」(p.413)として、このような冒険は哲学者に「人間の生について同様に、精神の生の心理・生理学的条件を考察することを強いる。そして、《現実に人間は何を為し得るのか》と問いかけたように、《現実に神は何を為すのか》を問うことを強いる」(ibid.)と述べる。

結論として、グイエは「ビランがこの問題を解決したことを示すどのような文献もない」(ibid.)と主張するのであるが、[35] 解決が困難であった理由をつぎのように述べている。「メーヌ・ド・ビランは神に《至高の情熱》を帰することを認めるための基準を、自我に努力の感情を帰した時のようには見つけることがない。」(p.417)

ビランは哲学者であろうとする限り、「神を意識の一つの直接与件として把握する」(p.418)という立場に固執しなければならない。しかし、この立場では、経験の中に超越的な事柄が現れる、あるいは超越的な事柄が経験できる明証性を持つことが必要となる。ビランの宗教的体験に直面しての躊躇は、このような体験に経験できる明証性を見出せない哲学者の疑いでもある。

グイエは「宗教的事実は一つの心理学的事実であり、その超自然的起源は後者の内に見ることができるのでなければならない」(ibid.) と、また「恩寵は内官のもとに置かれる一つのある状態」(ibid.) と述べる。けれども、これらの言葉は実際の宗教的体験というより、むしろビランのいわば願望を表す。もし、現実に宗教的体験が宗教的事実であるなら、躊躇、疑い、懸念は必要ない。ビランが求め、そして与えられないのは、宗教的体験を宗教的事実とするための究極の根拠であり、これがグイエの言う基準である。

ビランが解決困難な難問に直面している事態はつぎのように表現される。「心理学上の既定方針がビランに、心理学的事実の中に、また把握できる心理学的目印という形式のもとで、心理学的所与の彼岸を必ずや実現するような保証を見つけることを余儀なくさせる。」(p.420) 最後に、グイエは自身の用語である《転回》について、ビラン哲学の全体をふりかえりつつ、研究のまとめの形で言及する。「特別の経験 (expérience sui generis) が本能的で情動的な生の上位にある意志的運動という努力をおこなう自我を捉えるために要請される。これがビラン哲学 (biranisme) への転回方向である。特別の経験が《至高の情熱》とともに、自我の能動性以外の別の秩序を開示する。この経験が魂を身体のくびきから解放するというのが真実であるなら、プラトン主義への真の転回である。救い主が現実にいることを精神に保証する特別の経験は、もしこの救い主がキリスト教の教会がその神秘体であるような神であるなら、キリスト教への転回である。」(ibid.)

けれども、ここで言われるキリスト教への転回は、一人の人間のキリスト教の真理への帰依というより、むしろ「哲学者の立場の移動」(p.421) である。ビランは立場を変えることはあっても、哲学者すなわち心理学者であることは変えなかった。したがって、精神の生とは「心理学的になるキリスト教」(ibid.) であり、心理学がキリスト教的であるのは、「心理学がキリスト教の中に再び発見される」(ibid.) 限りである。

グイエによる研究の特徴

グイエの研究は大きな二つの特徴を持っている。一つはビランの思索全体にわたって、いくつかの点で立場の変更があったにもかかわらず、基本となる一定の姿勢が貫かれていることを主張するという特徴である。もう一つは後期ビランにプラトンあるいは新プラトン主義の影響を考えるとともに、この時期を安易に神学的やキリスト教的と呼ぶことに十分な注意を払っているという特徴である。

ビランは特に『習慣論』に見られるように、その初期では心理学と生理学の媒介となる理論を探求する。そして、中期以降は主観主義的な観念論と客観主義的な実在論を調停することを試み、アポステリオリな形而上学を構想する。このように、常に基本となるのは調停的立場である。そして、グイエが指摘するのは、後期の主要な関心はやはりストア主義とキリスト教との調停に向けられるという点である。

それゆえに、仮に後期には、魂と身体との分離、恩寵のもとでの自我の放棄と魂の受動的状態といった従来とは異質の要素が包み込まれるとしても、ビラン哲学の性格そのものは基本的には変わっていないことが主張される。(36)

ところで、グイエはビラン哲学のいわば一貫性を、〝ビランは終始心理学者あるいは哲学者であった〟と表現するのであるが、このことはまたその宗教的体験がどのような性格を持っていたかの規定とも深く関わる。《原罪なき恩寵》という言葉が端的に示しているように、ビランの宗教的体験は心理学者の体験であり、キリスト者の体験ではない。また、ここで念頭に置かれていたのは魂と身体との分離であり、決して《受肉》ではない。

そして、このような展望を持つことができたのは、一つの学説や一つの宗教に当事者として深く関わるというより、むしろ一定の距離を置いてこれらを分析する観察者の立場に立っていたからであろう。ビランが最後まで恩寵や神託といった宗教的体験に懐疑を棄てきれなかったのは観察者であったゆえに他ならない。したがって、宗教的体験をめぐるその苦闘や抱えることになった難問は、ビラン哲学の弱点ではなくその利点と言うべきである。そして、グイエの研究はこのことを明確に示しているのである。

（b）バエルチ

論考の出発点

バエルチはビラン著作集の第一〇巻の二の解題を〈自我から神へ〉という表題で始め、つぎのように述べる。「宗教的体験を考察する、それはただ単に心理学という経験的学問に新しい領域を開くだけではなく（心理学はもはや情動的経験、努力、信認の研究に閉じこもることはできない）、また哲学に増補となる物を与える。神は現象と本体という組み合わせに加わり、これを複雑にするに至る。」(pp.VII-VIII) まずここで確認できるのは、バエルチはビランの宗教的体験を心理学あるいは哲学の研究対象であると考えていることである。この点ではグイエと見解を同じくしている。

では、なにゆえに宗教的体験はビランにとり、心理学や哲学の対象であると断言できるのであろう。バエルチは「原因についての最初の経験は、自我が努力をおこなう時には自我の経験である」(p.VIII)とし、また「神はすべての存在する事柄の第一原因であるが、それは反省の終わりにしか発見されない」(ibid.)として、「自我と神は哲学の最初と最後を印すと言うことができる」[37](ibid.)と主張する。これらの言葉は、バエルチがビランの神をとりわけ《原因としての神》、ビラン哲学の原理の一つである因果関係の適用により得られた究極の第一原因である神として理解していることを示している[38]。

ところで、グイエはビランの神を《恩寵を与える神》と考え、その宗教的体験を何よりも恩寵の体験であると考えていた。ここで、二人の研究者の決定的な違いが生じることになる。すでに見たように、グイエは後期ビランの思索を神学的と呼ぶことをある程度差し控えていた。このことは、他ならぬ恩寵に対して、ビランが懐疑的な姿勢を終始崩さなかったことによる。それに対して、神が第一原因であるという考えはいわばビラン哲学の原則[39]であり、この考えにはいささかの嫌疑もかけられることはない。

バエルチは「私たちは原因に関するビランの概念の生成の中に、三つの段階を区別することができる」(p.IX)として、「心理学的段階(一八一二年まで)、形而上学的段階(一八一八年まで)、神学的段階」(ibid.)と名づける。ここで神学的段階という名称が後期ビランの思索に与えられることに、少なくともバエルチの立場では問題はない。したがって、研究の課題はこれら三つの段階がどのように関連しているのか、特に最後の段階は先立つ二つの段階とどう結びつくのか、または結びつかないのかを究明することにある。

三つの段階

心理学的段階

はじめにバエルチは、「自我が抵抗に突き当たる努力という経験は、因果関係が意味する事柄を把握するための特権的で、起源となる場所である」(ibid.) と述べる。自我はその能動性により最初に身体的運動を産み出し、続いて時には外界に変化をもたらす。このとき自我は自分自身を原因であると意識的に知覚する。このような原因としての自我という考えは何回となく繰り返され言及されるビランの出発点であり、このことに特にあらためて注釈は必要ない。

バエルチは続けて、「十分な理解が大切であるのは、この自我は行為の起源という一つの存在なのではなく、一つの非実体的行為であるということである」(ibid.) と、また「自我の現実存在は自我がそれ自身を意識的に知覚する事柄と一致する。自我はしたがって、現れであり存在ではない。それは自身を行為あるいは原因として意識的に知覚する、故に行為であり原因である」(ibid.) と述べる。

心理学的段階はビランが現象の水準にとどまっている段階であり、「因果関係は現象性により特徴づけられる」(p.X) と言われるように、ここでは原因は実体ではなく行為、すなわち現象である。この段階はこのような理由から、現象的段階であると考えることができる。

形而上学的段階

心理学的段階が現象的段階であるなら、形而上学的段階は実体的段階であると言えるのであるが、この前者から後者への移行は、「ビランが現象は自らを現わす何物かではなく、それ以外の他の物、存在を明らかにする何物かであると理解した時実現される」(ibid.)と述べられる。ところで、バエルチは「形而上学の水準では、基本となる本質存在(entité)は現れや現象ではなく、存在や本体である。[40]このことは必然的に、どのような意味で一つの存在は原因であり得るのかを説明しなければならない限りで、原因という概念を変容させることになる」(ibid.)と述べる。

そして、ビラン自身の発言、「現象と産出的力との関係は、変容された実体とそれを変容させる働きかける力との関係であり、二つの実体の独立した現実存在を仮定している」[41]を引用して、「因果関係は二つの存在を結びつける、一つは他を、たとえば運動のように、現象を産み出すことで変容させる」(p.XI)と述べる。ここで、変容させる(modifier)という言葉が繰り返されるように、一つの存在は他の存在の現実存在(existence)の原因ではなく、その様式(mode)の原因である。[42]バエルチはこの点を、「自我の原因となる働きかけは、存在を作り出すのではなく、存在を変容させる」(ibid.)として確認する。

しかし、バエルチは「本体的な因果関係の導入はいくつかの問題を我が哲学者に提起する」(ibid.)として、因果関係という概念に実体を取り込むことで、ビランは当然難題に直面することになると考え、このことは「本質的に二つの理由による」(p.XI)として、その理由を挙げる。一つは、「現象と本体との対比の多義性(polysémie)」(ibid.)と言われるのであるが、「自我を一つの現象以上の何物かと考え、またあらゆる原因(その範型は自我である)をいわば本体的な本質存在と考えることが起こる。[43]」(ibid.)もう一つは、

「二つの出来事の間の因果的関連は現象的関係（行動、運動はこの範疇に属している）であり、本体的関係は二つの存在を結合する」(ibid.) のであるから、この二つの関係を混同することは避けなければならない。しかし、「ビランはあらゆる明晰さの中でこの区別を跡付けていない。」(pp.XI-XII)

したがって、「因果関係が問題となる時、ビランは自我の行動 (l'action du moi) とまったく同様に自我である行動 (l'action qui est le moi) を語る。そして、このことで、自我 - 物（行為の源）と、その源は魂である自我 - 出来事（行為）との間に多義性を持ち込み、自我を言わば現象と本体との間で浮遊したままにしておく。[44]」(p.XII)

心理学的段階は現象のみを扱うのに対して、形而上学的段階では実体あるいは本体がこれに加わる。因果関係は現象と現象との関係から、現象と本体との関係に移行する。つぎに論じられるのは、本体と本体との関係であり、一つの存在が他の存在の様式ではなく、その現実存在の原因となる場合である。しかし、バエルチがこの移行は多くの問題を含んでいると考えていることはすでに明らかである。

神学的段階

バエルチはここでの論点をつぎのように述べる。「何に関して創造的原因という概念はベルジュラックの哲学者の考えを変化させるのかを問う。」(ibid.) そして、「実際のところ、神は存在を創るのであるが、それは一つの現象が他の現象を作る（一つの意志作用が筋肉の運動を産み出す）のと同じである。また、因果関係は神と被造物を結びつけつつ、二つの存在、二つの本体を結合する」(ibid.) と主張する。

ここで注目するべきは、バエルチが因果関係は現象と現象との間、本体と本体との間、つまり二つの異なる水準で成立すると考えつつも、因果関係そのものは現象の水準でも本体の水準でも、その性質は変わらないとしている点である。明確に、「因果関係は類比的概念である」[45] (ibid.) と言われるように、バエルチにしたがえば、ビランが因果関係に実体という考えを取り込むことで難題に直面したとしても、この因果関係という概念そのものの価値が毀損されることはない。そして、その範型は自我に求められ、現象間の関係を起点として実体間の関係が理解されるという順序は変わらない。「創造的原因という概念はビランにとり、特別の問題を提起しない。それらの要素はその学説の先立つ段階から借用される。」(ibid.) けれども、バエルチはその一方で、「我が哲学者が形而上学的段階と神学的段階で、因果関係の概念に蒙らせた拡大は、いくつかの数の難問をはらんでいる」(p.XIII) として、「これらの難問は一方では現象と本体との区別に関する多義性 (plurivocité) と結びつくのであるが、これについては述べた。他方では動力因 (causalité efficiente) を性格づけるための衝撃力 (impulsion) という範列 (paradigme) を問い直すことと結びつく」(ibid.) と述べる。

バエルチは〝動力因を性格づけるための衝撃力という範列〟という言葉を使うのであるが、具体的にはビランが『諸関係』の中で、「すべての力あるいは動力因は衝撃力でしかあり得ない。なぜなら、あらゆる力の典型である自我という固有にして個人的力は行動という唯一の様式、衝撃力という唯一の力のもとでだけ現れるからである」[46] と述べていることを指している。ここから、バエルチは「ビランは自我が衝撃力により働きかけると言っていた」(p.XV) という主張をおこなう。そして、ビランが『新試論』

で、脳の損傷は心の働きに対して因果的影響を与えないということに関して、「二つの（異なる）本性に属している事実の間の共在(coexistence)という関係は、あらゆる同等、類比、すべての原因から結果への、または働きかける力からその産物への直接的で必然的な関係を排除する」[47]と述べていることから、一つの可能性として導き出されるのは、反対の事柄として、「二つの外的現象（同じ性質に属する）は継起(succession)という関係（物理的因果関係あるいは衝撃力、力学の対象）により結合されることができる」(ibid.)という考えであるとする。

すでにバエルチは、心理学的段階では、「原因は非物質的なのではなく、超有機的であり、魂つまり《非物質的力》ではなく自我である」(p.XIV)と述べているのであるが、この場合、意志による行為が身体の運動を引き起こすことは、意志と身体は相関関係にあることに加え、行為と運動がともに現象であることから、衝撃力によると主張しても問題はないと考えている。しかし、形而上学的段階以降では、自我は魂の現れであるとするなら、当然の帰結として、魂と身体は異なる性質を持つ二つの実体であり、それゆえに自我と身体は異質でなければならないという考えが生じると主張する[48]。したがって、この場合では、「努力においては、自我は身体的運動の原因である。しかし、自我は内的現象であり、運動はすでに外的な現象である。」(p.XV)それゆえに、「自我を動力因と考えることを妨げる」(ibid.)のであり、結論として、自我と身体的運動との間に原因と結果の関係を断言することは不可能であると明言する。

ところで、ビランは『新人間学試論』の中で、衝撃力についてつぎのような三つの言及をおこなっている。一つは、「力、能動性、衝撃力そのものを持つこと（自分自身に与えること）で自己認識が可能である思惟は有機的化合にも、化学的分子にも属さない。」(p.6) そして、「物体の法則あるいは物体が衝撃力により受け取り、伝える運動の法則は物質世界のあらゆる存在や事物にとり、例外なく普遍的で恒常的である。」(p.47) 最後に、「生きた動物（種類は何であれ）の身体の何らかの部分は、何らかの変化を蒙るのであるが、それはその生命を構成する原理（私たちはそれをいくつかの名前で表現している）の力による行動そのものにより自発的であるか、物体や何かの外的な刺激物との接触により惹き起こされる。この変化は、私たちはその本性や性格を未だ確定していないのであるが、有機的印象 (impression vitale) という曖昧な名称で言い表されることができる。そして、この印象は非有機的物体の間で生じるような接触、衝撃力つまり物理的衝撃とは本質的に異なる。」(p.60)

これらの言及から明らかなのは、ビランは衝撃力に二つの種類を区別しているということである。一つは思惟がその能動性により自分自身に与えることでそれを働かせる衝撃力であり、これを仮に能動的衝撃力と呼ぶならば、一つは物質世界の運動法則を構成する衝撃力であり、これは物理的衝撃と呼ばれる。

この点を確認するならば、バエルチは、少なくともここでの議論では、ビランの言う衝撃力を物理的衝撃に特定していると言うことができる。それに対して、ビランが〝自我は衝撃力により働きかける〟と言う時、念頭に置かれているのは疑いもなく能動的衝撃力である。この重大な看過が、仮に故意におこなわれているにしても、バエルチがビランの三つの段階は相互に関連していると考えることを困難にしている。

さて、すでに見たように、バエルチは〝因果関係は類比的概念である〟という考えを提唱する。この考えは心理学的段階、形而上学的段階、神学的段階という三つの段階に相互の関連を探ろうという姿勢の表明に他ならない。けれども他方では、ビランの考えている衝撃力を単なる物理的衝撃と読み込むことで、このような関連を否定する見解に立とうとする。この相反する二つの方向へと向かう論の展開はバエルチ自身の意図であるのか、それともビランの思索の進展が自然に生じさせた結果であるのか。この点の解明は後に譲るとして、ここで一つ確認できるのは、バエルチはビラン哲学の歩みに一貫性よりも、むしろ断絶を強調するという特徴である。したがって、連続説のグイエに対して、断絶説を主張すると言うことができる。

ライプニッツとロックの影響

断絶説の立場では、その断絶を導いた事柄を問わなければならない。また、それは思索に内在する動機よりは外的な要因であることが望ましい。この要請に応えて、つぎのように言われる。「ビランが曖昧さなしにその思惟を表現しようとして経験する困難は、直面している、そしてその学説に対するライプニッツの増大する影響により起こる問題の標識である。」(p.XVI)では、ライプニッツの影響とは。バエルチは「力を実体に結びつける哲学者、それはまさにライプニッツである。それゆえに、ビランが一八一二年-一八一三年以来、形而上学により一層親密に関心を抱く時、このドイツ人哲学者の思索が因果関係に関するビランの概念に影響を与えたのは驚くにあたらない」(p.XVIII)と述べる。

このバエルチの見解にしたがえば、力を実体に結びつけるという考えは形而上学的段階で胚胎し、神学的段階で顕在化したのである。「一〇年後には、ビランは力を実体により定義することに強く心を惹かれていた。」(ibid.) この意味で、後者の段階は前者の段階の継承発展であると言える。

ここで、断絶説に戻るならば、バエルチは心理学的段階と後の二つの段階に断絶を認め、それに対応する形で後の二つの段階には強い結びつきを主張する。このことは、グイエがそれぞれの思索の展開の時期に、特に断絶を認めないかわりに、また相互の特別の関係を強調することを避ける姿勢を取っているのとは対照的である。

また、後の二つの段階の結びつきについてはつぎのようにも言われる。「私たちがビランの思惟の中に観察した緊張は、形而上学的段階から現れる。」(ibid.) そして、「この時期から、ビランは二つの範型の間で動揺すると言うことができる。一つはライプニッツの範型で、そこでは精神的実体だけが力を備えている。もう一つはロックの範型で、ここではあらゆる本質存在は、実体と同様に性質も（性質はビランにとっては一つの現象である）結果を生じる仕方で、つまり衝撃力により働きかけることができる」(ibid.) と述べられる。

ビランのこの動揺とは、バエルチにしたがえば、一つには、魂は身体に結果を生じる働きかけができるという立場から、一つには、真の動力因は衝撃力により働くという見解を否定する立場(49)から生じる。それゆえに、ビランはライプニッツとロックの両者ともに全面的には同意することができない。

この主張は、ビランが一方では経験論的または実在論的傾向を持つ点でライプニッツと相容れず、他方では因果関係の範型を基本的には自我に求めるという一種の主観主義に立つことでロックと一線を画していることを含意する。

ここで、もしこの場面にグイエが立ち会っていたらどのような発言をするのかを想像してみる。当然ビランの調停的立場に言及すると考えられる。バエルチはややビランの実在論的立場に重きを置くことで、その調停的立場を比較的軽視する。このことはつぎの言葉に示されている。「私たちの哲学者（ビラン）は経験論の伝統の中で教育されたので、この伝統がいくつかの点で間違いであると徐々に思われてきたとしても、しばしば相反したり対立する概念から出発して、因果関係と実体性に関わる領域で計画した総合を練り上げるのに成功しなかった。」(p.XIX)

ビラン哲学の根底に調停的立場よりむしろ経験論の伝統を見出し、その思索に断絶をみとめつつ、最後には破綻を予告する、これがバエルチの研究である。「神学的段階は神の因果関係、つまり非物質的な力と実体の卓越性を強調するのであるが、形而上学的段階が出現させた緊張を激化させただけである。したがって、もしビランがより長く生きたとしても、予定した作品を書くことはなかったと十分に考えられる。」(ibid.)

獲得と喪失

グイエからバエルチへの研究の流れの中で、それには約五〇年の隔たりがあるのだが、獲た物と失った物はきわめてはっきりとしている。獲た物は、因果関係は類比的概念であるという考えと、これとの関連で明確になったビランの神は原因としての神であるという視点である。そして失った物は、ビランの調停的立場を理解しようとする姿勢である。

グイエの研究は一言では哲学史家による研究であり、ビランの思索を哲学史の中に置きつつ、その展開を一つの事実としてできるだけありのままに記述しようとする。それに対して、バエルチはスコラ哲学の素養に基づき、またビランを経験論の側に置く立場から、一つの解釈をおこなおうとする。連続説と断絶説の違いは、実はこのような二人の研究者の研究素地の違いを表すとも考えられる。

したがって、後に続くべき研究を志す時、当然求められるのは、獲た物をより発展させるとともに、失った物を回復することである。バエルチによる因果関係は類比的概念であるという発見と、グイエによる調停的立場の掘り起こしはビラン研究を導く羅針盤とも言える。そして、この二つの導きの糸を頼りに、二人の研究者の成果を総合すること、ここから新たな研究が生まれるのである。

人間学

『新試論』は副題として、人間学 (anthropologie) という言葉を内的人間の科学 (la science de l'homme intérieur) という言葉に置き換えた、『内的人間の科学についての新試論』という表題を持つ。実はこの副題がビランの意図、この著作で探求しようとした事柄をよく示している。

はじめにつぎのように言われる。「この表題は私が人間全体を考察しようとしていて、単に人間の一部分や一面を考察しようとしているのではないことを予告している。」(p.1) ここで、〝人間全体を考察する〟と言われるのであるが、具体的には「魂の科学は、宗教や信仰が魂の本性、起源そして目的について、存在あるいは切り離された実体として私たちに教える事柄を傍らにおいて考察されるならば、一つの抽象にしか基づくことができない。なぜなら、私たちの現にある状態(notre état actuel)では、魂は自分自身、あるいは身体から切り離されたその実体的な現実存在[50]について、感情や認識を持つことはできないからである」(ibid.)と述べられる。

これらの言葉はビランがこの時期に関心を向けていた中心となる論点を示している。それは、宗教や信仰が論じてきた魂についての議論、身体から切り離され、一つの実体として理解された魂に関する考えを自分自身の体系にその不可欠の要素として取り込まなければならないという課題である。そして、この課題はこれまでのビラン哲学では等閑に付されていた。

そして、このことの理由が、魂は〝現にある状態〟では身体からは切り離されないからであると言われる。ビランはその歩み、魂の〝現にある状態〟、つまり魂を身体との結合において探求してきた思索を振り返りつつ、それでは不十分であることを確認して、今やそれを補う要素が不可欠であると確信する。したがって、後期ビランの進むべき方向は、魂を身体との分離において探求することである。

ところで、ビランは「人間はある身体に結びついた一つのある魂」(p.2)と言い、「人間学はこの結合をありのままに把握する。それは事実、つまり意識あるいは現実存在という事実に基づき、抽象的原理に基づくのではない」(ibid.)と主張している。このようにビランの人間学は身体と切り離された魂を研究対象としつつも、その出発点となるのはあくまで身体とともにある魂である。したがって、〝意識あるいは現実存在という事実〟の領域に基づいてそれを超えた領域が探求され、身体と結びついた魂に基づいてそれから切り離された魂が論じられる。少なくともここでは、その基本的立場、アポステリオリな立場は確保されている。

たとえば、ビラン自身が「この本の主題は抽象的で、漠然とし、人をして躊躇させる」(p.3)と前置きしながらも、「私があえてすべての人々に望むのは、その公正な判断を期待できるということであり、それは内部から判断され、内的真理にのみ関わる事柄を、急いで外部から判断しないということである」(ibid.)と述べている。

ビランの人間学を読み解く時、要点の一つは、論述の進展の中で、特に宗教的体験が問題となる場合、どこまでアポステリオリスムが徹底されているかを見極めることであろう。そして、もしこの立場が動揺するとしたら、その原因は何であるかを解明することであろう。この必要とされるふさわしい観点を見定めて、論考を進めていく。

(a) 回顧と展望

ビランは『新試論』では、はじめに自らの思索の歩みを回顧し、その哲学の大枠を確認したうえで新しい探求を始めるという仕方で論を展開する。まずつぎのように述べる。「習慣が人間全体に及ぼす影響の二つの対立する様式を詳細に調べる。つまり、人間のあらゆる外官、すべての受容する能力と働きかける能力を、同じ行為の繰り返しがこれらの働きに生み出す反対の結果との関係でつぎつぎに考察することで、私は現象そのものにより、受動的な事柄と真に能動的な、または私たちの本性上自由である事柄との間に、十分に正確な区画線を跡付けることに導かれた。」(pp.9-10) ここでは『習慣論』が書かれた時期に言及し、この時獲得した人間の持つ能力を受動的と能動的とに区別する手法を確認する。

そして、「私は自我そのもの、人格的人間はその基礎、その最初の条件を人間の魂に本質的な能動性の中に持っていると結論づけた」(p.10) と述べる。これらの言葉は明らかに『思惟の分解』でおこなわれたビランに固有である自我の把握に言及している。ただ、この言及では、能動性を自我そのものに本質的であるとするのではなく、人間の魂に本質的であるとして、自我の能動性は魂の能動性に基づくとしている。明らかに問題関心の重点移動が表れていると言うことができる。

続いて、「内的観察または内官の事実の境界内に専念する時には、原初の思惟は人格的で、私 (je) という言葉により表現される個人の意識に他ならない。それは区別されつつも切り離され得ない二つの要素を認める。そして、この本質的な二元性は、私たちが内的経験の観点から出て、抽象あるいはアプリオリな体系の領野に入り込むのでなければ絶対的統一にまでは導かれない」(p.13) と述べ、このアプリオリな体系については、「必然的信認またはまったく既成の知的概念を人間の認識の真なる発生的原理とし、そこから出発する」(ibid.) と述べる。

この文は的確にビランの中期の思索を特徴づけている。個人の意識があらゆる思惟の出発点であり、また個人の意識は意志とそれに対する抵抗、つまりは自我という二元性の意識に他ならない。この考えはビラン哲学の核心である。

しかし、ビランは決して内的経験の観点に固執するのではない。現象から実体、相対から絶対への移行を試みるのであり、ここからビランの新たな歩みが始まるのである。このことに関連してつぎのように主張する。「思惟する、それは認識することであり、認識する、それは精神により見ることである。そして、見るとは、信じることとは別である。[51] 私たちは必然的に、見ることのできない存在あるいは原因を信じる。けれども、見えない事柄を考えるためには、見える事柄についての観念または認識を持たなければならない。また、もし見えない事柄が必然的な現実存在の絶対的あるいは存在論的秩序の中で見える事柄に先立つとしても、見えない事柄は確かに私たちの相対的認識の自然の秩序、認識して信じるという能力の発展の秩序の中では後にある。」(ibid.)

これらの言葉は思索の新しい展開に際して、ビランがどのような心構えでいるのかをうかがい知らせてくれる。一言で言い表すならば、それは《知解して、そして信仰する[52]》という立場であり、この立場は具体的には、「あらゆる私たちの能力や認識手段の完全な発達の中で獲得することが許されるすべての認識の内で、最も単純で、最も確実な認識から出発する」(p.14) と言われる。そして、「このような最初の認識は、それなくしては他のどのような認識も可能ではない、またそれとともにあらゆる他の認識が可能になる」(ibid.) と言われ、この認識とは、「意識の統一の下で、思惟するまたは認識する主体と、思惟され認識される何らかの様式を含む真に原初の事実である」(ibid.) と主張される。

『新試論』の執筆に取り掛かる時、ビランはその基本となる立場の確認がきわめて重要であると考えていた。このことは以下のような言葉にも表されている。「意識的知覚は、認識の最初の歩み以来客観性という性格を帯びるのではあるが、本質的に主観的である。直観はその本性により客観的である。それはあらゆる外在性の形式である。動物や受動的状態にある人間は直観を持つ。思惟する存在だけが内的な意識的知覚を持つ。」(p.17) ここでビランはその哲学を支える要の石はあくまで意識的知覚であることを確認する。しかし、この確認は中期の思索の再確認にすぎない。

新しい展開はつぎの言葉で示される。「自我の直接的で意識的な知覚は存在、実体、そしてとりわけ原因に関するすべての普遍的で必然的な概念の起源、ただ一つの基盤である。」(ibid.) このように、出発点を意識的知覚に置きつつ、意識的知覚は経験の領域に限られることなく、存在や実体、原因を論じる時、つまり経験を超えた領域へと移行する時にもやはり究極的な基礎づけであることを主張する。

ここで探るべきは、ビラン本来の意図である。後期の思索が向かう方向がそれに先立つ学説と齟齬をきたす可能性があることはビラン自身が熟知していた。そして、この可能性が現実となった場合に最終的に身を置く立場を確保しようとしていたのである。この立場がアポステリオリスムであるならば、後期の課題はこの立場に対してどのような役割を演じるのか、あるいは演じるべきであるのか。

それは否定的要素として、アポステリオリスムを揺り動かすというより、むしろ補強する。一般にアプリオリスムにこそふさわしいと考えられる課題を、アポステリオリな立場から解決することで、結果としてアプリオリな立場を論駁する。少なくともこのような展望があったと思われる。したがって、多少のゆらぎがあったとしても、経験から出発して経験を超えた領域に至るという姿勢を一貫させようとするのである。

さて、ビランは「私は人間の科学に三つの区分をおこなうであろう」(p.25) と、また「最初の区分は動物的生の現象を含む」(ibid.) と述べる。ここで言われる〝動物的生の現象〟は有機体の生であり、ビランのいわゆる第一の生である。つぎに、「第二の区分は人間の固有の生に関する事実を含むであろう」(ibid.) と述べるのであるが、この人間を定義して、「感じ、思惟する主体であり、動物的生の情念にしたがうと同時にその固有の力により自由な働きかけをおこなう。そして、ただこの力で、倫理的人格、自我は自分自身を知り、他の事物を知り、共通の原理を自我の意識あるいは自我を構成する能動的力の中に持つ多様な知的働きをおこなう」(ibid.) とする。

この第一の生(動物的生)と第二の生(人間の生)の区分には、ビランの初期と中期の思索がそれぞれ対応していると考えるなら、後期ビランの歩みは第三の区分から始まる。その第三の区分は、「すべての区分の内で最も重要であり、哲学が現在まで神秘主義の思弁に打ち任せるべきであると信じ込んだ区分である」(ibid.) と言われる。

では、この区分とは。ビランは「この区分は精神の生の事実または様式、そして行為を含んでいる。そしてこの精神の生の性格は、それを見ることのできる人にとっては、非常に明白に、最初にして最も美しく、最も神々しい書物(哲学の書物の中でただ一つ神から授かった)の中に、キリスト者の規範の中に、福音書および私たちにイエス＝キリストの言葉をそれを鼓吹する精神とともに伝える文書中に保存されたそのあらゆる言葉の中に刻印されている」(pp.25-26) と主張する。

第三の区分は精神の生と呼ぶことができるのであるが、ここで考えられている精神に関しては、「精神の生に関連するあらゆる能力は、人間に卓越するけれども、最も高まったその本性には外的ではない影響を純粋に受容する状態にある人間の精神を構成する」(p.26)と述べられる。

ここでようやく人間学の方向が明らかになる。課題となるのは、今まで〝神秘主義の思弁〟に委ねられていたのであるが、本来は哲学が扱うべきキリスト教に示される宗教的体験である。そして、この時特に問題となるのは〝純粋に受容する状態〟にある人間の精神である。

ところで、ビランの哲学は自我の哲学であり、自我はその能動性を核心とする。また、自我は最も直接的で、最も確実な経験の与件である。この意味でビランは能動性の哲学、あるいは経験の哲学を構想していたと考えられるべきである。しかし、後期の問題関心は精神の受動性に関わるのであり、また経験を超えた領域へと向かう。すでに繰り返して言及したように、仮にビランの立場が首尾一貫しているとしても、少なくともこれらの課題が従来とは異質であり、いわば難問であることは否定できない。

(b) 第三の生

では、問題となっている精神の生、あるいは第三の生をビランはどのように論じるのか。まず、「意識的に知覚され、または意識により感じられた自我の統一、単純さから、理性は上昇して、至高の原因である神の統一、単純さ、常にして永遠な同一性を考えるに至る[53]」という言及がなされる。

ここで、始めに基本となるつぎの二つの考えが確認される。一つは、精神の生の論考でも、あくまで自我が起点であり、また支点である。「愛される存在(神)の中で生き、感じるためには、自己犠牲が必要である。けれども、自我を犠牲にするためには、あらかじめ自我がなければならない。[54]」もう一つは、神は他ならぬ至高の原因である。

そして、「創造された力という人格である自我と、創造する力または原因という人格である神は、互いに内官の原初の事実により保障されるのであるが、人間の精神をその思惟の曖昧さの中で完全にうしなわれることから防ぎ、海難の多い海での暗礁から護る二つの極、二つの灯台であり続ける」(p.222 E)と言われる。

また、ビランは「神が私たちの自我と同一になることなく、つまり自我自身であることなくしては創造できないであろう原初の意志、すべてに先立つ努力がある」[55]としつつ、「神は目と光を創造したけれども、目を光に対して開かせるのは神ではない。神はそれ自身精神の光ではあるけれども、私たちに現前する神の観念をもたらし、それとともにあらゆる良き、美しき、完全である事柄をもたらすのは、神ではなく、まさに創造されたそれぞれの精神の自由な努力である」[56]と主張する。

これらの発言は、確認された基本となる二つの考えを敷衍している。これまでのビラン哲学、つまり心理学では《極》と言われるべきは一つであり、自我であった。人間学ではこれに神という極が加わるのであるが、それによりすでにあった極がうしなわれるわけではない。むしろ、自我という極があって始めて神という極が理解される。

この点は、〝神は被造物の自我となることでそれが持つ意志を創造した[57]〟というきわめて特徴的な表現により明確に示される。神は自我を通して顕現するのであり、これこそがまさに神の意図するところである。「私たちは、具体的人間が自我による結果である運動により現れるのと同様に、至高の原因の結果である自我により顕現するのは神自身であると言えないであろうか。[58]」

したがって、自我なくして神は存在するとしても、自我なくして神の観念を持つことはできない。在る（有る）事の水準では後者は前者に先立つのであるが、知ることの水準では前者が後者に先立つ。そして、この神の観念を持つことは結果（自我）から原因（神）を推論するという因果関係の原理の適用によりおこなわれる。

このことに関連してビランは、「神、義務、不死といった理念を確信するためには、どのようにおこなうべきか[59]」と問いつつ、「何よりも神を愛すること、心を神に固定させること、それは現前する唯一の観念、感覚的な事柄を何も持たない、すべてがそこから由来する原因という観念を保ち続けるために、あらゆる情動を沈黙させることである。それは常に自己そのものと、無限、永遠、真、美、絶対的善について対話をし、死にゆくすべてにどのような注意も払わず、何ら重視をしないことである[60]」と述べる。

この発言で注目するべきは、〝常に自己そのものと対話をする（s'entretenir toujours avec soi-même）〟という言葉である。ビランにしたがえば、人間が神を信仰する道は一つしかない。自我を通って神を信仰するのであり、それ以外に道はありえない。それゆえに、精神の生で問題とされる自己放棄は、いわば自我との対話の究極の状態としての自己放棄である。ビランは神秘主義と静寂主義について、「そこでは、すべての意志の放棄とあらゆる固有の運動の破壊は、最も高められた科学、最も完全な徳の条件である[61]」とする。そして、少なくともこの考えそのものに批判を向けることはない。ただ問おうとするのは、このような考えを可能にするための前段階である。[62]

この時、言及されるのはやはりストア主義である。「自由な能動性に基礎を置く体系は思弁的、実践的なストア主義に導かれる。[63]」自己放棄がその前段階として自我の自由な活動、能動性を必要としているのであるなら、ストア主義と神秘主義、静寂主義は決して対立しない。確かに、人間の生と精神の生がまったく無関係に切り離されている時には両者は相容れない。しかし、人間の生から精神の生への移行が必然的な発展、自然な展開である時、両者はそれぞれ発展の一段階に位置することで互いに補い合う関係となる。

ビランは一方で、「宗教的感情だけが人間を第三の生にまで上昇させる。そこでは、魂はただ言葉では言い表せない仕方で感じることをなす。また、努力なしにその本性が含んでいる最も完全な状態にある[64]」と述べる。他方で、「精神を照らすのは神であるが、それは意志が精神を知的真理に向かわせ、それらにしっかりと専念するために必要な努力をおこなう時である[65]」と述べている。

ここで導き出せるのは、第三の生がおおもとで自己放棄に基づくとしても、自我が中心である第二の生からこの第三の生への移行には、疑うことができるような飛躍は何ら存在せず、この両者の間には齟齬をきたす要因はないという結論である。ビランの人間学は心理学の当然の発展であり、ビラン哲学の最も重要な動機である調停的立場、この場合はストア主義とキリスト教との調停という立場がおのずと生じさせた結果である。そして、理性と信仰との関係で、《知解して信仰する》という立場をとることとの確認である。「もし、知的概念は神に関する最初の単純な存在または観念であるこの抽象的所与（神の属性）にまで達しないとしても、少なくとも、人間の精神の力を証明する知的分析の進歩により、これらの単純な存在の関係にまでは至ることができる」(p.291 E)。《自我を通じて神へ》、《知解して信仰する》というのが、ビランの人間学の基本となる考えであるとして、ここにもう一つ加えるべき原理がある。そしてこの原理により、第二の生と第三の生の連続性はより確証されることになる。ビランは述べている。「個体性あるいは自我の現実存在についての内官は、唯一分析に対して、人間の科学とすべての科学の原理に関する性格と条件を提供する。実際、魂が実体あるいは潜在的力という絶対的資格にとどまるのでは十分ではない。魂は、私 je (j'existe, j'agis) の最初の基礎が存在するために、自我または働きかける力の資格で、内的に現われなければならない。科学はこの現われよってのみ始まる。」(p.265 E)

つまり、第二の生とは、言葉を換えれば、現象の領域で理解された生であり、この現象の領域の科学が心理学である。そして、第三の生は実体の観点から把握を試みる生であり、人間学はすぐれて実体の科学として構想されている。心理学の核心が自我の解明であったように、人間学の中核となるのは魂の論考である。

では、自我と魂はどのように関わるのか。ビランは明言している、〝自我は魂の内的現われである〟。したがって、現象から実体への移行は、自我から魂への移行であり、《自我（現象）を通じて魂（実体）へ》というのがもう一つの基本となる考えである。

ビランは「確かに、形而上学は永久に、存在、私たちの直観の現実の対象、あるいは原因がそれ自身で何であるかをアプリオリに決定するのを放棄しなければならない。しかし、原初の事実、または主体と意識の直接の対象の現われから出発するなら、形而上学にとり、現実の対象がそれ自身でどのように存在するべきであるかをアポステリオリに決めることは不可能ではない」(p.292 E)と主張する。少なくともその意図では、ビランは『新人間学試論』においてアポステリオリスムを徹底させようとしていたのであり、この意味で、ビラン哲学の立場は終始一貫しているのである。

ところで、ビランはどのような理由から人間学を構想するに至ったのであろう。死の三年前に書かれた日記には、「不動の対象や義務、私たちの内ですべてを可能にし、その内でのみ私たちには何かが可能となる神を考える代わりに、私は自分自身を探求し、常に私を観察し、私を追い求めるという古き習慣を纏っていた」[66]という言葉とともに、「人間的な事柄の中にはなんという不安」[67]、「誰が私を情念、混乱した情動というこのくびきから解放するのであろう」[68]といった言葉が散見される。

これらの言葉から、この時期、ビランの中で《私》がはっきりと二つに分裂していくのを垣間見ることができる。心理学の段階では、ビランにとっては、私とは自我に他ならず、その自我は一方では最も直接的な経験の所与でありつつも、他方では個々の人間の置かれている様々な立場を捨象した《自我一般》であり、人間すべてに共通するという意味で普遍的であると想定されていた。それに対して、人間学の段階では、普遍的自我と個別的自我の幸福な一致はすでに破られ、前者が後者を包み込む形で保たれていた安定は崩れ去ったのである。

そして、私の一つの面は意志とその働きかけを特徴とするいわば光の側であるなら、もう一つの面は不安、混乱といった言葉で表現されるような影の側である。したがって、ビランの人間学はこの従来見落とされてきた影の側を取り上げ、それに纏いつく不安や混乱、人間にとりくびきとなる事柄からの解放を課題として、その解決を図ろうとする試みであると言える。

また、《私》の二つの面は、ビラン哲学の用語にしたがえば、能動的側面と受動的側面であるとも考えられる。そして、もし能動的側面にふさわしいのがストア主義であるなら、受動的側面にはまさにキリスト教が対応する。このように、ビランの人間学はそれまで安易におこなってきた個別的な経験から一般的原理への移行を、特に個別的経験の特性を掘り起こすことで修正しようとしたのであり、この時使われるのは、やはり能動性と受動性との区別という手法である。他方で、すでに言及したストア主義とキリスト教との調停という意図は、視点を変えるならば、素朴に一致していると想定してきた個別的自我と普遍的自我が分裂した後、この分裂を認めた上で、再び両者の間の安定を回復させようという努力でもある。人間学はすぐれて心理学の発展であり、前者をまって始めて後者は完成するのである。

（c）信認から信仰へ

第三の生がビランの体系でどのような位置を占めているのかを確認した後、課題となるのは、この第三の生の内容そのものの解明である。ところで、ビランは現象に対するに認識、実体に対するに信認という能力を対応させ、現象と実体は区別されるけれども切り離されることなく、互いに補い合う関係にあるとし、また、それぞれに対応する二つの能力も同じように分離不可能にして、相補的関係にあると主張していた。人間学では、この組み合わせにもう一つの要素が加わることになる。

ビランは日記につぎのように記している。「私には思われるのであるが、心理学的事実を出発点とすることで、それにより人間の精神が絶対へ向かう存在論的行程で道に迷うような介在物がなければ、魂、すなわち現れることなく存在している絶対的力は、本質的である二つの現れの様式を持っている。理性(logos)と愛である。[70]」[69]

すでに、〝自我は魂の現れである〟という考えが明言されていたのであるが、ここではこの現れに二つの様式があると述べられる。その一つであるとされる理性は、認識と信認という働きである。そして、この二つの働きについては、ビラン中期の中心となる課題として十分な論考がおこなわれた。新たな要素として加わるのはもう一つの様式、愛である。

ビランは「魂がそれにより自分自身に人格・自我として現れる能動性は、理性の基盤であり、それは魂の固有の生命である。なぜなら、あらゆる生命は一つの力の現れだからである[71]」とする。この主張はやはり今まで探求されてきたビラン哲学の原理の確認に他ならない。しかしこれに加えて、「すべての情動的能力の起源である愛は、魂により伝達された生命である。外部から、そして魂よりも高い所から、つまり欲する所に息吹をもたらす聖霊・愛から到来する、固有の生命へのあたかも付け加わりである[72]」と述べている。

ここで、明らかなのは、魂は自我として現れると言われるのであるが、その現れの二つの様式である理性と愛は、自我の能動性と受動性に対応すると考えられていることである。そして、ビランはこの二つの様式について、「確かに、精神の観念の発生あるいは表象とともに働く自我の能動性は、心情や愛に対して、何らの直接的影響を持たない[73]」としつつ、「魂が自由な能動性やその固有の生命の力でなしうるすべては、愛が到来する時の精神の受容性に適合し、私たちが眼を光に向けるように、愛が到来しうる唯一つの側に向きを変えることである[74]」と述べる。

理性は愛に対して働きかけることはできない。けれども、愛を待ち受けるための準備をする。それゆえに、愛は理性なくして存在することはあっても、理性なくしては受け入れられない[75]。ビランは「精神の物質に対する、理性の情念に対する勝利は、自由な動因である直接的な私たちの能力の範囲内にあるのではない。それらは私たち自身にではなく、私たちにある条件の下で与えられ、示唆される恩寵に基づく[76]」と主張するのであるが、この条件とは、「内的まなざしを曇らせ、妨げるような闇あるいは惑わす心像[77]」を遠ざける「魂が自由におこなえる努力[78]」である。

したがって、ビランが自我に受動性を主張するという見解は明確に誤りであると言える。正しくは、魂の現れに二つの様式を認め、その一つが受動的であるとしているにすぎない。また、この受動性は仮にその存在の水準では時間的に先だち、より大きな重要性を持つとしても、少なくとも認識の水準では能動性の後に、あるいは能動性にしたがって理解される。ビランにとり《現れ》とはすぐれて認識の対象であることを考えれば、自我の核心が能動性であるというその哲学の基盤はいささかも揺るがない。

ところで、魂の現れの二つの様式である理性と愛に関連して、理性は認識と信認という二つの働きであると言われ、また、理性の自然な歩みは現象から実体へ、つまり認識から信認へと進むことであるとされる。では、愛はどのような働きであろうか。

ビランの〝愛は聖霊から到来する〟、〝恩寵に基づく〟といった言葉を考慮に入れると、愛とは他ならぬ信仰であると言える。それゆえに、認識から信認へ、そして信認から信仰へと進む、これがビランの体系であると考えることができる。

ここで再びビランの思索の筋道を振り返ってみると、初期には経験に与えられる事柄を記述し、分類して、そこに一定の法則を見出すことに専念する。中期に至って、この経験に与えられる事柄を現象として理解しつつ、信認という考えを導入して、現象の理解にとり不可欠であるとされる実体へと目を向ける。そして、後期には信認から信仰へと論を展開していく。

このような体系は、経験から出発して経験を超えた事柄を論証しようとする試みに他ならず、まさにアポステリオリな形而上学の試みである。言うまでもなく、第三の生を論じる際にも、ビランのアポステリオリスムは確保され、経験に基づきつつ、経験を超えた領域を探求しようというビラン哲学の基本姿勢は貫かれている。しかし、やはりこの時に問題となるのは、信認から信仰への移行の具体的な内容である。

（d）魂という実体

ビランはつぎのように述べている。「現された事物は現れの様式ではない。この即自的事物は、問題となっている様式の中に現されない多様な特性や属性を持つことができる。」(p.106) ここで言われる〝現された事物〟は魂であり、〝現れの様式〟は自我であるとすると、この引用文では明らかに、魂と自我とは本来異なるのであり、両者を同一視するのは誤りである、また魂は自我が持つことのできない特性、属性を持っていることが主張されている。

ところで、ビランの立場では、私たちの認識の対象となるのは自我に限られていた。したがって、自我ならぬ魂の特性、属性について語ることは、すでに認識の領域を超え、信認あるいは信仰の領域に入ることになる。ただ、認識の領域を超えているとしても、自我とはまったく無縁に魂が理解されることはない。「即自的である事柄は、どのような仕方で推論がそれを仮定し、知ろうとするにしても、その現れの固有の意味と異なったり、対立したりすることはあり得ないであろう。」(ibid.)

また、ビランはつぎのように述べる。「人間はその魂と身体の絶対的存在について、直接的で内的な意識的知覚を持つことはない。けれども、人間が、動くにしろ動かないにしろ、局在化することや外部に思い描くことができない力そのものから区別されるような項に対して、意志により動かされるその力の感情の中に、自我の感情を持つならば、この力とその適用項の絶対的で永続する実在性を、感情が終わるか中断する時でさえ、信じないことは不可能である。」(p.113)

ここで明らかなのは、ビランが魂をとりわけ身体に対して働きかける力であると考え、また魂に絶対的で永続する実在性を認めていることである。したがって、魂は〝働きかける力である〟がゆえにその現れである自我の〝固有の意味〟、すなわち意志と照応するのであるならば、魂が持ち、自我が持ち得ない特性、属性とは、〝絶対的で永続する実在性〟である。[79]

さて、ビランは一方で、「意識の事実はまさに、原因から結果という関係の二つの項の本質的区別を与える。また、自我を構成する感じられた関係では、これら二つの項は不可分であり、それらを切り離すことは、人間を破壊することである。現実に存在する、あるいは個人として現実に存在していることを感じるのは人間であり、魂それだけでも、ましてや有機的身体でもない」(p.108)と、また他方で、「人間性の偉大な神秘、または心理学の大問題[80]をなしているのは、決して二つの実体の結合、働きかける力とその直接の適用項との結合ではない。そうではなく、この結合は意識や人間の現実存在の原初的な所与なのであるから、神秘はむしろ項のそれぞれの切り離された実在性を考え、信じるということの可能性、必然性の中にある」(p.113)と主張する。

これら二つの引用文では、はじめの文で、心理学の原理、自我は働きかける力とその相関項である身体との相関関係であるという考えが確認されるとともに、人間学の原理、人間は魂だけでも、身体だけでもないという見解が表明される。ここで、ビランは認識から信認へ、現象から実体へと領域の移行をおこなっているのであるが、この領域の移行を踏まえた上で、心理学に基礎づけられて人間学が成立することを含意しつつ、意識の事実に基づいて、人間が現実存在である限り、魂と身体という二つの実体は不可分に結合していることを断言する。

翻って後の文では、〝人間性の偉大な神秘〟が言及され、このような神秘は人間の現実存在と対比されることを示しつつ、ここで問題となるのは、二つの実体の結合ではなく、その分離であることが主張される。また、ビランは二つの実体の切り離された実在性を《信じる》とする。この点に注意するならば、神秘とは他ならぬ宗教的体験であり、人間学は宗教的体験をとりあげ、それゆえにこの時、ビランは信認から出で、信仰へと赴くことになると言うことができる。

人間の魂と身体は現実存在においては不可分であるが、神秘によりその分離が信じられることができる、このようなビランの考えを確認して、つぎの言明に注目してみる。「因果関係という普遍的で必然的な概念は、自我の外部で把握される時には、生得観念という資格で魂に注入されると、また何らかの外的表象にしたがって形成されると考えられるべきではない。その本質的で本来の類型を魂と身体との結合自身の中に持っていて、そこではこの概念は、魂と身体の絶対的実在性を唯一正当化できる意識の事実に基礎を置くと考えられなければならない。」(p.114)

因果関係が問題とされ、この概念が普遍的で必然的な概念として、自我の外部で、つまり現象の領域ではなく、実体の領域で把握される時には、魂と身体との結合に基づいて把握されることが述べられる。したがって、因果関係は二つの実体の存在原理であると主張されることになる。

ところで、実体とは、本来他の何物にも依存しない、それ自身で自足する存在である。それに対して、原因と結果は、原因があって始めて結果があり、また結果があって始めて原因があるという相互に依存したいわば関係項である。実体であることと、一つの関係を構成する項であることとは本来相容れない。

ビラン自身が述べているように、因果関係はその基礎を意識の事実、すなわち自我に置く。この意味で、因果関係は自我の認識原理であると同時に存在原理であると言えるのであるが、少なくとも現象の領域で理解される限り、この点に関しては何ら問題は生じない。関係性と現象性は両立する。けれども、この概念が魂と身体との結合に関して、その認識原理である以上に存在原理であると主張されるのであれば、ここで関係性と実体性とが齟齬をきたすことになると思われる。

ビランが魂という実体を語るのであれば、それゆえに魂と身体との分離を課題として取り上げなければならない。そして、すでに言及したように、魂と身体との結合は意識の事実に基づいて信認される事柄であるのに対して、両者の分離は信認に基づく信仰の領域で扱われる。このように、人間学に固有の問題とされる宗教的体験、信仰の領域は、ビランの哲学的課題に他ならず、その哲学の発展が向かう当然の方向である。

宗教的体験

（a）神と自然の中間

宗教的体験を論じるにあたって、ビランは「人間は神と自然との間の介在物である」[81]と述べる。この言葉は決してビランに特徴的とは言えず、ここで自然を動物と置き換えれば、古くから言い伝えられている人間の定義である。けれども、またこのように言われる。「中間的状態は、人間存在がその人格を、働きかける自由とともに保存している状態である。それは、人間の固有にして自然な状態というそれ自身複合的な意識 (conscium,compos sui) である。この状態では、人間はその本性に属するあらゆる能力を働かせる。また、その動物的本性に属する放埓な欲望に対して戦いつつ、そして情念、すべての惰性、想像力によるすべての逸脱に抵抗しつつ、その倫理的力全部を発展させる。[82]」

ここでおこなわれている人間の定義で、人間は conscium,compos sui であるというのはビランの心理学における定義であり、欲求や情念などを制しつつ、倫理的力を発展させるというのが人間学での定義であると言える。

さて、この引用文に限ると、〝人間はその倫理的力全部を発展させる〟と言われているように、ビランは人間の倫理的力を信頼し、その力が動物的本性に優越することを確信しているように思われる。この意味で、ストア主義の影響を示している。

その一方で、つぎのように言われる。「魂はその欲求により、またその知的本性の力で、神との合一に向かう。その感覚的あるいは動物的本性の力で、他の身体やそれ自身の身体との結合へと傾く。二つの傾向が現世で、人間が人間である限り、その安らぎを妨げる。[83]」そして、聖パウロのローマ人への手紙から、「あらゆる被造物は呻吟する」という言葉を引用する。

ビランはここでは、魂が持つ本性として二つの傾向があることを認め、〝人間が人間である限り〟安らぎに至るのは困難であると主張する。この考えにしたがえば、安らぎに至るためには、人間に卓越する力の助けが必要となる。明らかにキリスト者としての発言である。

では、人間の置かれている状態が中間的であるとして、その上とその下はどのような状態であるのか。この点については、「この中間的状態の上と下では、闘争、努力、抵抗、したがって自我はもはやない。しかし、それは、ある時は自らを神化し、ある時は自らを動物化することによる[84]」と述べられる。

人間学の課題が宗教的体験を扱うのであれば、当然に問題となるのは、二つの状態の中の前者、〝自らを神化する〟という状態である。そして、ビランはこのことについてつぎのように述べる。「人間はある点まで、神と同一になることができる。それは、より高い能力を働かせることで自我を吸収することによる。この能力を、逍遥学派はまったく理解しなかったのであるが、プラトン主義が識別し、特徴づけ、キリスト教がその真の類型に導くことで、完成させた。[85]」

ところで、〝自我を吸収するより高い力〟と言われるのであるが、〝より高い力〟とは具体的に何を意味するのであろう。ビランがアリストテレスとプラトンに言及しつつ、特にプラトンがこの力を識別し、区別したと述べていることから、経験を超えた力であると考えられる。また、〝キリスト教がその真の類型に導くことで、完成させた〟と言われるのであり、結論として、神により与えられる力、恩寵を意味していると思われる。

ここで明らかなのは、ビランがプラトンに接近するとしても、それは、ビランの体系の中ではごく限られた論点である宗教的体験に関連して、人間の上位に位置する状態を説明するために援用したのにすぎないということである。そして、この上位に位置する状態は、きわめて稀有な体験であり、ビラン自身は実際のところ、人間がこのような体験をすることができるという証言に対しては、最後まで疑いを持ち続けたと考えられる。[86]

それに加えて、ビランはこう述べている。「自我の感情の喪失により、神の内に吸収されること、またこの自我とその現実的、絶対的で唯一の対象との同一化は、魂あるいは思惟し、意志する絶対的力という実体の吸収ではない。[87]」

これらの言葉が示しているように、宗教的体験はとりわけ自我の感情の喪失であるならば、まさに自我が問題であるがゆえに、やはり経験により検証されなければならない。すでに言及したように、ビランの体系では、信仰は信認に基づき、信認は認識に基づくのであるが、認識の基礎はあくまで経験に置かれる。いうなれば、経験を超えた事柄を経験の地盤で論じようとする。

したがって、宗教体験は言葉の通り、体験、または経験されなければ無意味なのであり、ビランは神秘主義の著作に、信頼することのできる体験の記述を求めつつ、ついにはその体験の真偽については、いわば判断の停止をおこなう。ビランが構想を試みるのは人間学、つまり現象の領域で扱うことのできる宗教の学であり、それを超えた領域に踏み込む神学ではない。(88)

このように、ビランが人間の現実に置かれている状態を超える体験に対して、懐疑的姿勢を崩さないとすれば、少なくともこの点では、プラトン主義やアプリオリスムといった、このような体験に哲学的基礎を提供すると思われる学説を受け入れると考えることはできない。むしろ、自我の喪失ということを、一方で可能性として認めつつ、他方でそのような可能性を経験により検証することは非常に困難であることを示して、プラトン主義やアプリオリスムを、宗教的体験に関しても回避しようとしたと見なすべきである。

（b）受動的自我

一八二三年一〇月の日記にはこう記されている。「哲学の錯覚は、精神的生の原理を、自我がある程度まで可感的対象への依存から解放されているので、専一的に自我に固有であると見なすことであり、自我が作るのではないあらゆる光が由来するより高位の他の影響から自我が独立していると考えることである。(89)」ここで哲学という一般的言葉が使われているのであるが、念頭に置かれているのは、ストア主義であることは明らかである。

ビランの体系を顧みると、ストア主義は第二の生と言われる人間の生にふさわしい考えであるとして、人間の生の段階に限って、ビランはこの考えを支持していた。そして、精神の生が問題となるに至って始めて、そこに不備がある点が指摘されることになる。

すでに、一八二一年の一二月の日記で、ビランは親しい友人の意見を書き留めるという形でつぎのように記している。「宗教的感情だけが人間を第三の生にまで高める。そしてそこでは、魂は言い表せない仕方で感じることのみをおこない、努力なしに、その本性が内包する最も完全な状態で存在する。したがって、ストア主義に卓越する何かがある。それは宗教である。(90)」

さて、ビランの体系を顧みたこの機会に、やはり確認しておく必要があるのは、固有の意味での自我、つまり意志を核心とする自我は人間の生の段階で論題となるのであり、精神の生の段階では、あくまで魂の現れにすぎない自我が論じられるということである。つまり、第二の生では、自我から魂へと移行するのに対して、第三の生では、魂から自我へと論が進められるのである。そして、受動的な状態にある魂のいわば付帯的現象として受動的自我が想定される。

さきに述べたように、ビランは恩寵により自我が吸収され、人間が神と同一化するという体験を、結果的には認めることができなかった。このことは、ビランによる自我の定義を思い起こすならば、当然の帰結であると言える。自我とは本来能動的なのであり、受動的自我というのは形容矛盾であるとともに、経験により確証できないがゆえに、想定されるにすぎない。このことに関連して、ビランは述べている。「私たちが私たち自身 (le nous-même) と呼んでいる事柄は、ただ単に私たちの魂なのではなく、動物的と思惟するという二つの生を包み込んでいる。そしてこれらの生は、その間で一致しないことがある。[91]」ビランが明らかにしているように、私たち自身は第一の生と第二の生を二つの要素としてあわせ持つのであり、そこに魂が第三の要素として加わるのである。ただ、繰り返しになるのであるが、前の二つの要素は認識の領域に属しているのに対して、魂という要素は信認の領域に属し、ここには厳然たる区別があることを見落としてはならない。

したがって、第一と第二という二つの生の間にあるのとはまったく異質の区別が、第二の生と第三の生との間にはあり、同様に自我と魂はその本性を異にするという意味で明確に区別される。ビランはその中期の思索では、この両者を現象と実体との違いという観点から論じたのであるが、後期では宗教的、倫理的観点から、そこに無限の隔たりがあることを見出す。[92]そして、この無限の隔たりを可能な限り少なくするという役割を、他ならぬ信仰の領域に属する恩寵に求めるのである。

日記の同じ箇所にはこう書かれている。「聖霊は私たちの内に宿る。[93]」しかしその一方で、「最もしばしば、私たちは聖霊を理解しないのであるが、それは、外部からの感覚の雑音、私たちに固有の考えの運動により注意を逸らされているからである。[94]また、その声が自らに耳を傾けさせ、私たちに別の考え、別の運動を示唆しようとしている時でさえ、私たちは聖霊に逆らい、私たち自身の衝動を聖霊の刺激に優先させる」[95]とも書かれている。

ここで、〝私たち〟という言葉がはじめの引用文では魂を意味し、後の引用文では自我を意味すると解釈するならば、ビランが魂に宿る聖霊を自我が理解しないという、この両者の乖離についてきわめて深刻な体験を持っていたことが十分にうかがわれる。

このことについては、つぎのようにも述べられる。「最も良識ある、最も方正で、知的段階を最も上昇した人々が、多少とも、聖霊と正反対ということがありうる。彼らはその時、尊大さに満ち、神ではなく、人間に好かれることだけを求める。彼らはただその固有の思惟に悦に入っている時には、そこで道に迷う。また、その学問という宝とともに、幾千もの不安、悲嘆、引き続く苦労などの種を増やしつつ、いつも動揺している。」[96]

さて、再びビランの体系を顧みるならば、ビランは理性と恩寵との関係では、この両者にはそれぞれにふさわしい役割があると考え、理性は恩寵を受け入れるための準備をするという意味で、両者の協力を念頭に置いていた。そして、恩寵は人間の生と精神の生を媒介する、あるいは人間を第二の生から第三の生に引き上げるという役割を担うと考えていた。

しかし、神学者ではなく哲学者であり、神学ではなく人間学を構想する時、また体系よりも個人の具体的経験を重視するという基本的立場により、ビランは理性と恩寵とのいわば相克に直面する。この時、前者を重んじ後者を軽んじることはもとより、その反対の立場に与することはできない、ここに調停的という態度を守りつづけるビランの苦慮があり、この問題の解決はその死によって、永遠に持ち越されることになる。

このようなビランの苦慮に対して、後世の研究者はどのような評価を下しているのであろう。先に紹介した、グイエとバエルチの考えを思い起こしてみると、前者は共感を示し、後者は批判的であると言える。

グイエは人間の生から精神の生へと、ビランの思索が進んでいく時、そこで恩寵が当然問題になる点を踏まえつつ、宗教的体験の核心ともいえる超自然的体験に関して、ビランが躊躇していることを示す。グイエの研究態度は、このような躊躇するビランを、その日記に基づいてありのままに記述しようとする。しかし、その行間からは、自分自身の具体的経験をあくまで判断の根拠にしようとする哲学者への共感が滲み出ていることは疑い得ない。

バエルチは、ビランが精神の生を論じる時、最も重要な課題は、具体的経験により宗教的体験を検証することであった点を考慮に入れない。もとより、バエルチにとっては、神は原因であるという基本的原理が、聖トマスによる神の存在証明を援用することで確認されるならば、たとえば神秘主義者の体験を吟味する必要はない。したがって、バエルチがビランに求めたのは、精神の生という問題を神学的な論理で解決することであり、現実存在の体験や心情の場面で論じることではなかったのである。

では、ビランの躊躇はその体系の弱点なのであろうか。この問いに対する答えは、躊躇の理由を問うことで見出される。そして、理由の一つは、ビランの調停的立場であると言える。たとえば、「もしお望みでしたら、キリスト教を哲学の体系として考えてみてください。そうすれば、理性によって、そこには、私たちの本性の矛盾をよりよく説明するような事柄はなく、実践の中で特に最も偉大で、最も崇高な事もないと発見するでしょう[97]」と述べている。

ここでビランがあえて〝理性によって（par la raison）〟という言葉を使っているのは、婉曲にいわゆる理神論を批判するためと思われる。これに加えて、また「いくつかの予言的啓示やいくつかの客観的真理は、想像力の産物ではない。なぜなら、これらは明瞭に、人間精神の本来の射程を超えているからであり、私たちの知的な現実存在に属する範囲の上にまで上昇しているからである[98]」と述べている。

このように、ビランはキリスト教を哲学の体系と考える立場をはっきりと斥け、特に聖書に記されている超自然的事柄は、人間の持つ力の上位にあるという意味で、その真偽の判定は、人間の理性の及ぶところではないとする。それゆえに、超自然的事柄を偽であるとする判断は無論のこと、真という判断も私たちの理性の越権となる。この場合は、教会の権威にしたがうことが最も妥当な選択である。

しかし、その一方で、「大きな困難は、常に私たちに依存すること、しないことを知り、それにより、正確に私たちの善、悪はどこに横たわっているのかを認識することである[99]」と主張している。すでに言及したように、ビランは神秘主義者の発言に対しては慎重な姿勢を取り続けた。ここではその理由が明確に示されている。神秘主義の体験は、どこまでが私たち自身に基づく（この場合は知的能力よりも、有機体としての能力）のか、またどこまでが超自然的力に基づくのか、正確に区別することができない。

ビランにしたがえば、理神論は一方の極端な考えであり、神秘主義は他方の極端な考えである。たとえば、「知性の支配は、自然の支配と同様に、その交流の法則、手段、そして共感を持つべきではないであろうか。宇宙の二つの半球の一つ一つでは、それぞれの点は共感的に類似した点に照応しないであろうか[100]」と述べている。ここでもやはり求められているのは調停的立場である。

そして、もう一つの理由は、ビランの経験を重んじるという姿勢である。一八二二年三月の日記には、「私たちは、この世の何物も魂の欲求を完全に満たし得ないと感じる時、手始めに未知の事柄を愛することができる[101]」と記され、また魂の欲求 (les besoins de l'âme) と、未知の事柄 (l'inconnu) という二つの言葉が斜字体で強調されている。ここで未知の事柄と言われるのは、私たちの経験を超えた事柄であるとして、注意するべきは、ビランがこのような事柄は魂の欲求に対して与えられると考えている点である。つまり、未知の事柄は自我の欲求に対して与えられるのではない。

ビランにとっては、自我は魂の現れであり、私たちの経験に与えられるのは自我に限られ、魂は自我の経験に基づいて信認される。また、未知の事柄はまさに経験を超えているがゆえに、経験により検証されることはできない。けれども、経験の範囲を超えた領域を経験的事実であると主張する、このような不合理をあえておこなおうとするのが宗教であり、このような不合理を自ら体験すると主張するのが神秘主義である。

したがって、ビランが人間学を構想し、その主題として宗教的体験を取り上げる時、本来の経験重視の立場を徹底させ、宗教の持つ不合理を論駁するのか、あるいは宗教を唯一の例外として認め、そこにある不合理を容認するのか、この選択を迫られたはずである。

宗教とは本来一つの決断、知解できる範囲を超えた事柄を信仰するのか、あるいは、信仰しないのかという二者択一を必要とする。ビランの体系が調停的立場と経験重視をその特色とするならば、このような体系にとり、宗教的体験という課題は解決がきわめて困難であることは明らかである。ビランが人間学を完成し得なかったのは、その哲学そのものの問題というより、むしろそこで獲得された方法や概念の適用の問題であったと言える[102]。

いずれにしても、ビランの人間学がその死による中断を待たずしても、未完に終わったであろうことは確実で、その死がビランを大きな混乱へと進むことから救ったとも考えられなくはない。そして、問われなければならないのは、どのような動機に衝き動かされて、ビランはいわば無謀[103]とも言える試みをおこなったのかという点である。

(c) 現前する神

ビランはつぎのように述べている。「意識的に知覚された、あるいは意識により感じられた自我の統一と単純さとから、理性は至高の原因である神の統一、単純さ、常にして永遠の同一性を考えることへと上昇する[104]。」また、「神、この無限、この完全な理想の現前の内に身を置くことで、魂は常日頃抱いている感情とはまったく別の性質の感情により貫かれる[105]」と述べる。

ここでは、ビランの神に向かう二つの種類の仕方が示されている。一つは客観的であり、一つは主観的である。そして、前者は自我の具体的経験から論証により原因としての神を認識することであり、後者は個人の具体的体験による宗教的感情に基づいて、神を感じることである。神に向かう客観的仕方は、因果関係の持つ類比的性格に基づいて、原因としての神を推論する。それゆえ、この仕方はビランの心理学から人間学への展開が整合的であることの保障であるとともに、聖トマスに代表されるスコラ哲学の系譜に連なるとも考えられ、ビランにとり進むべき最も適切な方向であると思われる。

しかし、ビランはここ（客観的立場）で立ち止まることはできなかった。この点に関連してパスカルに言及する。「パスカルは宗教的信仰を、あたかも代数的分析により問題の解決に到達するかのように扱おうとする。そしてこの時、問題の解決はあらかじめ予想され、然るべく操作される。[106]」この苦言は、むしろビラン自身の考えをよく示している。つまり、宗教的信仰は論理的に扱われるべきではないのである。

もちろん、ビランはパスカルに、他の誰よりも確かな「キリスト教の宗教的信仰についての主観的基礎[107]」を見出していた。たとえば、最も偉大な精神としてパスカルやフェヌロンの名を挙げつつ、「これらの人々は二つの絆により信仰を持ち続けた。すなわち、世界と人間の本性という大きな謎を説明するという思弁的欲求と、まず第一に、自己の内に、その信仰の中に、その生命を形作る希望と愛に糧を与えつつ、精神には安らぎ、魂には変わらぬ平和をもたらす確固とした支点を見つけるという実践的欲求によってである[108]」と述べている。

けれども、ビランにしたがえば、パスカルはこの二つの絆を明確に区別しない[109]、あるいはどちらにも同等の重みを置いたのである。両者の内、一方は本来哲学へと向かう欲求であり、他方こそが宗教的信仰にふさわしい。一言では、「信仰は感情から生まれなければならない[110]」のであり、理性より感情、つまり客観的基礎より主観的基礎が重要なのである。

では、ビランはなにゆえにこのような考えに至ったのであろう。それは他ならぬ、論証される神ではなく、体験される神を求めたからであり、結局信仰とは「超自然の恩寵から[111]」生まれなければならないという確信があったからである。一八二三年一一月の日記には、「私は祈りの心理学的効果を考察したい。祈りが魂をその根本で変容させ、外的事物の影響あるいはすべてのこの感覚と情念の世界から逃れさせるのに最もふさわしいおこないであることは疑い得ない[112]」と記している。

そして、この確信が自らの哲学に困難をもたらすことにやがて気づき始め、同じ一八二三年の一一月に、「人間の三つの生に関するそれぞれの要素とその産物の間にある関係は、省察の最も美しい、けれどもまた最も困難な主題である[113]」と書き記すことになる。

けれども、ビランはその人間学の中心に、超自然の恩寵に基づく信仰を置くことに何らのためらいもなかったと思われる。主題の困難さを告白すると同時に、また「キリスト教が唯一人間全体を包み込む。キリスト教は人間により高い救いについてのあらゆる欲求を示しつつ、人間の本性のどのような側面をも包み隠さず、その悲惨とその弱さを、人間をその目的へと導くために役立てる[114]」とも述べている。

ところで、このような信仰の保障となるのが他ならぬ福音書である。この点については、「三つの生は聖ヨハネ福音書の言葉の中に表現されている。受肉した御言葉・仲介者であるイエス＝キリストが父・精神そのもの・すべての存在する事柄の第一原因を明らかにするように、先駆者である聖ヨハネは知性・御言葉を告知する。けれども、聖ヨハネは御言葉ではない。受肉した言葉である（あるいは内的に身体、肉と結合した）自我は、それが人間の有機体の中に刻印された身体的記号により明らかにされ、告知されるように、魂を明らかにする。この類比は私には完全であると思われる」[115]と言われる。

この引用文で特に注意が必要なのは《類比》という言葉であると思われる。ビランにとり類比とは、とりわけ原因の類比である。しかし、ここでは、別の類比的概念が現れている。ビランは、自我は魂の現れであるという考えを、もう一つ水準を上げて、精神の生の領域に適用することで、イエス・キリストは神の現れであるという考えを導き出す。

それゆえに、福音書が信仰の保障であるのは、このような類比の妥当性に一つの確固とした証拠を与えるからである。ビランにとり、類比はとりわけ原因の類比である点は確かであるとして、もう一歩踏み込んで、存在の類比がその思索の最後に念頭に去来しつつあったことを指摘しなければならない。

また、明らかに、精神の生は人間の生の発展であるとともに、人間の生からの類比であると考えられている。精神の生はあくまで人間の生に基づいて理解されるのであり、信仰の内容はできうる限り知解されなければならない。ただ、ビランはこのようないわば神学的論理を徹底させる機会にたびたび遭遇しつつも、結果として、一方では信仰の最後の証を超自然的体験に求めながら、他方で神学ではなく哲学の領域に留まろうとする。

この類比については、つぎのようにも言われる。「神は人間の魂に対して、魂が身体に対してあるのと同じようにある。」[116]ここで〝魂が身体に対してある〟というのは、身体はその固有の働きや運動を持つとしても、それよりも高い原理である魂により制御されていることを意味する。それゆえに、神は人間の魂に固有の能力を認めながら、より高い立場で人間の魂を導くと考えられているのである。

ただ、注意しなければならないのは、神と人間の魂との関係、そして魂と身体との関係の間にあるのは類比であって、同一性ではないという点である。人間の魂はその現れである自我がその本来の特徴として、意識的知覚を持つのであるから、「自分自身に密着したままである」[117]。したがって、魂が身体を直接に制御するのに対して、神は一つの段階を踏んでから人間の魂を導く。この段階が魂の自己放棄である。

ビランは「人間の魂はそれ自身よりも高い原理に基づく能力または働きを持ち、これら秘密の働きは魂の底で、魂に知られないままにおこなわれる」(ibid.) と述べ、「この働きが知的直観、霊感、超自然的運動であり、そこでは自己放棄した魂はすべて神の行動の下にあり、神の内に吸収されたかのようである」(ibid.) と主張する。

さて、ここで言われる自己放棄は、あくまで《魂の》自己放棄であって、《魂による》自己放棄ではないことに注意しなければならない。ビラン自身が引用文で、〝魂に知られないまま〟、〝すべて神の行動の下にあり〟と表現しているように、自己放棄は神の御業であり、人間の魂が持つ力の範囲を超えた事柄である。

したがって、魂の完全な受動性というのは、超自然の領域に限って言われるのであり、この意味でビランの哲学というより、むしろビランの宗教の考えである。この意味で、その哲学を発展させた終局のところで、その哲学を踏み越えることになった時に始めて明言される考えである。

それに加えて、ビランは「神が魂に対する関係が、魂が身体に対する関係と同じであるのは、この感情と観念のより高い秩序に関わってであるが、神秘主義者を作り出すように、すべてをこのより高い秩序に導こうと望んではならない」(ibid.) と述べている。

ビランが神秘主義者の発言に対して、常に懐疑的な姿勢を取り続けたことはすでに言及したが、ここにその懐疑のいわば論理的根拠が示されている。魂は自我の認識を通して信認されるのであるならば、また自我は意識的知覚と能動性をその本性としているのであるならば、完全に受動的な魂、あるいは魂の完全な自己放棄というのは一種の虚構である。けれども、恩寵により、この虚構を事実として承認しようとするのがビランの宗教的立場であり、ビランにとり宗教的体験とは、哲学的立場では矛盾する事柄を、事実として承認する究極の哲学的譲歩である。

したがって、恩寵を受け入れるか、拒絶するかの決断に際して、前者を選択することで哲学的に譲歩を迫られたとしても、知解して信じるという基本的態度は変わることがない。ビランの人間学はその心理学の発展であり、それゆえに、両者の間に断絶や飛躍を見出そうとするのは妥当とは言えない。また、ビランが魂の自己放棄というまったくの受動性を認めるとして、それは自身の哲学の範囲外の出来事であり、決してその自我という能動性の哲学と齟齬をきたすことはない。むしろ、魂の受動性を宗教の領域に限りつつ、能動性の哲学という立場を徹底させたのである。

しかし、ビランはとりわけどのような理由で、哲学的に譲歩してまで、恩寵を受け入れ、神の下へと進むことを求めたのであろう。

(d) 魂の不滅

ビランは『覚え書』の中で、「観察または自然学的経験は十分に、私たちに、一つの合成体はその構成要素へと破壊され、分解されることを教える」(p.251 E) と述べ、「私たちが破壊あるいは死と呼んでいるのは、生命という原理を包み込んでいる紐帯を断ち切ることにすぎない」(p.252 E) と主張する。ここで、ビランが一つの合成体と言う時、念頭に置かれているのは明らかに人間である。それゆえに、人間の死はその生命を維持してきた紐帯が破れ、人間が構成要素である魂と身体に分離することに他ならない。ところで、ビランは「私たちが身体と呼んでいる事柄は、実際には受動的で惰性的であると知覚され、考えられている。これは、身体が延長していると知覚され、考えられていることによる」(p.251 E) と述べる。そして、「延長は消失する。物体は残存しない」(p.252 E) と明言する。

したがって、ビランは、人間は死によって魂と身体に切り離されるとしても、後者はこの時点で消滅すると考えている。では、このことを踏まえつつ、つぎの発言に注目してみる。「《死は生により吸収される》これらのまさにより高い意味を持った言葉は、自然学の中でさえ正しいとされるかもしれない。」(ibid.) ここでビランが引用している言葉は、聖パウロのコリント人への第二の手紙からとられたのであるが、その〝死を吸収するほどの生〟とは、魂の生を意味し、ビランの意図が魂の不滅を主張することであるのは明らかである。

実は、この引用は『最後の断章』でもおこなわれている。「人間はおそらく現実には、霊的存在者の階梯では、可感的存在者の階梯でのポリプの地位を占めている。人間は、ポリプが植物に近いのと同じくらいに、動物に近い。けれども、大きな区別となるのは、人間は固有の能動性を賦与されていて、これにより自分自身で階梯を昇り、地位を上げ、その現実の訓練が終わり、死が完全に生により吸収される (la mort aura été entièrement absorbée par la vie) 時には、この階梯でより一層高い場所を準備することができるのである[118]。」そして、引用文は斜字体で強調されている。

この『最後の断章』の発言では、前半の部分で、従来からの人間が存在者の階梯で占める位置についての考えが表明され、このような位置は人間の能動性、あるいは努力によりできうる限り上へと変えていくことができるというビラン哲学の基本となる考えに基づいた主張がおこなわれる。そして、後半の部分で、死により身体と分離した魂は、その不滅であるということにより、人間が生前には実現しえない存在者の階梯での高い位置を可能にするという、ビランが人間学の中で新たに獲得した見解が表明される。

もし、魂の不滅という問題に関連して、ビランとプラトンとの関係に言い及ぶとすると、明らかにビランはプラトン主義者であろう。けれども、プラトン主義者であるのは宗教または人間学のきわめて特別の領域に限られる。ビランの立場は、哲学あるいは心理学でのアリストテレス主義、それを超えたきわめて僅かの部分でのプラトン主義と言うべきである[119]。そして、忘れてはならないのは、心理学と人間学のいずれの領域でも、常にアポステリオリスムに立ち、アプリオリスムに与することはなかった、この意味でプラトン主義からは距離を置いていたという点である。

ビランは『最後の断章』で、またつぎのように述べている。「闘争が二つの本性の間に続いている限り、肉体はいまだ精神により、死は生により吸収されない。人間はその固有の力に委ねられ、その活力は有機体との対立やその抵抗の中で現れ、発展する。それは自我の生命の最も高い程度である。しかし、精神の生はいまだ始まらない[120]。」

ビランはすでに、人間が人間である限り、安らぎに至るのは困難であるとの考えを表明していた。つまり、人間が人間である限り、ここで言われる闘争は続くのであり、仮に自我の生命がその最高の段階に達したとしても、ビラン自身が認めているように、精神の生に至ったのではない[121]。

それゆえに、ここで一つの問題が生じることになる。精神の生とは、果たして人間の生の発展段階として、人間に到達可能な生なのか。あるいはまた、死によって肉体と分離した魂にのみ許される生なのであろうか。

この問題に関連して、ビランは述べている。「あらゆる努力が終わり、魂が言い表し得ない感情により満たされ、自我が吸収されるのは、自我が勝利し、情念が打ち負かされ、義務がすべての情動的抵抗に反して完成され、最後に犠牲が遂行された瞬間である。ただこの時だけ、光が闇に代わって輝き、闇は退き、まったくの静寂が嵐に続き、甘美な平和が先に恐るべき戦争が支配したところに感じられる。精神の生が始まった。神は有徳な人間の魂に理解され、感じられる[122]。」

ビランによりここで記述された精神の生の開始は、明らかに二つのことを示唆する。一つは、精神の生は自我と情念、義務と情動という対立する要素が激しく争うことで、自我と義務が情念と情動を打ち破る時に始まる。一つは、精神の生を享受できるのは魂であって、自我ではない。なぜなら、自我が吸収されるのをまってはじめて精神の生は開始されるからである。

したがって、ビランの考える精神の生とは、そこに至るために極めて高い倫理的要求をともなうのであるが、また魂によってのみ享受されるという意味で、少なくとも私たちの具体的経験には与えられないということが理解される。けれども、ここで言われる魂は肉体と結合しているのか、あるいは分離しているのかという問題の中心は解明されない。

ところで、ビランは述べている。「この感情（神性についての）は、努力の前ではなく後の、そして能動性が働いている間ではなく、魂にふさわしい、またその本性と使命に適合した目的に向けられた魂が持つすべての能動性を使った後の、魂の安息の感情である。安息の時、感官あるいは支配された肉体の静けさの時は、魂が唯一神を認識し、神の内に変わらぬ逗留をおこなう聖霊の影響下に身を置く時である。このようにして、つぎの名言が説明される：信仰は人間の行為によってのみ到来し、愛はすべてを与える[123]。」

ここで明らかなのは、何よりも、精神の生は唯一信仰によってもたらされるということである。実際のところ、精神の生の内実は、魂が肉体と分離した時にのみ与えられる事柄であり、厳密に考えるならば、精神の生は他ならぬ死によって始まる。けれども、超自然的力により、生きながらも聖霊の下にあるという一種不可能な希望が実現すると信じるのがまさに信仰である。ビランはこの時、心理学者として分析をおこなうのではなく、信仰をありのままに受け入れようとする。ただ、このような信仰を具体的に体験するという神秘主義の主張に対しては、常に一線を画し、懐疑的態度をとり続けるのである。

(e) 結語

ビランの人間学は宗教を扱うとして、最後にあらためて問われるべきは、心理学から人間学へと進んでいく動機、あるいは必然性である。ビランが人間学を構想した時期がその死の直前であり、この学の完成が少なくとも外見上は死により阻まれたことは事実である。しかしながら、死を前にした哲学者といった外的要因を学の展開の動因とするのは適切ではない。やはり、内的要因を見つけなければならない。

そこで、ビランの「あらゆる人間科学の不動である二つの点。人間という人格は下位の極であり、この点から私たちは出発する。神という人格は上位の極であり、無限という領域にあえて身を投じる人間の精神の不可謬で必然的な導きである」(p.175) という言葉を参照してみる。

これらの言葉が示しているように、ビランは自分自身の体系に人間と神という二つの基軸を設定しているのであり[124]、この設定に基づいて、有限から出発して無限へ、経験に与えられる事柄から経験を超えた事柄へという体系の発展を想定しているのである。

したがって、心理学と人間学は、前者を基礎としつつ後者が展開するといういわば通時的関係であるとともに、体系を互いに補い合う二つの不可欠の構成要素であるという共時的関係でもある。そして、一方ではこの通時的関係が人間学を構想する動機となり、他方では共時的関係がそのような構想の必然性であったのである。

ビラン最後の思索を検討するに際して、はじめにこの思索が内包すると思われるいくつかの問題を指摘した。それはたとえば、心理学と人間学の関係、自我の受動性、アプリオリスムへの接近といった問題であった。そして、これらに関して、代表的な先行研究を振り返り、どのような評価がおこなわれているかを確認した。

結論として、その人間学に関わる危惧や否定的見解は、無論重要な留保をした上で、基本的にはことごとく杞憂であったとあえて言うことができる。むしろ、ビランはその心理学の範囲を超える問題を扱うことで、経験を重視する姿勢と調停的立場という自身の体系の再確認をしたと考えられる。

後期ビランに対して、ではなにゆえに多くの批判が集中し、とりわけ中期ビランを評価する研究者は批判的であるのか。それは、ビラン哲学を形而上学として理解する視点が欠けているからに他ならない。ここで、形而上学を、経験に与えられる事柄から出発して、経験を超えた領域を論証する学と定義するならば、ビランの体系を全体にわたって見通すことのできるのは、この形而上学という視点に他ならないと思われる。

確かに、ビランは同時代の哲学を批判的に継承することで体系を作り上げてきた。その哲学が調停的あるいは折衷的といわれる所以である。しかしながら、同時代の哲学が認識論の傾向を持つのに対して、ビランは存在論(125)の傾向を持つと考えるべきである。この意味で、近代の主観主義的な観念論より、スコラ哲学に繋がる客観主義的な実在論に近く、このことがまたライプニッツに対する親近感を生んでいるのである。

したがって、ビラン哲学を近代という狭い枠に閉じ込めて理解するのではなく、近代がまさに批判しようとしたそれに先立つ時代にまで遡って、その光を当てることが必要となる。そして、この課題は、ビラン哲学を一つの形而上学の試みとして考察することである。

補遺

ここでやはり、宗教的体験、特に神秘主義に関して、ウイリアム・ジェイムスの意見に耳を傾ける必要がある。ジェイムスはその『宗教的経験の諸相(126)』の神秘主義と題された部分で、神秘的と呼ばれる宗教的体験を特徴づける徴表の四つ：言表不可能性 (Ineffability)、思惟的な質 (Noetic quality)、一時性 (Transiency)、受動性 (Passivity) を挙げる。そして、つぎのように述べる。「私たちの通常の覚醒した意識、私たちが理性的意識と呼ぶのは、意識の一つの特殊な類型にすぎない。それに対して、意識全体に関しては、最も薄い皮膜により隔てられて、まったく異なる意識の潜在的な形がある。」(p.388)

この発言が示しているように、ジェイムスは、理性的意識と神秘的な宗教的体験に際しての意識は最小の差異により区別されているのであり、後者は誰にでも潜在的にある意識の形が顕在化したにすぎないと考えている。したがって、顕在化の機会や原因が与えられさえすれば、あらゆる人が宗教的体験に与ることができるのであり、神秘主義が神秘的であるのは、このような機会や原因がある特定の人に限られ、あるいは特定の修行をすることによってのみ与えられることによる。

ジェイムスは宗教的体験の言表不可能性を指摘しているのであるが、この特徴はまた、宗教的体験がその可能性はともあれ、実際にはきわめて限られた人の体験であるという事実から、このような体験はあくまで一人の個人の体験であることを示唆する。「神秘主義的真理は法悦を持つ個人に対しては現実に存在するが、他の誰に対しても現実には存在しない。」(p.405) ここから、「神秘主義的真理は概念的思惟により与えられる知識より以上に、私たちに感覚の中で与えられる知識に似ている」(ibid.) と言われる。

ところで、ビランは〝信仰は感情から生まれる〟と主張していた。感情 (sentiment) と感覚 (sensation) という違いがあるにしても、ビランとジェイムスはともに宗教的体験を概念的思惟と切り離して理解する点で、また、神秘主義は厳密に個人的な体験であり、このような体験を言葉で伝達することは原則的に不可能である (ビランはこのことから、神秘主義者の発言に対して、常に一定の留保をおこなっていた) と考えることで軌を一にしている。加えて、神秘的体験の受動性に注目するという共通点を持つ。ジェイムスはこれに関連して、「有限な自我とその欲望の否定は、つまりいくつかの種類の禁欲主義は宗教的体験では、より大きく、より祝福された生活への唯一の門戸であるので、この倫理的玄義はすべての神秘主義の著作の中で、知的玄義[127]と織り合い、結びつく」(p.418) と述べている。

この引用文の〝より大きく、より祝福された生活〟という言葉を、《精神の生》に置き換えるならば、ジェイムスは、〝恩寵の下で自我が吸収される時はじめて精神の生が始まり、そのためには自分自身の情念や欲望を克服する倫理的要求が課せられる〟というビランの主張を言い換えていることになる。

ただ、ジェイムスでは、神秘主義という用語でキリスト教だけではなく、イスラム教や仏教も視野に入れられ、そこに汎神論が含まれるため、自我の受動性よりも、その否定性が強調され、そして否定性を通してのより高次の肯定性が主張される。たとえば、「私たちが通常の意識の外から神秘主義的状態に入るのは、あたかもより少ないからより多いへ、小ささから巨大さへ、不安から安らぎへと移るかのようだ」(p.416)と、また「ヘーゲル[128]がその論理の中でのように、神秘主義者が真理の肯定的極へと旅立つのは、ただ《絶対的否定性という方法(Methode der Absoluten Negativität)》による」(p.417)と言われる。

このようにジェイムスとビランは神秘主義に関して、その論じる範囲の違いにより多少のずれがあるにしても、基本的には見解が一致していると言えるのであるが、その一方で決定的に異なる立場に立つ。

ジェイムスは述べている。「形而上学の通例では、神の認識は論証的ではあり得ず、直観的でなければならない。つまり、命題や判断の様式よりむしろ、私たち自身における直接的感覚と呼ばれる事柄の様式にしたがって構成されなければならない。しかし、私たちの直接的感覚は五官が提供する事柄以外の内容を持たない。そして、私たちが見てきた、また再び見るであろうように、神秘主義者は、彼らの法悦がもたらす知識のまさに最も高度な種類の中で、感覚が何らかの役割を演じることを強く否定する。」(p.406)

ここでのジェイムスの見解に特徴的なのは、一つは、形而上学は神の認識を、論証的にではなく、直観的におこなうと考えていることであり、一つは、形而上学と神秘主義を宗教的体験という同一の範疇で理解していることである。そして、実はこの二つの特徴は密接に関連しているのである。形而上学が論証ではなく、直観に基づく学であるならば、当然、形而上学と神秘主義の間に明確な区別はなくなる。

さて、ビランの考えを振り返ると、信仰は感情に始まるとしても、その信仰の内容はできうる限り論証されるべきであるとされ、《知解して信仰する》というのが基本となる立場である。特に、神の存在は自然的理性により証明されるのであり、このことがあってはじめて、私たちは恩寵を受け入れることができる。したがって、形而上学は徹底的に論証的な学であり、ジェイムスが挙げた神秘主義の四つの特徴の中で、《思惟的な質》を除けば、それ以外の特徴すべてと相反する性格を持つのである。

このように、両者は神秘主義をめぐって意見の一致を見つつも、形而上学に対しては正反対とも言える考えを持つ。たとえば、ジェイムスは『プラグマティズム』で、「形而上学は通常非常に原始的な探求をおこなってきた。あなたは、どれほど人はいつも法に適わない魔術に憧れてきたかを、そしてどんなに大きな役割を魔術では言葉がいつも演じてきたかを知っている[129]」と述べつつ、「宇宙の原理を名づける言葉、それを所有することは、まがりなりにも宇宙それ自身を所有することである。神、事物、理性、絶対、エネルギーはそれぞれ解決を与える名前である。あなたはそれらを持つ時には安心できる。あなたはその形而上学的探求の終わりにいる[130]」と主張する。

ジェイムスは形而上学を言葉に始まり、言葉に終わる探求、つまり私たちの経験に基づくことのない学であると考えている。『プラグマティズム』ではまた、「どのような種類の哲学が実際、あなたの求めに応じるために提供されているのかを知っていますか。あなたはその目的のためには、経験的哲学は十分に宗教的ではなく、また宗教的哲学は十分に経験的ではないのを発見する[131]」と、そして、「あなたが求めているのは、ただあなたの知的抽象の力を働かせるだけではなく、有限である人間の生命のこの現実の世界と何らかの積極的な結びつきを作るような哲学である[132]」と言われる。

これらの言葉が示しているように、ジェイムスにとり、経験的哲学には宗教的要素が欠け、宗教的哲学には経験的要素が欠けている。つまり、経験に基づきつつ宗教的要素を取込む哲学を見出すことはできないと考えられている。そして、形而上学は現実の世界とのつながりを持たないと主張されるのである。

ここでビランに話題を転じると、ビランにとり形而上学は、経験から出発して、その経験の必然的要請として経験を超えた事柄を、経験に基づきつつ論証する学であった。このように形而上学を理解することができたのは、他ならぬビラン自身が経験的哲学を展開していく過程で、まさに自分自身の経験として超経験的事柄の必然性に出会ったことによる。言うなれば、経験を徹底させた時に超経験が現れるのである。したがって、経験に与えられる事柄と超経験的事柄は決して対立するのではなく、前者があってはじめて後者が把握されるのである。

もし、ジェイムスがビラン哲学、あるいはアポステリオリな形而上学を知っていたら、その考えがどのように変化したのであろうとの想像は、それ自身大変興味深い。しかし、ここでは、なにゆえにジェイムスは形而上学に対して否定的見解に導かれたのかを探ってみる。

『宗教的経験の諸相』の神秘主義の後には、哲学という部分が続く。そして、つぎの二つの発言がおこなわれる。「私はまさに感情 (feeling) が宗教のより深い起源であり、哲学的、神学的定式は、一つの文献を別の言語に翻訳するように、副次的産物であると確信している。」(p.431)「私は宇宙についての感情に動かされない知的熟慮が、一方では内面の不幸や解き放ちの要求から、他方では神秘的情動から切り離されて、私たちが今所有しているような宗教的哲学に結実することになったかどうかを疑っている。」(ibid.)

ジェイムスは宗教を直観、感覚あるいは感情に基づくと、これに対して哲学は概念的思惟や論証をその特徴とすると考えつつも、〝哲学的、神学的定式は副次的産物〟と述べているように、実際には両者の境界線はすでに越えられてしまっているとして、その代表例である宗教哲学は知的熟慮と神秘的情動との結合により成立すると考えている。「すべてのこれら知的操作は、建設的である、または比較する、そして批判的であるにしても、その主題として直接的体験を前提としている。」(p.433)

ここで宗教哲学に関して、《直接的体験 (immediate experience)》と言われるのが宗教的体験である限り、当然言表不可能性という特徴を備えているはずで、このような体験は個人的であり、個別的である。したがって、普遍的とはなり得ない。

それに対して、ジェイムスは哲学には、とりわけ〝この現実の世界との結びつき〟を求めていることを明言している。ここで言われる《結びつき》が具体的経験であるとともに言表可能な経験であるならば、ジェイムスは宗教的体験という個別的体験、または言葉で表現して普遍化することのできない体験と、普遍的であるか、あるいは普遍的になりうる経験とを区別しているのである。

このように、個別的な体験と普遍的な経験を区別し、宗教を前者に、哲学を後者に限定することで、宗教と哲学を判然と分かつのがジェイムスの手法であり、ここから形而上学に対する批判的見解が生まれる。形而上学は本来普遍的である経験を対象とするべき論証を、普遍的とはなり得ない対象に適用する。この意味で、形而上学はやはり理論理性の一つの越権なのである。この点については、「私は実際に確信しているのであるが、人間の論理的理性が神性の領域で働くのは、まさしくそれがいつも愛、愛国心、政治、あるいはすべての他の人生のより広範な出来事の中で働いてきたのと同じであり、そこでは私たちの情念あるいは神秘主義的直観が前もって私たちの信念を固定する」(p.436) と述べている。

そして、この見解は実のところビラン哲学に一つの問題を提起することになる。ビラン自身、宗教は感情から生まれることで個人的な事柄であり、基本的には個別的体験であることを認める。宗教で求められるのは、論証される神よりむしろ、体験される神である。しかしその一方で、このような神を人間科学の一つの極であると主張しているように、宗教により受け入れられる内容、これを啓示的真理と呼ぶならば、啓示的真理は普遍的であると見なしている。なぜなら、もし啓示的真理があくまで個別的体験であるとすれば、少なくとも人間科学の対象とはなり得ないからである。このことは、ビランが神秘主義をその学の対象から外している点からも明らかである。

もちろんこのことの背景には、教会の権威、福音書の存在等がある。しかし、啓示的真理は経験を超えた事柄であり、経験を超えているという意味で、それを受け入れるか、あるいは受け入れないかは個人の決断に関わる問題である。ビランは宗教という個別的体験をそのまま普遍的経験に置き換えているのであり、ここでもまた個別から普遍への無媒介の移行をおこなっている。

したがって、一方では体験される神を、また一方では論証される神を主張するというビランの姿勢は、個別と普遍の混同を示すのであり、ジェイムスとビランの形而上学を巡る立場の違いは、宗教的体験に関して、個別と普遍を明確に区別する立場とそれを曖昧なままにする立場との違いに帰着するとも考えられる。

ところで、神秘主義で意見を同じくし、形而上学で異なる方向に向かう両者は、もう一つの論点で再び合流することになる。ジェイムスは「もし、あなたがすでに信仰している神を持っているのであれば、神の存在証明は信仰を強め、もし無神論者であるなら、無神論を改めさせることはできない」(p.437) と述べ、キリスト教の神学が結局のところ《信じて知解する》立場であることを主張しつつ、次のように問いかける。「哲学は神の存在を確立するためにほとんど何もできないのであるなら、その態度を決めようという努力によって、どのような立場に立つのであろう。」(p.439) そして、「宗教の実践という観点からは、神学に関わる人々が私たちの神の崇めに対してもたらす形而上学的怪物は、まったく価値のない学者根性の発明である」(p.447) と断言する。

しかし、その一方で、「神について形而上学が定義する属性は、恐れと希望と期待を積極的に確定し、有徳な生活の基礎である」(ibid.) と主張する。ジェイムスは宗教が人間の生活の中で演じる倫理的役割を念頭に置いているのであり、宗教に関する哲学的考察は、この倫理的役割に寄与する限りで有用であると考えられている。

ジェイムスは神の属性を聖性 (holiness)、偏在性 (omnipotent)、全知 (omniscience)、正義 (justice)、愛 (love)、不易性 (unalterability) と列挙した後で、「これらの性質は私たちの生活と結びつく。私たちがこれらについて知らされることは非常に大切である」(ibid.) と述べる。

ビランは宗教的感情をつぎのように記述する。「善、倫理的美、徳、満たされた義務、真理という感情。[33]」また、『倫理と宗教の基礎に関する断章』の中では、「現実存在の至高の原因、私たちが自然の法則、自然学的と同じように倫理的な秩序と呼んでいる変わることのない関係の永遠の作り主を取り除くとすれば、立法と同様に倫理のあらゆる現実的で確固とした基盤を取り除くことになる。なぜなら、法なくして確かな義務はまったくなく、立法者なくして法はまったくないからである[134]」と述べ、「理性が、絶対をそれ以外の事柄すべてから切り離すことで、絶対に向かって上昇するにしたがって、宗教的、倫理的感情は理性とともに上昇し、この感情が相対の中でそれぞれの変化を生じさせる原因と一致したように、絶対の中で現実存在の真の原因と一致する[135]」と主張する。

ビランの言う第三の生、精神の生は、ストア主義に基づく第二の生の不十分さを、キリスト教の信仰により克服することに他ならないとすれば、ビランが宗教の役割を何よりも倫理の基礎付けに置いている点は疑い得ない。このことに関しては、「マルクス・アウレリウスのストア哲学は、それがまったく高められていても、第二の生の限界を脱していず、ただ感覚的生の情動や情念に対する意志あるいはまた理性(その起源が魂の外にあり、いたる所に広がる一つの光輝く雰囲気として形成される)の力を強調して示す。しかし、それ以上の何かがある。つまり、努力なくして完全と幸福を形作る至高の力の内への理性と意志の吸収である[136]」と述べている。

このようにジェイムスとビランは宗教の倫理的な働きに注目する点で意見が一致する。しかし、やはりそこに基本的な違いがあることも見逃せない。ビランは「神の現前は静寂と上昇という内的状態により告知される。この状態は、自我が自分自身に与えることも、保ち続けることもできないのであるが、黙祷や瞑想にしたがう時のある知的、倫理的体制によってより習慣的となることができるであろう[137]」と述べている。

ジェイムスが宗教と哲学、あるいは理論的理性とを切り離すことで前者の倫理的役割を主張するのに対して、ビランは宗教が倫理的意味を発揮するための条件、その前段階として、理性の働きが不可欠であることを主張する。つまり、ストア主義は人間の能力に許された最も高い段階の倫理であるとして、これにより特徴づけられる第二の生、人間の生があってはじめて恩寵の下にある第三の生に至ることができる。宗教は感情から生まれるにしても、それにより受け入れられる内容は、でき得る限り知解されてはじめてその真の役割、倫理的役割を演じることができる。

ジェイムスは宗教をあくまで《信仰して知解する》と考えるのであるが、ビランは《知解して信仰する》という立場を守り続ける。言うまでもなく、この違いが、また両者の形而上学に対する根本的な立場の違いを生んでいるのである。

【注】

1　expérience と言う時、ここでの論題に関しては、大きく分けて二つの意味がある。一つは、実践により獲得された事物あるいは人についての知ることであり、一つは精神の本性自身に生得的である、または内包されると考えられている事柄に対して、精神により認識される現象の総体という意味である。論を進めるにあたって、この二つの意味の区別は非常に重要となるので、前者を体験、後者を経験と訳すことにする。

2　後に先行研究の紹介の所で詳しく述べるのであるが、グイエは「メーヌ・ド・ビランの意図は人間の科学を基礎づけることである。その哲学が宗教的体験の一つの反省になるのは人間の科学を完成させるためである」と述べる。(Henri Gouhier, Les Conversions de Maine de Biran, Paris, J.Vrin, 1948, p.386)

3　Nouveaux essais d'anthropologie, Note sur l'idee d'existence, Œuvres tome X-2, J.Vrin, 1989　ここでの引用はすべてこの本による。引用箇所は引用文の後のページ数で示す。なお、後者ではページ数の後にEと記す。また、特に必要のある場合を除いて、以降では『新試論』および『覚え書』と略記する。

4　現在入手可能なのは、ティスランとグイエにより一九四七年に出版された版の復刻（Œuvres completes, SLATKINE, 1982）とバエルチにより出版された版（注2参照）である。読解ではこの二つを定本とする。けれども、引用は後者による。

5　この想定はビランの日記に基づいておこなわれている。たとえば、一八二三年の一〇月のはじめにはつぎのように書かれている。「旅行と帰途の間、私はいつもやや漠然とではあったが、人間の中に認めなければならないと思っている三つの生に関連する現象と働きのことを始終考えていた。…中略…人間の科学のこれらの部分のそれぞれは、それだけで人間の全体であるか、人間の全体を表しているかのように、切り離されて、（そしてまさに有害な誤りによって）論じられている。これらの生のそれぞれを引き離すことがもはや問題なのではなく、その類比と対立の関係を研究することが問題なのだ。」(Journal, Tome II, Baconnière, 1955, pp.389-390)

　ここで三つの生と言われているのは、動物的生(vie animale)・人間的生(vie humaine)・精神の生(vie de l'esprit)であり、ビランは前二者についてはすでに論じていた。この成果を踏まえて、第三の生である精神の生の論考をおこない、これを自身の体系に取り込もうというのがこの時期の計画であった。そして、これによりはじめて人間の全体を見通す科学が可能になると考えていた。

6　Œuvres, Tome X-2, J. Vrin, 1989, appendice XVIII, pp.358-368

7　必要がないと思われるので一部を省略した表題をつける。原題は Considerations sur une division des faits physiologiques et psychologiques à l'occasion du livre de M. Bérard

8 Œuvres, Tome IV, J. Vrin, 1995
9 Œuvres, Tome IV, J. Vrin, 1981
10 ビランの生涯にわたる著作の中で、『習慣論』と『思惟の分解』を初期、『試論』と『諸関係』を中期、『新試論』と『覚え書』を後期と分類する。この分類は、後に詳論するバエルチによる思索の展開を三つに区分する方法（心理学的段階・形而上学的段階・神学的段階）にほぼ対応する。ただ、最後の神学的段階という呼び方はやや妥当性を欠くとも思われるので、ここでは後期という表現を使う。この《神学的》という形容の妥当性については本文で論じていく。
11 Les conversions de Maine de Biran, J. Vrin, 1948　ここでの引用は特にことわりがない限りこの著作による。引用箇所は引用文の後のページ数で示す。
12 注1を参照。
13 ビラン自身が「形而上学は心理学に基づかなければならない」。(Journal, II, Baconnière, 1955, p.200) と述べている。
14 「人間は意識によって(par conscience)、善、徳、無限、神性の言葉にできない感情を、人間が自分自身に与えるのではなく、また魂がそれ自身に示唆するのではないことを知っている」。(Note sur les deux révélations, Œuvres, Tome X-1, p.142) グイエはとくにこの《意識によって》という表現に注目している。
15 Journal, II, p.88
16 日記には、グイエの引用箇所のすぐ後に、「神は確かに、人間に固有の力を与え、それにより人間はある点まで自分自身を変えていく。また、その自由な活動は、人間が自分自身についての意識を保ち、一つの人格である限り、性向や情念に抗するのに十分である」(pp88-89) と書かれている。
17 グイエが「魂と身体の統一という経験はメーヌ・ド・ビランを自然とストア主義に調和すると思われる努

力の心理学に導く」(p.388)と述べているように、ストア主義への道は魂と身体の統一である。それに対して、「魂にとり、身体と切り離されて生き、純粋に精神的善と結びつくことが問題となる時、すべてが変化する」(p.389)と言われるように、キリスト教では魂と身体の分離が重要となり、努力よりむしろ恩寵が求められることになる。「精神はそれ自身の内で生きるために、神の助けを必要とする」(ibid.)のである。したがって、ストア主義とキリスト教の調停を同じ水準、同一の生の段階でおこなうことはもとより不可能である。

18 完全な宗教的体験についての思索は、一般的には神学的と呼んで差し支えないと思われる。けれども、ビランの場合、この言葉の使用には一定の留保が必要であることはここまでの論述でもすでに明らかである。

19 グイエは「魂と身体の分離という経験はビランを恩寵の心理学へと導く」(p.389)と主張する。

20 ここで、先に自由意志と恩寵とに関わる調停的立場が言及されたのであるが、ビランはこの問題には深く立ち入らないこと、特にこの神学的議論には無縁であったことが確認される。

21 「もし、思惟の順序は自分自身(soi)から始まるのであれば、この始まりは必然的に神に至る。」Notes sur les Pensées de Pascal, Œuvres completes VII, Slatkine, p.297

22 ビランはこれに対して、「理性は信仰に先立つ」、「理性は信仰を準備する。信仰はそれ自身で純化された感情の信認でしかない」(ibid.)と述べている。

23 ここでヴァレット・モンブランの考えを参照してみる。(A. de la Valette Monbrun, Maine de Biran critique et disciple de Pascal, Félix Alcan, 1914)たとえば、「疑いもなく、二人の哲学者は、内的人間の観察はあらゆる倫理的、宗教的研究の必要な準備であり、聖アウグスティヌスやボスュエがそれをとてもよく理解したように、自分自身の認識にまさる神の認識へと至る手段はないことを理解した」(p.106)と述べ、基本的にはグイエと同じ立場から論を起こす。けれども、「日記は、その最大の部分で、マルクス・アウレリウスの哲学とパスカルの宗教との間に追い求められた長い平行線でしかない」(pp.111-112)として、グイエのキリスト教という言葉をパスカルの宗教という言葉に置き換える。そして、「宗教は人間の弱さを救いにやってくる。しかし、宗教的感情はそれ自身ただ私たちの力の範囲内にある行為の実践により到来する」(p.118)としつつ、「ビランは精神的生の中で歩を進めれば進めるほど、実際には、恩寵の役割を増大させることに導かれる」(p.119)とする。また、「『パンセ』をよりよく省察する時、ビランは私たちが恩寵と能動的に協働する必要性について、パスカルと同意見であることを確証し、満足する」(p.120)と述べる。

ビラン後期の主要な課題がストア主義とキリスト教との調停であるとして、問題はそのどちらに重点が置かれていると考えるかである。モンブランは「日記では、ビランはストア主義をキリスト教に近づけることを進んでする」(p.112)として、あくまで思索の方向はストア主義からキリスト教へと向かうことを確認しつつも、調停の重点を後者に置く。

ただ、モンブランはパスカルとビランとの違いを看過しているのではない。「ビランは宗教に到達しても、哲学を放棄しない。まったく反対に、ビランが〝キリスト教哲学〟と呼ぶ事柄に至るために、哲学に信仰を接木する」(p.122)、あるいは「『パンセ』の著者は一人の信者であり、すべてを神に関連させ、人間と宇宙を神学的観点または原罪により判断する。日記の著者は一人の哲学者であり、真理を探究し、ただ心理学に神の啓示を要求する。そして、神はその心情を満たし、その感情を安定させることのできる唯一の対象であると雑然と感じられている」(p.301)と述べている。

24　Pascal, Pensées, les fragments 460 et 793「事物の三つの秩序がある。肉体、精神、意志。肉的な事柄は富豪と王にとってであり、彼らは身体を対象とする。好事家と学者は精神を対象とする。賢者は正義を対象とする」(texte établi par Leon Brunschvicg, Flammarion, 1976, p.180)。「身体から精神への無限の隔たりは、精神から愛への無限により無限な距離を描き表している。なぜなら、愛は超自然的なのだからである」(op. cit.,p.291)。

25 この点に関して、同じ箇所で、ティッスランの「ビランによる人間の生の区分は、パスカルの哲学の三つの秩序の区別を再現している」(Pierre Tisserand, L'anthropologie de Maine de Biran ou la science de l'homme intérieur, Alcan, 1909, p.37) という言葉が引用されるのであるが、グイエがここで先立つ研究に対して批判的であることが示される。

26 自我は魂と身体との合成体、あるいは超有機的力と有機体との合成体であるなら、自我が消失する時には、この二つの要素は分離するか、一方の要素が他方の要素を圧倒するということになる。そして、グイエが強調するのは、後期ビランが前者の考え、魂と身体との分離という考えを明確に持つに至ったという点である。ここから、後期ビランにストア主義、キリスト教に加え、プラトン主義の影響を見出すという見解が表明される。

27 魂と身体との分離がビラン最大の関心事であったという考えに基づいて、グイエは「メーヌ・ド・ビランについては、おそらく聖アウグスティヌスについて以上に、キリスト者である前にプラトン主義者であったと言うことができるであろう。また、そのキリスト教への回心は本質的にプラトン主義への回心ではなかったかを問うべきであろう」(p.361) と主張する。

28 フェヌロンの『宗教と形而上学に関する様々な主題についての手紙』(Lettres sur divers sujets concernant la religion et la métaphysique, Œuvres II, Bibliothèque de la pléiade, Gallimard, 1997) には、「神の贈与の中で最初であり、あらゆる他の事柄を基礎付けたのは、私が私自身と呼んでいる事柄である。神は私にこの自我を与えた。私は神に所有するすべてを負っているだけではなく、また存在するというすべてを負っている」(pp.707-708)、「私たちは自分自身を、もはや神において、神のために、そして神の愛によってしか愛さないように、自分自身を放棄することを学ぶ」(p.716) などと書かれている。また、「私たちが死と呼んでいることは、諸器官を構成する微小物の単なる乱調にすぎないのであるから、この乱調が身体の中にと同様に魂の中にまで達すると言うことはできない」(p.732) といった言葉が散見される。これらの言葉がビランの琴線に触れたのは疑いないと思われる。しかし、その一方で、『神の存在証明』(Démonstration de l'existence de dieu, dans. op. cit.) では、「私の理性は私の明晰な観念の中にだけある。そして、一つの事物について、この事物の観念に明瞭に含まれているすべての事柄を断言することができる」(p.609) としつつ、「私が神を思念し、神自身はそれについて私が持っている観念である時、直接自我に現前するのは無限に完全な存在（神）である」(p.618) と述べる。そして、「至高の完全という観念の中に明晰に含まれるあらゆる事柄は、至高の存在に帰せられるべきである」(p.645) と主張している。このように、フェヌロンはグイエの言うキリスト教的プラトン主義の立場から、神の存在証明に際して、《存在論的証明》を受け入れる。この神の存在証明という最も基本的な問題で、フェヌロンとビランは明確に立場を異にしているのである。ビランにとりフェヌロンはあくまで案内人 (guide) であって、その考えは批判的に継承するような対象ではなかった。

29
たとえば、ビランは『二つの啓示についての覚え書』(Note sur les deux révélations, Œuvres, Tome X-1) の中で、「人間の魂の活動領域とこの魂が持っている悟性や理性の能力の外に、創造者の能力がそびえ立つ。その性格とその産物はより高い起源を確かにし、それらとともに不死の本性の保証といわば予感をもたらす」(p.139) と述べる。そして、「私たちは能力のこのより高い秩序に関する概念が、哲学の最初の時代以来、ピタゴラスとプラトンの学派の中で確立されているのを発見する」(ibid.) としつつ、「アレクサンドリア学派の形而上学者たちは、同じ基盤の上に、流出や魂の相互の、そして魂がそこから出てきた神との超自然的交流という神秘的学説を基礎づけている」(ibid.) と述べる。

30
この点について、グイエは示唆に富むとともに、卓越した考えを示している。「動物的生から区別される、自我の活動の中で身体と結合した魂の生である人間的生があり、『試論』の心理学がその構造を記述した。ところで、ある経験は純粋に精神的な、そしてそれに続いて超人間的 (supra-humaine) な影響が受肉した自我の活動に取って代わる状態を顕にする。一つの事実を他の事実のために犠牲にすることは問題となり得ない。許される唯一の〝調停〟はそれゆえに、二つではなく、三つの生を承認することであろう。」(p.406) すでに言及したように、ストア主義は人間的生に対応し、キリスト教は精神の生に対応する。したがって、この両者の調停は第三の生（精神の生）を俟ってはじめて可能となる。ビランによる三つの生の区別が、後に来る生は前の生を包摂しつつ、それに新たな要素を加えるという意味で、一種の類比であり、三つの異質な秩序の区別ではないことがここでも明確に示される。

31　ビランは日記の一八二二年二月一七日の箇所でつぎのように書いている。「神、義務、不死といった理念により満たされるためには、どのようにするのであろう。ストア主義者は意志が常にこれらの現にある観念を再生し、保存することができると言うであろう。キリスト者はすべてを恩寵に帰するであろう。観察者である哲学者は超自然的恩寵の影響を、この未知の原因に、しばしば突然に私たちの内に、そして私たちなしに産み出される偉大で美しく、昇華されたあらゆる事柄を帰することで、否定することはないであろう」(op. cit.p.351)。ビランがここで自分自身を〝観察者である哲学者〟と考えていることは明らかである。なぜなら、恩寵を私たち自身の力の範囲外で産み出される事柄の〝未知の原因〟として理解するのは、まさにビランがこれまでに練り上げてきた因果関係という概念の超自然の領域への適用に他ならないからである。

32　ビランが哲学者であるのは、ただここで取り上げられている場合だけではなく、その思索すべてにわたって調停的立場に立つ試みをおこなったことにある。したがって、ビラン哲学は内容では行為者の哲学、形式では観察者の哲学であるとも言える。

33　グイエはこの点を強調するため、フェヌロン自身についても「キリスト教化されたプラトン主義 (platonisme christianisé)、フェヌロン的プラトン主義 (platonisme fénelonien)」(p.410) という言葉を使っている。

34　たとえば、一八一八年八月二六日の日記にはこのように書かれている。「すべてを自然の原因により説明しようとする人々にはつぎのことが許される。神秘性には幻影があるのではないか、敬虔な魂が神の憐みの観想の中で自らをうしない、高みからの霊感の下で法悦にあり、神の意志に対して自分自身を放棄することの中で静寂と完全な平静にある時、この至福の状態は依然として多少とも情動的な感性の状態に基づいていないかを問うのである」(op. cit. p.150)

35　ビランが宗教的体験と催眠術とを比較しているのは、その苦闘ぶりを感じさせる一つの例である。一八二三年の一〇月（日付は書かれていない）の日記に、「もし、催眠術は神秘家が沈黙の神託により獲得するのと同じ状態を再現するとしたら、それは超自然的状態の中に身体的な事柄がある証拠ではないであろうか」(op. cit.,p.395) と書かれている。

36　ビランが宗教的体験を問題とする時、導き手となったのがフェヌロンであったことは、ストア主義とキリスト教との調停に加えられるもう一つの調停を暗示している。キリスト教とプラトン主義との調停である。しかし、ビランはこの後者を、たとえば新プラトン主義を研究するという形で、自分自身の課題として正面から取り上げることはしない。すでに自由意志と恩寵という問題でも示されたのであるが、決して神学的議論には深く立ち入らない。また、死を前にしたビランにフェヌロンが演じるのは、若き日のビランにルソーが演じたのと同じ役割である。両者は批判的に継承するべき対象ではなく、霊感を求めに行く泉なのである。

37　ビランは一八二三年一〇月の日記に、「至高の原因の結果である自我により現れるのは神自身であり、それは具体的人間が自我の結果である運動により現れるのと同じであると言えないであろうか」(op. cit., p.388) と書いている。

38　バエルチはビランの神を原因としての神と考える立場から、論を進めてビランと聖トマスとの類縁性を主張する。したがって、この解釈では、つまりアリストテレスに近づけて理解されるビランは、その基本で、プラトンや新プラトン主義とは明確に距離を置いていると考えられなければならない。グイエはプラトンや新プラトン主義の影響を強調するのであるが、これに対してバエルチはこのような姿勢とは一線を画している。

39 Cf. L'Ontologie de Maine de Biran, Fribourg, Editions universitaires, 1982

一八二一年一〇月八日の手帳にはこう書かれている。「現実存在は人間の所有である。本質は神にのみ帰属する。あらゆる本質は絶対的原因である。あらゆる現実存在は絶対的秩序では結果であるが、相対的秩序では原因である。私たちが意識の相対的事柄の中で原初的に理解した観念を絶対に関連づけるのは当然である。したがって、自我は現実存在の相対的秩序では原理または原因であるように、神は本質の秩序で原理であり、唯一の絶対的原因である」(Journal, III, p.177)。

40 ここで用語法に注目すると、バエルチは実体(substance)という言葉を、即自的に現実に存在している事柄(ce qui existe en soi)や事物の同一性を構成する事柄(ce qui constitue l'identite d'une chose)、あるいは基体(ce qui se tient dessous)という意味よりむしろ、偶性(accident)や属性(attribut)に対比されるという意味に重きを置いて理解している。したがって、現象に対比されるのは実体ではなく本体(noumène)である。ビラン自身は実体と本体という用語を区別しないで、前者に後者の意味を含ませて使うのであるが、特に現象との対比という目的では後者を使用する。そして、この使用法は後期で顕著になる。

41 Rapports des sciences naturelles avec la psychologie, p.317

42 バエルチはビランの「この無からの(ex nihilo)創造は、私たちの精神により、その本性に異質であるとして、変わることなく斥けられる」(op. cit., p.145)という発言を引用する。この引用文では、ビラン自身が《無からの》という言葉をラテン語により強調しているように、一つの存在の現実存在の原因という論題は、ビランにとり、バエルチの言う神学的段階での問題であるという諒解を示唆している。なお、バエルチがここでexsistentiaとmodusを区別する手法を使っているのは、そのスコラ的素養の表れであるとともに、ビランの哲学をスコラ的光のもとで理解しようとする姿勢を示しているとも推測することができる。

43　たとえば、ビランは一八二三年八月の日記で記している。「絶対的力、存在は自我により現れるが、自我はまず自分自身に対して現象的に結果という様式の中で現れ、そこでは自我は自分自身を永続的で同一の原因であると感じ、知覚するというのは真実である。自我に絶対的力が原初的に意識している本体的価値を与えるのは力のこの永続性と同一性である。したがって、二つの項、すなわち現象的自我と存在、魂の絶対的力あるいは本体的自我はただ一つの項に帰着する。」(op. cit., pp.387-388) これらの言葉を解釈すると、〝自我は魂の現れであり、それゆえ自我は自分自身には、原因である魂の結果という様式で現れる。しかし、自我それ自身がまた原因であることから（自我は力の永続性と同一性という形で魂の持つ本体的価値を分有している）、自我は自分自身を原因として感じ、知覚する。この意味で、自我と魂は力という同じ項に属している〟となる。ビラン本来の意図を考慮に入れるならば、ここで自我が魂の現れであることを強調しつつ、両者ともに力という点で共通の性格を持つことを主張していると見なすことができる。しかし、特に魂を《本体的自我》といった用語で表現するなど、現象と本体とが明確に区別されていないという批判を受ける余地が十分に残されていることは確かである。

44　バエルチの、ビランは〝自我を現象と本体との間で浮遊したままにしておく〟という主張は、はたして妥当であるのか。このことはやはり問われなければならない。たとえば、自我は本体である魂の現れであるとして、ビランは自我があくまで現象の領域に属していることを示そうとしている。また、現象と本体との関係という問題を、信認という考えを導入することで解決しようとしたのであり、その航跡が『試論』と『諸関係』である。もし、バエルチが言うようにこの問題が曖昧なままにされたのであるなら、これらの著作そのものが生まれなかったはずである。解決の成否はともあれ、ビランが少なくとも鋭い問題意識を持っていたことは確かである。そして、バエルチの主張が妥当である場合、この時期のビランを形而上学的と呼ぶことは不当であろう。なぜなら、現象から出発して実体あるいは本体を論及しようとする努力がこの名称（形而上学）に値するのであり、この意味で形而上学の基礎はまさに現象と本体との区別に他ならないからである。

45 この考えが聖トマスの存在の類比 (analogia entis) から発想を得ていることは明らかである。存在の類比という概念は、経験により与えられるあらゆる事物のそれぞれに固有の法則を認めつつ、それらを上下の全体的秩序に統一することを可能にする。ビランの言わば原因の類比 (analogia causae) は、原因と結果という関係を現象の領域で経験により確証した後に、この関係を経験を超えた実体の領域に適用する。自我は因果関係の範型であるというのはまさにこの意味である。したがって、因果関係は心理学的段階では意志と運動、形而上学的段階では実体と実体との関係であり、神学的段階では原因としての神を表現する。このように、原因と結果という関係は、性質の異なるそれぞれの領域の基本となる関係であると同時に、またそれぞれの領域に共通の要素としてこれらを関連づけるのである。

46 Rapports des sciences naturelles avec la psychologie, pp.171-172

47 Nouveaux essais d'anthropologie, p.39

48 バエルチは「私たちはあまりに文字通りにビランの意図を解釈する。そして、その意図はただ魂‐自我の身体に対する独立を守るということである」(p.XVI) と述べているのであるが、やはりこの主張の妥当性は疑わしいと思われる。一つには、ビランにとり身体は主観的であると同時に客観的であるという両義性を持つ点が考慮されていない。もう一つは、バエルチがビランを聖トマスに向けて理解しようとするのであれば、ビランの魂と身体をデカルト的にではなく、聖トマスの本質と実存に相当すると考えるのがふさわしいからである。聖トマスは本質 (essentia) と実存 (existentia) の区別に基づき、実存を必然的に持つ本質を必然的存在、実存を偶然的に持つ本質を偶有的存在とする。ビランの考える存在 (Être) は、この場合は人間存在なのであるが、本質と実存の統一、その意味で本質が偶然的に実存を持つ偶有的存在である。バエルチはこのことについて、「人間の偶有性は魂の偶有性と身体の偶有性を含まなければならない。もし、それらの統一に原因が必要であるなら、それは人間という実体の実存に原因が必要であるという理由による」(L'Ontologie de Maine de Biran,p.401) と述べている。つまり、バエルチ自身が魂と身体は同じ性質（偶有性）を持つことを認めているのである。また、ここで言われる原因が神であることを考慮すれば、魂と身体を本質と実存と考えることで、原因としての神へ至る道が開かれるのである。

49　すでに本文で述べたように、ビランは衝撃力を能動的衝撃力と物理的衝撃の二つに区別する。そして、動力因という言葉では特に前者を意味する。この区別を確認するならば、〝自我は衝撃力により働きかける〟と発言する時には能動的衝撃力が考えられ、真の動力因は衝撃力により働くという見解を否定する時には物理的衝撃が念頭に置かれていると理解することができる。たとえば、ロックは「どのようにして物体は私たちの中に観念を作り出すのか」(An essay concerning human understanding. Penguin classics. 1997. p.135) という問いに対して、「明らかに衝撃力 (impulse) による。これが物体が働くことを考え得る唯一の仕方である」(ibid.) と述べている。この発言に対しては、後に、「賢明なニュートン氏の比類なき本により、神の力をこの点で私の狭い考えにより制限するのは、あまりに大胆な仮定であると確信している」(p.706) として、「私の本のつぎの版では、この章句を修正する配慮をするであろう」(p.707) と述べられるのであるが、ロックが衝撃力と言う時、物理的衝撃が考えられていることは疑い得ない。

50　ビランは身体から切り離された魂について、二つの表現、〝存在あるいは切り離された実体〟と〝実体的な現実存在〟とを使っている。そして、問題となるのは後者である。すぐあとの引用文で、〝事実、つまり意識あるいは現実存在という事実〟と言われ、この言葉が自我を示していると考えるならば、現実存在とは自我に他ならず、また自我以外ではない。魂はあくまで存在である。仮に《実体的》という限定をしたとしても、ここで現象と実体、現実存在と存在との区別に曖昧さが見られることは確かである。この点に関連して、バエルチは「我が哲学者はしばしば自我は現象ではなく、存在であると断言する」(Œuvres. Tome X-2. pp.XV-

XVI)として、『新試論』のつぎの発言を引用する。「現象と実在、存在と現れは、力あるいは意志により働く原因についての直接的感情と同一である自我の意識の中で一致する。また、現象と本体との間の区別は、それを力という原理に適用すると主張される時には、その対象、その価値がないままである。」(pp.78-79) バエルチのこの〝自我を存在であると断言する〟という考えの妥当性はさておき、人間学の構想の段階で、ビランが経験の領域とそれを超えた領域との区別で、曖昧な立場に身を置く可能性が大きいことは十分に予想される。

51 ビランはこれまで現象と実体との区別に基づいて、認識と信認とを区別していた。後期では、宗教的体験が問題となるにともなって、後に本文で詳述するように、信認する(croire)と信仰する(credo)とが区別されることになる。重要なのは、認識は経験の領域にあるのに対して、信認と信仰は経験を超えた領域にあることで、認識と信認および信仰は性質を異にするが、信認と信仰は共通の要素を持つという点である。ここでは、ビランは知ることと信じることという大きな二つの区別をおこなっている。そして、信じることの中に信認と信仰を含めている。

52 ここで中世の哲学の主要な論題の一つであった、理性に基づく論証的真理と信仰に基づく啓示的真理のどちらが先に立つべきであるかという問題を振り返ってみる。たとえば、理性の役割は信仰に基づく真理の理性的解明にあると考える《信仰して、そして知解する(credo ut intelligam)》という立場や、論証することのできる真理は単なる知識であり、信仰に基づく真理は論証することができないと考える《不合理故に信仰する(credo quia absurdum)》という立場がある。これらに対して、まず理性の信仰に先立つ固有の働きを認め、そして信仰により啓示的真理を受け入れた後の理性は超自然的な啓示内容のできうる限りの知解の手段であると考える立場がある。《知解して、そして信仰する(intelligo ut credam)》というこの考えは、論証的真理の全体を啓示的真理から導き出そうとする信仰主義(fidéisme)と、啓示的真理の全体を論証的真理により置き換えようとする合理主義 (rationalisme) の両者を調停する立場である。

　ここではビランの調停的立場を再確認することができるのであるが、また、ビランと聖トマスの類縁性を主張することもできる。バエルチは後者を念頭に置きつつ述べている。「確かに信仰はすでに存在していた。なぜなら、神の存在のための議論は信仰の確実性から出発してのみ意味を持つからである。しばらくのあいだ信仰と理性は互いを必要とした。つまり、後者がより遠くへ進むのを可能にし、そして前者が迷信という暗礁を避けるのを可能にしたということである。しかし、ある点に達すると宗教がただ一つ残る。そこでは人間は彼らが信じていることを確固たるものにする。」(op.cit.p.432)

53　Journal, II, pp.388-389

54　op. cit., p.389

55　op. cit., pp.362-363

56　op. cit., p.363

57　ビランにとっては、人間が神の似姿であるのは、人間が意志を持つことに他ならない。

58　Journal, II, p.388

59　op. cit., p.351

60　op. cit., p.351

61　op. cit., p.349

62　このことに関連して、「神秘主義的なキリスト教の観点では、人間は自分自身では何もなしえない。ただ人間を強める者の中でだけ事を起こす。私たちの内で、私たちなしに働きかけるのは、恩寵の影響である。けれども、最も完全な静寂主義の言うところそのものでは、この影響に身を委ねるためには、自分自身を黙らせるに過ぎないにしても、魂は働きかけなければならない」(Journal, II, p.326) と述べている。

63 op. cit., p.349
64 op. cit., p.340
65 op. cit., p.350
66 op. cit., p.325
67 op. cit., p.328
68 op. cit., p.336
69 これらの言葉が明言しているように、ビランの体系では、魂それ自身は決して現象とはならない。魂は自我としてのみ現れる。ここから、自我は経験に与えられ、認識の対象となるが、魂はあくまで経験を超えた信認の対象であるという厳然とした区別が生じる。たとえば、引用文のすぐ後では、「それにより魂が自我という人格として自分自身に現れる活動は、理性の基盤であり、魂の固有の生である。それは、あらゆる生命は力の発現であるという理由による」と主張されている。ここで、バエルチによる、ビランは神学的段階では現象と本体との区別を曖昧にするという論難を思い起こしてみる。バエルチはこのことの論拠として、〝現象と本体との区別は力という概念に適用されるときには意味をうしなう〟という日記の記述を取り上げる（注47参照）。しかし、この発言から、ビランが自我を存在あるいは実体、本体と見なしているという結論を引き出すことは明らかに不可能である。なぜなら、ビランにとり力は常に本体であるがゆえにそこでは現象との区別が不要なのであり、その一方で意志はあくまで本体である力の現れと考えられている。ビラン自身によると、意志は力（本体である限りの）であるとの発言は皆無であり、また自我の定義は意志（現象である限りの）によりおこなわれ、それ以外の定義は見つけられないと思われる。
70 op. cit., p.382
71 ibid.

72 ibid.
73 ibid.
74 ibid.
75 ここで再び、ビランの理性と恩寵、あるいは自由意志と恩寵という問題を巡る基本的立場を確認することができる。信仰はその成立条件である恩寵をあらかじめ存在すると想定しているとしても、恩寵は理性が十分に働き、本来の役割を果たした後でなければ与えられない、また自由意志は恩寵を受け入れる準備をするのである。この基本的立場、自然（理性・自由意志）から超自然（恩寵）へと進む歩みはアポステリオリな形而上学の特徴の一つでもある。
76 op. cit., p.382
77 ibid.
78 ibid.
79 ここで言われる身体は実体的身体である。ビランは、自我は意志とそれが向かう項との相関関係であるとするのであるが、この項が身体であるとして、この時言われる身体は現象的身体である。それゆえに、魂の現れが自我であり、実体的身体の現れが現象的身体であると言える。ところで、現象的身体が自我の不可欠の構成要素であるなら、実体的身体はやはり魂と不可分の関係にあるはずである。たとえば、「人間を構成する二つの実体、そして他の非物質的と物質的な存在の実在性は、同一の原理から結果として生じる。つまり、意識の事実あるいは自我の現実存在の直接的な区別から生じる」(p.113) と断言されている。ビランの体系では、魂と身体（実体的）の実在性は、自我を構成する二つの現象、意志または働きかける力と身体（現象的）の認識に基づいて信認されるのである。したがって、信認という考えの段階では、魂と身体の分離を主張することはできない。もし、このような分離を考えようとするのであれば、信仰の段階へと進む必要がある。そして、この段階に至ってはじめて魂の不滅が論じられることになる。

80 原文では le grand mystère de l'humanité ou le grand problème de la psychologie となっている。この言い回しが示しているように、ビランにとり宗教的体験は神学の問題ではなく、その心理学の問題の一つなのである。人間学が心理学の発展段階であるという考えが明らかに読み取れる。

81 Les derniers fragments, Œuvres Tome X-2, p.322　この『断章集』は、一八二三―一八二四に書かれた様々な原稿を集めていて、やはり後期ビランに属している。

82 op. cit., pp.322-323

83 Journal, II, p.368

84 Les derniers fragments, p.323

85 ibid., p.322

86 たとえば、日記にはこのように書かれている。「ある宗教的、倫理的観念の支配の下で、私たちが体験する魂の安らぎ、静謐、晴朗は、常に私たちを不確かさの中に置き去りにする。つまり、このような感情や魂の状態は、精神の観念の結果であるのではなく、有機体の健康状態の直接的結果ではないかという不確かさである」(journal, II, p.149) また、『新試論』では、「男女両性の結合の身体的手段は、魂のあらゆる種類の欲求の中で最もそれ自身を露わにする」(p.182) と述べつつ、「精神にとってと同様に肉体にとり、その学説では最も純化されてさえいる神秘主義の法悦を不吉にすることがあるのは、この身体的手段である」(ibid.) と主張している。ビランはきわめて婉曲な表現を使っているのであるが、端的に言えば、extase は法悦であるのか、恍惚であるのか、この区別をするのは困難であることを指摘しているのである。

87 Les derniers fragements, p.322

88 ここでは、ベルグソンに共通する姿勢が考えられる。グイエは「メーヌ・ド・ビランと同様に、ベルグソンは宗教の本質を、哲学がその直接性の中に出現させるに違いないいくつかの意識の直接的与件において理解する」と述べている。Henri Gouhier, Expérience religieuse et philosophie dans la pensée de Maine de Biran, Revue internationale de Philosophie, 1966, p.115　ところで、ベルグソンはキリスト教神秘主義を論じつつ、「完全な神秘主義は実際、偉大なキリスト教神秘家たちの神秘主義である」(p.240)とした上で、「法悦、幻視、歓喜が異常な状態であることは疑い得ない。また、異常な事柄と病的な事柄を識別するのは困難である。このことは、偉大な神秘家自身の意見でもあった」(p.242)と述べている。そして、「もし、魂が思惟と感情により神の内に吸収されるとしても、魂の中の何かが外部に残る。それは意志である。魂の行動は、魂が働きかけるのであるなら、ただ意志から生じるであろう。魂の生命はそれゆえに、いまだ神的ではない」(p.244)と主張する。ベルグソンは、いわゆる神秘的体験にある程度の留保をし、神との完全な合一は意志の完全な放棄が必要であると考えることでビランと歩調を合わせる。しかし、後者が宗教的体験に関して、自我の能動性と受動性との間で動揺するのに対して、前者は一歩を進めて、「魂の行動は魂をそれ自身へと導き、その結果神から引き離した。今や、魂により、魂の内で働きかけるのは神である。合一は全体にわたり、それ故に決定的である」(p.245)と述べる。ベルグソンにとっては、魂の行動は神との合一のための《準備の仕事（le travail de preparation）》(p.244) であり、「それは今後魂にとり、生命の過剰であり、巨大な飛躍である」。このように、ビランは宗教的体験を扱う時にも、決して自我という地を離れることがなく、このことがまた宗教的体験を一つの難問にするのであるが、ベルグソンは何らの躊躇もなく自我を飛び越えてしまう。これは、ベルグソンの哲学には、自我を超えた原理、たとえば生命といった事柄が存在していることを示している。ビラン哲学はあくまで自我の範囲にとどまるという意味で《自我の哲学》であるとするならば、ベルグソン哲学はやはり《生の哲学》と呼ぶべきであろう。Henri Bergson,Les deux sources de la morale et de la religion, P.U.F., 1984 ここでの引用はすべてこの本による。引用箇所は引用文の後のページ数で示す。

89 Journal, II, p.393

90 op. cit., p.340

91 op. cit., p.344

92 この点に関して、ジョルジュ・ル・ロワは「三つの生というビランの理論の中に、心理学的用語での、三つの秩序というパスカルの理論の再現を見てはならないであろうか」(Georges le Roy, L'experience de l'effort et de la grâce chez Maine de Biran, Boivin, 1937, p.427) と問題を提起して、つぎのように述べている。「私たちは実際、パスカルがすでに実在の三つの秩序を区別したのを知っている。身体（物体）の秩序、精神の秩序、愛(charité) の秩序である。私たちはまた、これら三つの秩序の間に、パスカルが無限のへだたりを承認したのを知っている。パスカルにしたがえば、それぞれの秩序はその下位の秩序に対して、一つの超越を置いている。それゆえ、持続する進歩により一つの秩序から他の秩序へと上昇するのは不可能である。」(ibid.) そして、「動物的生、人間的生、精神的生を切り離す時、メーヌ・ド・ビランは新しくはない学説を再発見すると思われる。ビランもまた対立させたこれら三つの生の間に断絶があると強調することに配慮する」(ibid.) と述べる。しかし、他方で、「パスカルは三つの秩序の非連続だけを主張し、それらを切り離す無限のへだたりを感じさせることだけを考える。確かに、メーヌ・ド・ビランはこの考えを斥けない。しかし、上昇という非連続は下降により確立される連続を排除しないことをつけ加える」(ibid.) と述べている。このル・ロアの言及は、ビランによる三つの生の区別で、第一と第二の生との間と、第二と第三の生との間では、そのへだたりに質的な違いがあることを的確に指摘している。

93 ここで esprit をこのように訳す。ところで、ビランの言う第三の生は vie de l'esprit であり、精神の生と訳しておくが、この精神は人間の精神と同時に神の息吹である聖霊を意味している。つまり、人間の精神により受け入れられた神の息吹に基づく生である。

94 op. cit., p.344.
95 ibid.
96 Ibid.
97 op. cit., p.352
98 op. cit., pp.352-353
99 op. cit., p.343
100 op. cit., p.355
101 ibid.
102 このことに関連して、ル・ロワは「ビランでは、方法と学説がその要素を分離することが出来ないであろうような独創的な総体を形作る。方法は決して実際におこなわれている探求の外では定義されない。なぜなら、方法は問いかけの時に作られ、ただ真理を求める精神の歩みを表現するからである。同様に、学説は過程から独立しては考えられない。学説は過程により練り上げられ、過程が学説に意味（方向）を与えるからである。方法と学説は連帯している」(op. cit., p.429) と述べている。
103 この言葉 témérité は必ずしも否定的意味を含まない。ル・ロワは「あらゆる探求は常軌を逸しているとともに確実な無謀である自由な動きを内包している。そして、この自由な動きにより、思惟は、それが試みる冒険の中で、その知と力を新たにするために習慣と偏狭な認識を脱ぎ捨てる。そこでは、方法と探求は同じになる」(op. cit., p.424) と主張している。
104 op. cit., p.388
105 op. cit., p.394
106 op. cit., p.387

107 op. cit., p.395

108 ibid.

109 この点について、グイエは「『パンセ』の人間は『日記』の人間ととてもよく似ている。しかし、原罪による説明は人間の科学の中に説明を探すというすべての可能性を禁じる。人間の科学はそれが答えられない問題を提出することを余儀なくされる」と述べている。Henri Gouhier, op. cit., p.111 パスカルにとって、《原罪》はあたかも《パスカルの原理》が物理学の客観的基礎であるように、そこから宗教的信仰が演繹される原理、客観的基礎なのである。したがって、ビランがパスカルに関して、宗教的信仰を論理的に扱うと考えるのも無理はない。けれども、パスカルの立場では、ビランのキリスト教は原罪なき信仰であり、宗教といってもあくまで人間の科学の枠の中で理解されているにすぎないという批判が予想される。

110 op. cit., p.395

111 ibid.

112 op. cit., p.394

113 op. cit., p.412

114 ibid.

115 ibid.

116 Leo derniers fragments, p.324

117 op. cit., p.325

118 op. cit., p.322

119 グイエはこの点について、「ビランがプラトン主義者たちに見出すのは、まさに身体への隷属から解放されることができる私たちの魂の部分を照らす光という主題である。けれども、この主題は、決定的に新しい心理学と先立つ世紀の哲学により断罪された生得観念についての学説から切り離されている」(Henri Gouhier, op. cit., p.102) と述べている。

120　op. cit., p.323

121　たとえば、一八二一年の二月の日記には、「私は自分自身と闘争しているという不幸を抱えている。私はより一層自分自身を支えられなくなっている (factus sum mihimet ipsi gravis)。精神はより高く上昇しようとし、肉は常に下へ向かおうとする」(Journal, II, p.309) と記され、「現世はより高く、より良い生のための教育である。時は未だ到来しない。過ぎ去るべき別の時が残っている。闘争と辛苦と試練の時である」(p.310) と書かれている。なお、グイエはここで『ヨブ記』と『キリストにならいて』から引用がおこなわれているという注釈を加えている。

122　ibid.

123　op. cit., p.324

124　たとえば、『新試論』では、「この概念（因果関係）はあらゆる真なる哲学の母であるが、いわば二つの不動の極の周りをまわる。一つは事実の分析的秩序で最初であるという自我である。他は総合的秩序で最初であるという神である。私たちがそれなくしては何も存在しないような真なる唯一の因果律という関係を発見するのは、一方から他方へと進むことによる」(p.40) と述べる。また、別の個所で、「変わることのない二つの極は、それを注視する眼と、それを一つの世界から他の世界への労多き移行の中で導きとする精神を決して欺かない。魂、人間の自我という人格である下位の極。無限にして至高の原因、神という人格である上位の極」(p.68) と述べている。

125　ここで存在論というのは、意識の明証性とともに存在の明証性を認める立場であるが大切なのは、存在論と形而上学を明確に区別することである。一般に、認識論は認識主観、意識作用の研究であるのに対して、存在論は認識対象である客観的存在の研究であるとされている。この区別にしたがうならば、存在論は経験に与えられる限りの存在を、形而上学は経験に基づきつつも経験を超えた存在を対象とすると考えるべきである。それゆえに、形而上学ではない存在論は当然可能であるが、存在論ではない形而上学はあり得ない。その一方で、形而上学にはまた第一哲学(prima philosophia)、つまり他の諸科学を基礎付けるという役割が与えられている。経験を超えた存在を対象とする、そして諸科学を基礎付けるというこの二つの要素が形而上学の特徴であるとするならば、ビラン哲学はまさに形而上学に他ならない。

126 William James,The varieties of religious experience, Dover Publications, Inc. 2002 ここでの引用はすべてこの本による。引用箇所は引用文の後のページ数で示す。なお、書名の中の experience は一般に経験と訳され、この著作は『宗教的経験の諸相』という題名で流布している。しかし、やはり経験ではなく体験と訳すのがふさわしいと思われる(注1参照)。したがって、題名は通例にしたがうものの、それ以外は筆者の考えに基づいた訳語を用いる。

127 ジェイムスは神秘主義に、その四つの特徴を示した時のように、知的性格を認める。後に詳論するように、その一方で、形而上学は論証的であるより、むしろ直観的であるとする。ここから、形而上学と神秘主義を区別しないという姿勢が生まれる。

128 興味深いのは、ジェイムスがヘーゲルを神秘主義者の一人と考えていることである。この点については、「ヘーゲルの読者は、その哲学全体を支配している、あらゆる他者性とともにそれ自身へと吸収される一つの完全化された存在という考えが、多くの人間では潜在意識のままである神秘主義的気分が、その意識の中で突出したことから生じたに違いないことにどのような疑いを持ち得るであろう。この考えは徹底的に神秘主義の水準の特徴を示し、これを言い表す Aufgabe(棄揚)は確かに神秘主義的感覚によりヘーゲルの知性に備え付けられた」(p.389, note 1)と述べている。

129 William James, Pragmatism and The Meaning of Truth, Harvard University Press, 1981, p.31
130 ibid.
131 op. cit., p.15
132 op. cit., p.17
133 Leo derniers fragments, p.323
134 Fragments relatifs aux fondements de la morale et de la religion, Œuvres complètes XII, éd. P. Tisserand, SLATKINE, 1982, p.40
135 ibid.
136 Journal, II, pp.339-340
137 op. cit., p.246

文献目録（本論文で引用された文献に限る）

メーヌ・ド・ビランの著作

Œuvres de Maine de Biran, 11vol., Slatkine, 1982
Œuvres complètes, 13vol., J. Vrin, 1993-2001
Journal, 3vol., Editions Baconnière, 1955

メーヌ・ド・ビランについての研究書、論文

Azouvi F., Maine de Biran, La science de l'homme, J. Vrin, 1995
Baertschi B., L'ontologie de Maine de Biran, Editions universitaires Fribourg Suisse, 1982
Monbrun A., Maine de Biran critique et disciple de Pascal, Felix, Alcan, 1914
Gouhier H., Les conversions de Maine de Biran, J. Vrin, 1948
Gouhier H., Expérience religieuse et philosophie dans la pensée de Maine de Biran, Revue internationale de philosophie, 1966

Henry M., Philosophie et phénomenologie du corps, P.U.F., 1965
Le roy G., L'expérience de l'effort et de la grâce chez Maine de Biran, Boivin, 1937
Merleau-Ponty M., L'union de l'ame et du corps chez Malebranche, Biran et Bergson, J. Vrin, 1968
Prevet A., Maine de Biran, P.U.F., 1968
Voutsinas D., Maine de Biran Fondateur de la psychologie française, Revue internationale de philosophie, 1966

その他

Aristoteris, Metaphysica, Oxford University Press, 1957
Bergson H., Matière et Mémoire, P.U.F., 1968
Bergson H., Essais sur les données immédiates de la conscience, P.U.F., 1985
Bergson H., Les deux sources de la morale et de la religion, P.U.F., 1984
Condillac E.,Essai sur l'origine des connaissances humaines, Slatkine, 1970
Condillac E., Traité des sensations, Félix Alcan, 1921
Descartes R., Discours de la méthode, J. Vrin, 1970
Descartes R., Les passions de l'âme, J. Vrin, 1970
Descartes R., Les principes de la philosophie, J. Vrin, 1999

Descartes R., Méditations métaphysiques, Flammarion, 1979

Descartes R., Meditationes de prima philosophia, J. Vrin, 1978

Fénelon, ŒuvresII, Gallimard, 1997

Henry M., L'essence de la manifestation, P.U.F., 1963

Hume D., A treatise of human nature, Fontana/Collins, 1978

James W., The variety of religious experience, Dover publications, IWC, 2002

James W., Pragmatism and The Meaning of Truth, Harvard University press, 1981

Janicaud D., Le tournant théologique de la phénoménologie française, Editions de l'éclat, 1991

Kant I., Kritik der reinen Vernunft, Suhrkamp, 1990

Leibniz G.W., La monadologie, Delagrave, 1978

Leibniz G.W., Système nouveau de la nature et de la communication des substances et autres textes 1690-1703, Flammarion, 1994

Leibniz G.W., Discours de métaphysique, J. Vrin, 1975

Leibniz G.W., Essais sur l'entendement humain, Flammarion, 1966

Locke J., An essay concerning human understanding, Pengin Books, 1997

Pascal B., Pensées, Flammarion, 1976

Ravaisson F., De l'habitude, P.U.F., 1957

Rousseau J. J., Emile ou de l'éducation, Flammarion, 1966
Russell B., A critical exposition of the philosophy of Leibniz, Routledge, 1992
Tracy D., Eléments d'idéologie, J. Vrin, 1970

邦語

松本　正夫　存在の論理学研究　岩波書店

辞書

De la langue française, Larousse, 1977

あとがき

本書は横浜市立大学大学院国際文化研究科に提出された博士論文で、このたび上梓の運びとなったのは、悠書館のご好意による。学位請求論文が公刊されるのは望外の幸運で、悠書館の長岡正博氏をはじめ、関係者の皆様には厚くお礼を申しあげる。

〝わが国では、メーヌ・ド・ビランはあまり研究されていない〟という素朴な疑問とともに始まった筆者の研究は、まとまるまでに長い時間がかかり、この間には、哲学の研究をとりまく環境も色々な形で変化した。しかし、その中で、少なくともビラン研究に関しては、旧著作集の復刻に加え、新編集の著作集が刊行され、従来入手困難であった原書を今では容易に手にできるなど、研究の下地は過去とは比べられないほどに整ってきている。また、〝経験から出発して、経験を超えた領域へ〟というビランの思索の歩みは、現代を生きる私たちにも大きな意味を持ち、興味深い論点を多くもたらし続けている。やはり、ビランは忘れてはならない哲学者なのである。

確かに、ビランの著作はほとんど翻訳されていない。この点に限れば、ビランはいまだわが国では知られざる哲学者であろう。けれども、大切なのはフランス語という壁を乗り越えて、原書を直接に読むことである。本書で邦語文献への言及を差し控えたのは、何よりもビランの肉声をできるだけ近くで聴こうという意図による。

拙いことを知りつつも、あえて筆者が公刊を望んだのは、本書が広く読者の人びとのご批判とご教示をいただき、一つの触媒として、ビランにより多くの関心が集まることになればという思いに他ならない。特に、これからフランスの哲学を研究しようという若い人たちの共感を得られれば幸いである。

最後に、論文執筆に際していつも励ましてくれた大学院の仲間、在学中より公私にわたるご支援をいただいている東京女子大学教授佐々木能章先生、そして学究生活の支えとなった母と兄に、あらためて感謝の意を表するとともに、本書がささやかなご恩返しとなればと願っている。

二〇〇七年一月

佐藤　国郎

佐藤 国郎（さとう・くにろう）

2006年、横浜市立大学大学院国際文化研究科博士課程修了、
博士（学術）

メーヌ・ド・ビラン研究
── 自我の哲学と形而上学 ──

2007年3月10日　第1刷　発行

著　者　**佐藤 国郎**
発行者　**長岡 正博**
発行所　**悠 書 館**
〒113-0033　東京都文京区本郷2-35-21-302
TEL 03-3812-6504　FAX 03-3812-7504
URL http://www.yushokan.co.jp/

ISBN978-4-903487-05-2